시민의회로 가는 길

시민의회로 가는 길

김상준 지음

경희대학교 출판문화원

들어가는 글

나에게 시민의회로 가는 길은 존재하지 않았던 길이었다. 없던 길을 혼자 만들어 걷기 시작했다. 그러다 몇몇 길동무가 생겼다. 어느 날부터인가 세상에 알려지기 시작하여 점차 많은 사람들이 같이 걷기 시작했다. 처음 시작했을 때는 정말 시민의회라는 목표에 도달할 수 있을지 확신할 수 없었다. 20년의 세월이다. 회의와 낙담의 순간도 없지 않았다. 그러나 이제는 목표 도착을 확신한다. 이미 부분적으로 도착했다. 더욱 훌륭한 완성을 기대하고 있다. 시작했을 때 막연했던 시민의회가 더 이상 아니다. 이미 이 세상에 수없이 많은 시민의회가 존재한다. 한국에서도 이미 아주 많은 실험이 이뤄졌다. 공론화위원회도 그중 하나다. 이제 그보다 더 훌륭하고 완전한 시민의회를 구현하는 것이 목표다.

내가 시민의회로 가는 길을 처음 생각하고 제안하게 된 것은 김대중, 노무현 정부 때였다. 2000년 초반부터였다. 한국 최초의 '민주정부'는 위태로웠다. 흔들어 대는 구세력과 사회적 요인들이 너무 많고 강했다. 따라서 '민주정부'에서야말로 민주주의가 더욱 강해져야 한다고 생각했다. 당시 '한국에 민주주의가 너무 많아져서 문제'라고 했던 기득권층의 주장과 정반대의 진단이었다. 민주주의 자체가 멈추지 않고 발전해야만 민주주의에 대한 도전과 위기에 맞서 대응해 갈 수 있다. 민주주의를 지키기 위해서는 민주주의 자체가 진화하고 강해져야만 한다. 그것이 특히 한국의 상황이다.

1987년 한국 민주화의 핵심은 선거와 정당의 정상화였다. '선거와 정당의 정상화'란 한국이 서구 민주주의에 비해 뒤떨어졌다는 사정의 표현이요 고백이다. 서구 사회는 이미 그것이 너무나 당연하기 때문에, '선거와 정당의 정상화'라는 말에 아무런 긴장감이 없다. 그러나 한국에서 선거와 정당이 정상화되려면 민주주의가 계속 발전해야만 한다. 그렇지 않으면 선거와 정당조차 정상화될 수 없다. 오랜 세월 분단 군사독재와 비상계엄 통치에 고통받아 온 한국이기 때문에 그렇다.

깊이 박힌 독재의 뿌리를 뽑아내는 '정상화'가 단 한 번의 민주화로 이뤄질 수가 없다. 독재의 뿌리와 관행이 너무 깊고 강하기 때문이다. 따라서 한국의 민주화는 지속되어야 하고 더욱 높은 단계로 발전해야 한다. 쓰러질 위협이 상존하기 때문에 더욱 힘차게 페달을 밟아야 한다. 한국에서 시민의회는 민주주의의 페달을 밟는 힘이다. '민주주의의 정상화'를 위해 시민의회가 필수적이다. 이 점을 분명히 알아야 한다. 한국에서야말로 시민의회가 장식품이 아니라 먹고사는 필수품이다. 서구 민주주의보다 더욱 그렇다.

따라서 이곳 대한민국에서야말로 선거 민주주의는 참여 민주주의, 숙의 민주주의, 결사체 민주주의로 확장돼야 한다. 정당은 시민사회에 더 깊이 뿌리를 내려야 한다. 명실상부하게 시민이 주인이 되는 정당이 되어야 한다. 정당이 회의의 대상이 된 서구에 비하면 한국은 아직 정당이 제대로 성장한 적도 없다. 따라서 다시금 시민의회는 민주주의의 정상화, 발전, 강화의 중요한 축이다(이 책 4부의 글들 참고). 이렇듯 민주주의의 발전이 지속되어야 민주주의의 기본이 비로소 성립할 수 있는 불리한 조건 속에서 한국의 시민의회론은 발아했다. 이 점에 주목해야 한다.

2010년까지도 한국에서 '시민의회'란 학계에서 단지 몇 사람이 제안했을 뿐인, 아직 세상에 존재하지도 않고 따라서 별로 주목할 가치가 없다고 여겨지던 아이디어였다. 관심도 동참도 약했다. 그러다 2004년 시행되었다는 캐나다 브리티시컬럼비아주에서의 시민의회 실험이 2010년 한국 학술지에 최초로 보고되었다(이 책 4부 〈현실이 된 시민의회〉 참고). 이로써 시민의회가 단지 아이디어가 아닌 현실임을 알 수 있게 되었다.

한국에서 시민의회에 대한 대중적 관심이 크게 높아진 것은 2016년 겨울부터 2017년 봄까지 이어진 촛불혁명 때였다. 이때 학계의 좁다란 울타리를 단숨에 뛰어넘었다. 그야말로 '비약'이었다. 박근혜 탄핵 열기를 피하기 위해 당시 정부 여당에서 '물타기'용으로 개헌론을 꺼내자 촛불 민심에는 큰 위기감이 감돌았다. 여권 개헌론의 기만성은 분명하지만 마땅한 대응 방법이 없었기 때문이다. 이때 '국회는 탄핵에 집중하고, 개헌은 시민의회가 하면 된다'는, 나를 비롯한 몇 사람의 주장이 언론과 SNS를 타고 촛불 민심에 급속히 확산되었다. 당시 아일랜드에서 너무나 우연찮게 시민의회를 통한 개헌이 실제로 진행 중이었기 때문이기도 했다. 그래서 많은 사람들이 쉽게 이해할 수 있었다. 일부 기성 언론도 아일랜드 시민의회의 진행 상황을 활발히 보도했다. 이렇게 한국에서의 시민의회는 개헌의 주체가 될 수 있다는 놀라운 가능성을 가지고 일순간에 크게 부각되었다. 시민의회를 통한 개헌이라는 요청이 강해졌기 때문에 2017년 대선에서 세 후보(문재인, 안철수, 심상정)는 시민의회형 '국민참여개헌'을 약속하지 않을 수 없게 되었다(이 책 3부 〈세 대통령 후보자가 약속한 국민참여개헌〉 참고). 대선 이후 문재인 정부는 시민의회 방식을 원용한 '공론화위원회'를 70여 차례나 소집하였고, 시민의회 방식을 참고하여 대통령 헌법개정안을 제출하기도 하였다. 이렇게 시민의회는 한국에서도 이미 현실이 되었다.

윤석열 정부 시기는 시민의회의 진전이 멈춰 섰던 어둠의 시간이기도 하였다. 이제 명백해졌지만, 시민의회만이 아닌 전방위적인, 총체적인 어두움의 시간이었다. 동시에 이 시기는 그렇듯 암담한 윤석열 정부가 들어서게 된 원인과 경로를 깊이 돌아보고, 윤 정부가 방기하거나 역행시키고 있는 여러 문명적 과제들에 대해 다시금 깊게 생각하고 나아갈 길을 준비하는 시간이기도 하였다(이 책 2부의 글들 참고). 그러한 시간 속에서도 시민의회를 되살리기 위한 준비가 조심스럽게 시작되었다. 이러한 준비는 2024년 5월 서울에서 개최한 '시민의회 국제심포지엄'과 2024년 12월의 '시민의회 전국포럼' 발대식, 그리고 2025년 3월의 창립대회로 열매를 맺었다.

12.3 비상계엄 사태로 인하여 시민의회 논의는 공교롭게도 2016~

2017년에 이어 다시금 독재 회귀와 내란 기도에 맞서 싸우는 국민전선의 선두에 서게 되었다. 이때 탄생한 '시민의회 전국포럼'은 시민의회를 표방한 한국 최초의 전국조직이다. 이 조직은 윤석열 탄핵, 그리고 그에 동조하는 내란 세력과 투쟁하는 과정에서 탄생하고 성장했다. 이로써 한국에서 시민의회론은 항상 반민주 세력과의 날카로운 긴장과 투쟁 상태에서 제안되고 발전해 왔다는 뚜렷한 특징을 갖고 있음을 다시금 확인해 주었다(이 책 1부의 글들 참고).

1부의 맨 앞에 〈빛의 혁명을 기념하는 대한국민 권리장전〉을 실었다. 시민의회 전국포럼의 이래경 실행위원장이 기초를 잡고 내가 완성한 글이다. 12.3 내란 위기를 이겨낸 자랑스런 K-민주주의가 나아갈 길을 집약하고 있다. 이어 〈시민의회법〉(안)과 〈국민주권위원회법〉(안)을 실었다. 이 두 법안은 앞으로 대한민국에서 시민의회가 법적으로 정착될 때 표준법안이 될 것을 기대하면서 나와 서현수, 김주형 교수, 윤왕희 박사가 함께 작성하였다. 이 두 법안을 차분히 읽으면 시민의회를 가장 빠르고 분명하게 이해할 수 있다. 시민의회 관련법으로 〈국민참여개헌절차법〉 제정 역시 필요하다. 이 법안의 개요에 관해서는 1부에 실린 〈제7공화국으로 가는 길: 시민의회와 국민통합개헌〉에서 언급해 두었다.

마무리하면서 돌아보니 이 책은 내가 때로는 홀로, 때로는 함께 걸어왔던 지난 20여 년 동안의 '시민의회로 가는 길'에 관한 기록의 글

모음이 되었다. 글의 시간적 순서는 바로 막 지나온 어제와 오늘의 변화에 대한 기록에서 시작하여(1부), 첫걸음을 떼었던 순간의 기록으로(4부) 역순으로 배치하였다. 권두의 차례에는 그런 시간의 흐름을 한눈에 잘 볼 수 있도록 각각의 글을 썼던 시간을 밝혔다. 실린 글 대부분이 당장 눈앞에 닥친 뜨거운 문제에 즉각 답하는 글들이다. 펜으로 쓰는 듯한 육필성, 속도감, 글을 써가는 호흡을 살리기 위해 원고도 컴퓨터에 저장된 초안을 살렸다.

관심이 가는 제목과 시간을 따라 먼저 빠르게 흐름 전체를 훑어볼 수 있을 것이다. 지난 20년 한국 현대 정치사의 흐름을 한눈에 볼 수 있는 창이 될 수 있다. 그 이후 여유를 두고 전체 흐름을 다시 살펴봐 주기 바란다. 한국에서의 시민의회론이 어떤 시대의 요청 속에서, 어떤 문제를 해결하기 위해, 어떤 방향으로 발전해 왔는지, 보다 깊게 이해할 수 있는 기회가 될 것이다.

2025. 5. 회기동 연구실에서

김상준

차 례

2부

어둠 속에서 길 찾기

3부

2016~2017년 촛불혁명과 시민의회

4부
한국에서 시민의회론이 태동하다

일러두기

- 인명, 작품명 등은 국립국어원 외래어표기법을 따르되, 몇몇 경우는 관용적 표기를 따랐다.
- 서명, 잡지, 장편, 신문 등은《 》, 논문, 단편, 법률, 규정, 영화 등은〈 〉로 표시하였다.

1부

2024년 12.3 비상계엄, 탄핵, 그리고 시민의회

✦

12.3은 재난이었다. 마른하늘에 날벼락이요, 불시의 대지진이었다. 대재난 속에서 길을 찾아야 했다. 삶을 찾아야 했다. 아름답고 위대한 모습을 보았다. 재난 속의 꽃이었다. 재난은 내란이었다. 내란 세력은 뿌리 깊었고 어두운 수법은 상상을 초월했다. 그럼에도 재난 속에서 피어난 우애와 협동의 힘은 그 모든 어두움과 폭력과 속임수의 힘보다 강했다. 결국 빛의 힘, 빛의 혁명이 승리했다. 1부는 그 위대했던 순간의 충격과 고통과 승리의 기록이다.

빛의 혁명을 기념하는 대한국민의 권리장전

부패한 양반체제를 응징하고 밀려오는 외세의 국권침탈에 항거한 구국운동이 동학농민혁명이었다면, 일제 식민지배에 맞서 독립의 깃발을 올린 3.1 혁명은 우리 안에서 치솟은 자주 역량이 만들어 낸 역사의 이정표였다. 그 뜻을 이은 대한민국 상해 임시정부는 '민주공화국'이 우리의 국체임을 만천하에 공포하였다.

순국선열의 피의 대가로 맞은 1945년 8.15 광복이었건만 강대국들의 야욕으로 국토의 허리는 잘리고, 동족상잔의 참화를 거쳐 정전(停戰) 상태로 고착된 지 벌써 70여 년의 세월이 지났다. 정전이란 내전의 지속이며, 내전이란 폭압적 독재의 지속이다. 이러한 재난 속에서도 대한국민은 어깨를 걸고 독재에 대한 저항을 멈추지 않았다. 4.19가 그러하며 유신독재 반대투쟁, 부마민주항쟁과 5.18 광주민중항쟁, 87년 6월 시민항쟁, 그리고 2016~2017년의 촛불혁명이 그러했다.

사진 1 2024년 12월 14일, 서울 여의도 국회 앞에서 열린 '내란수괴 윤석열 즉각 탄핵 범국민 촛불 대행진'에서 시민들이 윤석열 대통령에 대한 탄핵소추안이 국회 표결에서 가결된 뒤 응원봉을 흔들며 노래를 합창하고 있다. (출처: 연합뉴스)

대한민국 국민주권의 힘은 그렇게 성장해 왔다.

그럼에도 대한국민은 다시 한 번의 야만적 폭압 기도를 겪어야 했으니, 윤석열발 12.3 비상계엄이 바로 그것이다. 윤석열은 휴전선을 도발하여 군사적 남북 충돌을 일으키려 했고, 민주세력 일체를 '반국가세력'으로 몰아 정치적 유혈사태를 벌이고자 했다. 끔찍한 일이 아닐 수 없다. 윤석열 자신이, 비상계엄 자체가 진정한 위기요 재난이었다.

그러나 그보다 더욱 놀라운 것은 그토록 시대착오적인 재난을 저지한 대한민국 국민주권의 역량, 응원봉의 힘, 빛의 혁명이었다. 이 힘은 내란수괴 윤석열을 대통령직에서 파면하고 그와 공모한 무리를 법정에 세웠으며, 이제 조만간 민주개혁정부를 새로이 수립할 대선을 눈앞에 두고 있다. 이토록 성장한 대한민국 국민주권의 힘에 세계가 찬사를 보내고 있다. 흔들리고 있는 세계 민주주의의 앞길을 비추는 희망의 빛이 아닐 수 없다.

대한국민의 이 위대한 힘과 권리를 높이 선양하기 위해 모든 힘을 다할 것을 다짐하면서 오늘 우리는 대한국민의 권리장전을 선언한다.

하나, 오랜 역사가 가르치듯이 민유방본(民惟邦本) 즉, 오로지 국민이 국가의 근본이며 헌법 제1조에 의거하여 모든 권력은 국민으로부터 나온다는 만고의 원칙을 재차 확인한다. 입법, 행정, 사법권의 엘리트 독점을 타파하고 그 권리가 합당한 절차와 방법을 거쳐 대한국민 모두에게로 확장되어야 한다. 이것이 대한국민 권리장전의 제1조이다.

하나, 주권재민(主權在民)의 원칙과 인간의 존엄은 어떠한 경우에도 물리적·사법적 수단으로 침해되어서는 아니 되며, 만약 침해와 억압이 있을 시에는 해당 행위자를 시간의 제약 없이 반드시 법적·정치적·역사적으로 처벌하여야 한다.

하나, 오는 대선은 개별 정당과 정치인을 위한 절차와 과정이 아니라 위대한 국민들의 민주역량이 실현되는 압도적 승리의 축제이자 공동체의 회복과 통합 그리고 미래의 도약을 위한 기반이 되어야 한다.

하나, 이번 사태로 경험하였듯이 무도한 검찰사법권과 행정권 남용으로 인한 국정의 혼란, 국회 기능 무력화와 국정원·감사원 등 사정기관들의 발호(跋扈)로 말미암아 대한민국의 민주주의는 기본부터 파괴되기 시작했다. 윤석열 무리의 내란 사건을 계기로 이를 가능하게 하였던 검찰과 사법 그리고 사정기관의 권력구조와 인적 구성을 통찰하고 분석하여 일대의 변혁 조치와 대응을 신속히 그리고 결단코 시행하여야 한다.

하나, 국민주권을 실현하기 위해서는 정치개혁, 선거제도 개혁, 국민참여 확장의 제도화가 필요하다. 승자독식의 정당제도는 이제 대의정치의 효력을 상실하고 있으며, 기득권 정치세력의 현상유지적 행태로 인해 민주주의는 산소 부족의 상태에 빠져 있다. 이렇듯 숨 막혀 가는 민주주의에 다시금 활력을 불어넣기 위해서는 국민의 의사가 제대로 반영되는 올바른 선거제도를 비롯한 정치제도 개혁과 헌법개정이 반드시 필요하다. 그 과정과 방법 자체도 시민의 참여와 숙의에 기초한 것이어야 한다. 이를 위해 〈시민의회법〉, 〈국민주권위원회법〉, 〈국민참여개헌절차법〉 등의 입법과 제도화, 국민발안권의 회복, 지역 민주주의 활성화를 위한 자치분권 개혁이 실현되어야 한다.

하나, 언론주권을 확립해야 한다. 현재의 대한민국 언론 상황은 '권언유착', '언론탄압'이라는 개념으로도 해석될 수 없을 정도의 최악의 혼란상이다. 일제 강점기부터 외세에 부역하였던 주류 언론들은 여전히 부패한 정권에 굴종을 자처하고 있으며, 검찰 권력과 주류 언론은 유착이 아니라 벌써 한 몸이 되었다. 언론이 올바로 서지 않으면 정치를 비롯한 그 어떤 것도 바로 설 수 없다. 진실을 되찾고 전달하기 위해서는 뉴스를 생산하고 소비하는 모든 시민들이 신뢰하고 당당할 수 있는 언론 환경과 제도가 확립되어야 한다.

하나, 민생(民生)과 민업(民業)의 권리가 확보되어야 한다. 세계적 불황과 경제통상의 위기 속에 동반되는 생업의 불안 그리고 금융의 불안정으로 인하여 일상을 위협받는 서민 생활을 보호하는 것이 국가의 핵심 의무이다. 미래 과학기술에 기반한 산업구조의 일대 혁신을 이루되, 거대 재벌 기업과 소수의 기득권층만을 위한 정책이 아닌 일반 시민들, 생업 현장의 자영업자, 그리고 농산어민을 우선적으로 지원하기 위한 기초생활 보호정책, 내수기반의 확대, 주거불안의 해소 그리고 국가안보 차원인 식량자급 등을 위한 '기본사회의 기반'을 확고히 세워야 한다.

하나, 경제성장 과정에서 약화되어 온 돌봄과 교육의 공동체성을 회복해야 한다. 아이를 낳고 기르기 좋은 돌봄 친화적 직장과 마을을 만들어야 하고, 학교는 무엇보다 먼저 공존, 존중, 협력을 배우는 민주시민교육의 장소가 되어야 한다. 과도한 경쟁에 내몰린 청소년들에게 우정과 협동의 교실을 되찾아 주어야 한다. 이를 위해 교사들의 정치적 권리가 보장되어야 한다. 그래야 아이들이 세상을 보는 눈을 교실에서 열어주고 시민적 토론 방식을 가르칠 수 있다. 교사들의 정치적 권리가 위축되면 민주시민교육도, 공동체로서의 학교도 중심을 잃게 된다. 이렇듯 교육의 기초과정에서부터 공동체성이 강화되어야만 인구절벽과 사회적 고립, 높은 자살률과 같은 재앙을 근원에서 막을 수 있다.

하나, 생명과 생태가 존중되어야 한다. 현재 인류사회는 자본의 탐욕과 성장우선주의에 의하여 생명이 위협을 받고 생태파괴와 기후변화에 따른 재앙과 자원의 급격한 고갈 등으로 산업문명이 명백한 한계에 직면해 있으며, 이에 지구상 모든 존재들의 지속과 회복을 중심주제로 삼는 '문명생태로의 전환'이 시급하고 절박한 시점에 이르렀다. 한반도와 푸른 행성 위에 인류와 온 생명 그리고 산천초목이 영원토록 생장할 수 있는 제반 환경을 마련하고 필요한 법규를 제정하는 동시에, 이를 일상에서 실천하는 생명 생태 운동을 힘차게 추진해 나가야 한다.

2025년 5월 10일 유권자의 날을 맞이하는 우리는 지난 12월 3일 비상계엄 선포에서부터 4월 4일 오전 11시 22분 윤석열이 대통령직을 파면당하던 시각까지 모든 순간을 살아 움직이는 활동사진처럼 다시금 생생하게 상기하면서 시대적 사명의 결기를 다지고자 한다.

다시 한번 구한말 이래 오랜 세월과 사건을 통하여 입증한 이 땅의 위대한 국민의 역사의식과 에너지 그리고 민주역량을 반추하면서, 유권자인 우리 모두는 함께 노력을 다하여 통합하고 결집하여 오는 대선을 민주개혁 진영의 압도적 승리로 이끌고 새로이 출범하는 정부를 반드시 성공으로 이끌어 가야 할 시대적 소명을 지니고 있음을 선언한다.

2025. 5. 10.

시민의회 전국포럼, 국민주권 전국회의,

사회대개혁 시민정치행동, 6월민주항쟁 계승사업회

시민의회법 제정안

2025년 5월 15일

제안 이유

○ 대한민국 헌법 제1조 2항은 "대한민국의 주권은 국민에게 있고, 모든 권력은 국민으로부터 나온다"는 주권재민의 원칙을 천명하고 있다. 하지만 일반 국민이 중요한 공적 사안에 대한 사회적 숙의와 결정 과정에 유의미하게 참여할 수 있는 경로는 극히 제한적이다. 이 괴리는 정치에 대한 불신과 냉소를 심화하고, 사회적 현안에 대한 문제해결 능력을 떨어뜨리고 있다. 이러한 맥락에서 〈시민의회법〉의 제정은 국민들의 참여에 대한 열망을 건설적이고 지속가능한 형태로 제도화하여 한국 민주주의의 도약에 크게 기여할 것으로 기대된다.

○ 대의 민주주의의 한계와 결함에 대한 문제제기가 지속되는 가운데 전 세계적으로 권위주의화의 경향이 확산하는 등 민주주의의 위기 현상이 심화하고 있다. 동시에, 기존의 전통적 대의 민주주의 제도를 보완, 극복하기 위한 다양한 혁신적 실험과 제도화가 진행되고 있으며, 특히 층화무작위 추출의 원리와 숙의 민주주의적 의사결정을 결합한 시민의회(Citizens' Assembly) 모델이 국제적으로 큰 주목을 받으며 확산되고 있다.

○ 2004년 캐나다 브리티시컬럼비아 시민의회의 선거제도 개혁 실험을 계기로 시작된 시민의회는 2011년 아이슬란드의 헌법개혁 시민의회 실험

을 거쳐, 2011~2023년의 기간 동안 7차례에 걸쳐 시민의회를 설립, 운영하며 국민투표와 결합한 헌법개혁에 성공한 아일랜드 사례를 거치며 성숙, 확산의 경로를 밟고 있다. 최근에는 동벨기에 의회, 벨기에 브뤼셀시, 프랑스 파리시 등에서 상설 시민의회를 제도화하였고, 영국, 프랑스, 독일, 이탈리아, 덴마크, 핀란드 등 유럽의 주요 국가들과 유럽연합(EU) 그리고 수많은 지방자치단체들에서 시민의회 실험을 확대하거나 제도화를 추진하고 있는 상황이다.

○ 국내에서도 이미 10여 년 전부터 시민의회 설립, 운영에 관한 제안과 논의가 있었고, 2016~2017년의 촛불혁명을 계기로 집권한 문재인 정부 시기 공론화위원회라는 이름으로 유사한 원리와 방식의 시민 참여와 숙의 기반의 정책결정 실험이 국가 및 지역 수준에서 다수 진행되었다. 그러나 중요한 성과와 잠재력에도 불구하고 국내의 공론화 실험은 안정적인 법적, 제도적 기반이 없이 중앙정부나 지방자치단체에 의한 임의적 발의와 개시 결정, 3개월 남짓의 제한된 운영 기간, 위로부터의 하향식 추진 방식, 숙의 결과의 질과 정책 실효성의 한계, 국회, 지방의회, 정당 등 대의제 정치과정과의 연계 부족, 전체 시민사회 및 공론장과의 연계 부족, 최종 결과의 정책 반영 여부 불투명으로 인해 효과성 부족 등 다양한 한계를 보여준 것이 사실이다.

○ 시민의회는 그간 누적된 공론화 실험의 성과와 한계를 바탕으로 안정적 법적, 제도적 기반 위에서 장기적, 숙의적, 합의적, 미래지향적 관점의 대안적 정책결정 시스템과 문화를 구축하는 데 핵심적으로 기여할 수 있는 우수한 제도이다. 특히, 최근 불법 계엄과 내란 사태로 인해 초래된 한국 민주주의의 위기를 온전히 극복하고 한 단계 질적으로 도약한 K-민주주의의 미래를 혁신적으로 재구성하기 위한 의지의 표현으로서 〈시민의회법〉과 〈국민주권위원회법〉의 동시 제정이 필수적으로 요구된다.

○ 대통령과 국회뿐만 아니라 모든 국민이 소집할 수 있는 시민의회, 그리고

시민의회를 공정하고 안정적으로 운영할 기구인 국민주권위원회의 제도화는 시민 참여의 폭을 넓히고 질적으로 심화하는 데에 크게 기여할 것이다. 한편으로는 기존의 정치과정에서 제대로 다뤄지지 못한 중요한 의제에 대한 국민적 지혜를 모으고, 다른 한편으로는 대의 기구와 국민의 거리를 가깝게 하여 민주주의의 작동을 더욱 원활히 할 것이다.

○ 시민의회는 국회의 권한을 침해하거나 대체하지 않는다. 국회가 정치적 갈등이나 이해관계로 인해 다루기 어려운 사안에 대해 국민적 합의를 이끌어 내는 장치로 기능함으로써 국회의 결정과 입법 기능을 더욱 정당화하고 뒷받침해 주는 역할을 한다.

주요 내용

가. 제정 목적

국가 및 지역 차원의 시민의회 설립 및 운영에 관한 제반 사항을 규정함으로써, 정치과정에 대한 시민의 건설적이고 지속가능한 참여를 제도화하고, 이를 통해 한국 민주주의의 도약과 혁신에 기여하고자 한다. (안 제1조)

나. 시민의회의 정의

층화무작위 추출로 선정된 시민들이 공적으로 중요한 의제를 대상으로 숙의 민주주의의 원칙과 절차에 따라 학습, 토의, 투표 및 합의 등의 과정을 거쳐 숙고된 판단에 이르는 민주적 의사결정 제도를 말한다. (안 제2조)

다. 기본 원칙

시민의회는 구성 및 운영 전반에 걸쳐 개방성, 참여성, 숙의성, 책임성, 효과성의 원칙에 기반하여 설계 및 운영되어야 한다. (안 제3조)

라. 소집 주체 및 절차

대통령, 국회, 지방자치단체장 및 지방의회는 시민의회 소집을 요구할 수 있으며, 일정 요건을 충족한 시민청원에 의해서도 소집이 가능함. 국민주권위원회는 이러한 소집 요구를 검토 · 승인하고, 시민의회를 설립 · 운영한다. (안 제5조)

마. 구성 방식

시민의회는 인구 구성의 대표성과 비례성을 고려하여 층화무작위 추출 방식으로 구성하며, 필요시 다양한 사회 집단의 참여가 보장되도록 추가적인 기준을 둘 수 있다. (안 제6조)

바. 역할과 보고

시민의회는 주어진 의제에 대해 충분한 숙의를 거친 후 그 결과를 최종보고서의 형태로 작성 · 공표하고, 국민주권위원회에 제출한다. (안 제10조, 제11조)

사. 숙의와 의사결정 방식

시민의회의 운영은 자료집을 통한 의제 학습, 소그룹 토의, 전문가 발표 및 질의응답, 전체 회의, 일반 시민을 대상으로 한 의견 수렴 등의 절차를 포함한다. (안 제11조)

아. 권고의 반영

정부, 국회, 지방자치단체는 시민의회의 권고를 최대한 존중하여 검토하고, 의결 및 실행 절차를 진행해야 하며, 시민의회와의 협의 및 의견 청취 절차를 성실히 이행해야 한다. (안 제11조)

자. 행정 · 재정 지원

정부는 시민의회가 그 임무를 책임 있게 수행할 수 있도록 예산과 인력 등 필요한 행정적 · 재정적 지원을 적극적으로 제공하여야 한다. (안 제13조)

참고 사항

본 법안은 〈국민주권위원회법안〉의 국회 의결을 전제로 하므로, 동 법안이 수정되어 의결될 경우, 그 내용에 부합하도록 본 법안 역시 조정되어야 한다.

조문

제1조(목적)

이 법은 시민의회의 설립 및 운영에 관한 제반 사항을 규정함으로써, 정치과정에 대한 시민들의 건설적이고 지속가능한 참여를 제도화하고, 이를 통해 한국 민주주의의 도약과 혁신에 기여함을 목적으로 한다.

제2조(정의)

이 법에서 "시민의회(Citizens' Assembly)"란 층화무작위 추출(stratified random sampling)로 선정된 시민들이 공적으로 중요한 의제를 대상으로 숙의 민주주의의 원칙과 절차에 따라 학습, 토의, 투표 및 합의 등의 과정을 거쳐 숙고된 판단에 이르는 민주적 의사결정 제도를 말한다.

제3조(기본 원칙)

① 시민의회는 그 구성과 운영 전반에 걸쳐 개방성, 참여성, 숙의성, 책임성, 그리고 효과성의 핵심 가치를 바탕으로 설계 및 운영되어야 한다.

1. 개방성: 시민의회의 모든 활동은 투명성, 공개성 및 접근 가능성의 원칙에 따라 이루어져야 한다.
2. 참여성: 시민의회는 구성 및 운영 전반에 걸쳐 시민의 평등하고 포용적인 참여가 보장되도록 하여야 한다.
3. 숙의성: 시민의회의 논의 및 결정 과정에서 충분하고 균형 있는 정보의 제공을 통한 경청, 공동 학습, 토의, 성찰적 사유, 대화, 논쟁, 협상, 투표, 합의 등을 포괄하는 숙의적 절차가 충실히 이

루어지도록 하여야 한다.

4. 책임성: 시민의회는 공적 의제에 관한 시민 참여 기반의 숙의적 의사결정의 중요성을 인식하고, 그에 상응하는 책임성을 구현하기 위해 노력하여야 한다.

5. 효과성: 시민의회의 논의와 결정은 실질적인 정책결정에 의미 있는 영향을 미칠 수 있어야 하며, 이를 위해 정부, 국회 및 지방자치단체는 시민의회의 권고가 정책에 반영될 수 있도록 적극적으로 지원하여야 한다.

제4조(적용 범위)

이 법은 국회, 대통령, 정부 및 중앙행정기관, 지방자치단체 등 공공기관 또는 절차적 요건을 갖춘 시민청원에 의해 소집이 요구되는 시민의회의 설립 및 운영에 관한 사항에 적용된다.

제5조(소집 요구와 소집)

① 대통령은 국무회의의 의결을 거쳐 시민의회의 소집을 요구할 수 있다.

② 국회는 본회의의 의결을 거쳐 시민의회의 소집을 요구할 수 있다.

③ 지방자치단체는 다음 각 호의 어느 하나에 해당하는 경우 지역 시민의회의 소집을 요구할 수 있다.

1. 지방자치단체장이 소집을 결정한 경우
2. 광역 또는 기초 지방의회의 의결이 있는 경우

④ 만 18세 이상 유권자 100분의 1 이상의 연서(온라인 서명 포함)가 있는 경우, 해당 의제에 관한 시민의회의 소집을 요구할 수 있다.

⑤ 지방자치단체의 경우, 해당 지방자치단체 주민(만 18세 이상 유권자)의 100분의 1 이상이 연서(온라인 서명 포함)한 경우, 해당 의제에 관한 지역 시민의회의 소집을 요구할 수 있다.

⑥ 시민의회의 설립 기준, 절차 및 운영 등에 관한 세부 사항은 〈국민주권위원회법〉 등 관련 법령에서 정한다.

제6조(시민의회의 임무와 권한)

① 시민의회는 의제에 대해 충실히 숙의한 후 그 결과를 최종보고서 형태로 공표하고 국민주권위원회에 제출한다.

② 시민의회는 의제의 학습, 토의 및 결정을 위해 국민주권위원회, 국회, 행정부 등의 조력을 받아 관계기관에 필요한 자료를 요청하고, 해당 기관장의 공적 의견을 조회할 권리를 가진다. 시민의회의 자료 요구나 의견 조회 요청을 받은 기관의 장은 이를 지체 없이(14일 이내) 성실히 이행하여야 한다.

제7조(시민의회의 구성)

① 시민의회는 그 구성이 인구 구성의 대표성과 비례성을 정확히 반영할 수 있도록 층화무작위 추출 방식으로 구성한다. 성별, 연령, 지역을 기본적인 고려 기준으로 하며, 해당 의제의 특성을 반영하여 장애인, 이주민, 청소년, 저소득층, 저학력자, 비고용자 등 특정 집단을 추가적으로 포함할 수 있다.

② 전국 단위의 시민의회는 200명 이상 500명 이하로, 지방자치단체와 연계된 시민의회는 50명 이상 200명 이하로 구성하되, 사안의 특수성에 따라 그 규모를 일부 조정할 수 있다.

③ 시민의회의 층화무작위 추출 방식 및 절차 등 구성에 필요한 세부 사항은 대통령령으로 정한다.

제8조(시민의원의 임기, 권리, 의무)

① 시민의원의 임기는 시민의회 소집 시 국민주권위원회가 정한 운영 기간

으로 하되, 그 기간은 2년을 초과할 수 없다.

② 시민의회의 참여는 자발적이어야 한다.

③ 시민의원은 다음 각 호의 요건을 모두 충족해야 한다.

1. 만 18세 이상의 대한민국 국민으로서 선거권이 있으며, 그 권리가 정지되거나 박탈되지 아니한 자일 것
2. 지역 시민의회의 경우, 해당 지역에 거주하며 지방선거권이 있는 외국인도 시민의원이 될 수 있음
3. 선출직 공직자는 시민의회 의원이 될 수 없음

④ 시민의회 의원은 금고 이상의 형의 선고에 의하지 아니하고는 본인의 의사에 반하여 면직되지 아니한다.

⑤ 시민의회 의원은 시민의회에서의 직무상 발언과 의결에 관하여 민사상 또는 형사상 책임을 지지 아니한다.

⑥ 시민의원에게는 회의 참가에 따른 수당 및 실비 상당의 교통비가 지급된다. 수당 및 교통비의 지급 기준과 액수는 대통령령으로 정한다.

⑦ 시민의회는 시민의원의 원활한 참여를 위하여 예산의 범위 내에서 돌봄 서비스, 종교 활동 등 필요한 지원을 제공하여야 한다.

제9조(시민의회 의장)

① 시민의회 의장은 해당 의제에 대해 전문성과 사회적 공신력을 갖춘 사람 중에서 국민주권위원회의 심의와 시민의회의 승인을 거쳐 국회의장이 임명한다.

② 시민의회 의장은 시민의회의 운영을 통할한다.

③ 시민의회 의장은 시민의회가 부여된 임무를 책임성 있고 효과적으로 실현할 수 있도록 시민의회의 구성, 실행, 결과 제출, 사후 관리 등 모든 과정에 만전을 기하여야 한다.

제10조(시민의회의 조직 및 체계)

① 시민의회의 원활한 운영을 위하여 다음과 같은 조직 및 체계를 운영할 수 있다.

② 시민의원단: 시민의원단은 시민의원 전체로 이루어지며, 독자적인 회합을 개최하고 대표자를 선출하여 운영할 수 있다.

③ 운영위원회: 시민의회의 원활한 운영과 의사결정을 위하여 운영위원회를 설치한다. 운영위원회는 의장, 시민의원단 대표 5인, 전문가자문위원회 위원 2인, 국민주권위원회 사무처장으로 구성된다.

④ 시민의회의 조직 및 체계에 관한 자세한 사항은 대통령령으로 정한다.

제11조(시민의회의 숙의와 의사결정 절차)

① 시민의회의 운영 기간은 3개월 이상으로 하되, 헌법개정 등 사안의 중대성과 의제의 복잡성을 고려하여 최대 2년의 범위 내에서 조정할 수 있다.

② 시민의회의 운영은 다음 각 호의 절차를 포함하여야 한다.

1. 전문가에 의해 균형 있게 작성된 자료집을 통한 의제 학습
2. 여러 차례의 소그룹 토의
3. 전문가 발표 및 질의응답
4. 전체 회의
5. 일반 시민을 대상으로 한 의견 수렴 및 협의

③ 시민의회에서 이루어지는 숙의 및 표결의 모든 과정은 투명하고 공개적으로 진행함을 원칙으로 한다. 다만, 참가자 간 자유로운 토론을 보장하기 위하여 소그룹 토의 등 일부 절차는 비공개로 진행할 수 있다.

④ 시민의회는 운영 기간 종료 시 소집 배경 및 주요 경과, 임무와 의제, 운영 체계 및 숙의 과정, 이해관계자 및 일반 시민의 의견 수렴 과정 및 결과, 최종 결론 및 권고 사항 등이 체계적으로 서술된 최종보고서를 작성하여 국민주권위원회에 제출하여야 한다. 최종보고서의 내용과 형식은

시민의회의 토의를 거쳐 결정하되, 합의에 이른 구체적인 정책 권고안, 논쟁적 사안에 대한 복수 입장 및 그에 대한 근거 등을 포함할 수 있다.

⑤ 시민의회는 시민의원단이 충분한 학습과 토론을 수행할 수 있도록 필요한 제반 환경과 서비스를 적절히 제공하여야 한다.

⑥ 시민의회의 원활한 운영을 위하여 전문적인 숙의 촉진자(퍼실리테이터)를 체계적으로 양성하고 활용할 수 있다.

⑦ 시민의회는 숙의 및 결정 과정에서 국회, 지방의회 등 대표기관과 적극적으로 협력하고 소통하여야 하며, 다양한 시민사회 행위자들과도 적절한 방식으로 협력적 의사소통을 위하여 노력하여야 한다.

⑧ 시민의회의 의사 진행에 관한 세부 사항은 대통령령으로 정한다.

제12조(시민의회 결정의 효력)

① 시민의회의 결정 및 권고 사항 중 행정부 소관 사항은 대통령에게 제출되며, 소관 중앙행정기관의 검토를 거쳐 국무회의의 의결을 통해 시행된다.

② 시민의회의 결정 및 권고 사항 중 국회 의결이 필요한 사항은 국회사무처에 제출되며, 관련 상임위원회의 심사를 거쳐 본회의 의결을 통해 시행된다.

③ 제1항 및 제2항에 따른 행정부와 국회의 결정은 시민의회의 보고서 및 권고를 접수한 날부터 6개월 이내에 이루어져야 한다. 다만, 불가피한 사정으로 해당 기간 내 처리가 곤란한 경우에는 그 사유를 국민주권위원회에 제출하고 협의를 거쳐 일정을 조정할 수 있다.

④ 지역 시민의회의 결정 및 권고 사항에 대해서도 제1항부터 제3항까지의 규정을 준용한다.

⑤ 정부, 국회 및 지방자치단체는 시민의회의 보고서 및 권고를 최대한 존중하여 검토 및 의결을 진행하여야 하며, 그 과정에서 시민의회 대표단 및 관계자에게 의견 진술의 기회를 부여하고 상호 협의 절차를 적극적으로 추진하여야 한다.

제13조(시민의회의 재정 및 행정 지원)

① 정부는 시민의회가 그 임무를 성실하고 책임 있게 수행할 수 있도록 예산의 확보, 인력의 배치, 시설 및 자료 제공 등 필요한 행정적 · 재정적 지원을 적극적으로 하여야 한다.

② 시민의회가 구성되는 시점에 국민주권위원회 사무처는 관련 예산안을 편성하여 시민의회 의장과 운영위원회에 보고하고 승인을 받아야 한다.

제14조(시민의회와 국민주권위원회의 관계)

① 국민주권위원회는 시민의회 소집 요구를 검토하여 승인하고, 시민의회의 설립 및 운영에 관한 기본계획을 수립하여 시행하여야 한다.

② 국민주권위원회는 시민의회가 그 임무와 목표를 충실히 수행할 수 있도록 제도적 · 재정적 · 행정적 지원을 제공하여야 한다.

③ 국민주권위원회는 시민의회의 운영 실태를 정기적으로 점검 · 평가하고, 시민의회의 발전을 위한 중장기 전략을 수립하여 대통령 및 국회에 보고하여야 한다.

제15조(윤리강령)

① 시민의회는 책임성 있는 운영을 위하여 윤리강령 및 행동지침을 제정하여 적용하여야 한다.

② 윤리강령 및 행동지침은 시민의회의 구성원 모두가 준수하여야 하며, 그 위반에 대하여는 국민주권위원회가 정하는 절차에 따라 경고, 활동 배제 등 적절한 제재 조치를 취할 수 있다.

제16조(벌칙)

누구든지 시민의회의 참여를 강요 또는 방해하거나 선정된 시민의원에게 부당한 압박을 가하여서는 아니 되며, 이를 위반한 자는 5년 이하의 징역 또는

3천만 원 이하의 벌금에 처한다.

제17조(다른 법률과의 관계)

시민의회의 설립 및 운영에 관하여 이 법에 규정된 사항은 다른 법률에 우선하여 적용한다.

부칙

제1조(시행일)

이 법은 공포한 날부터 시행한다.

국민주권위원회법 제정안

2025년 5월 15일

제안 이유

민주주의가 위기에 빠져들고 있는 세계 전반의 상황에도 대한민국 민주주의의 생명력과 회복력은 세계를 놀라게 하고 있다. 거듭된 위기에도 민주주의를 지켜낸 자랑스러운 대한국민의 민주적 역량을 이제 법적으로 제도화하여야 할 때이다. 닥친 재난에 대한 저항을 넘어서, 재난을 근원적으로 막는 제도적 방파제를 세워야 한다. 4.19 이후 수많은 위기와 재난 속에서 민주주의를 지켜낸 대한민국의 평범한 시민들의 민의를 이제는 일상적인 시기에도 공정하고 효율적인 방식으로 수렴하고 표현할 수 있게 하여주는 법적 제도에 대한 요청이 크다. 따라서 대통령과 국회, 그리고 일정 수의 모든 유권자가 소집 요청할 수 있는 시민의회와 그렇게 소집 요청된 시민의회를 소집하여 공정하고 안정적으로 운영할 기구인 국민주권위원회를 설치하는 법 제정을 제안한다.

주요 내용

가. 국민주권위원회는 적법한 절차에 따라 소집 요청된 시민의회를 공정하고 효율적으로 소집, 운영, 지원하는 기구이다.

나. 시민의회는 대통령, 국회, 그리고 유권자 일정 수에 의해 소집 요청된다.
다. 국민주권위원회는 전국국민주권위원회와 지방국민주권위원회가 있다.
라. 국민주권위원회는 국회, 대통령, 대법원장과 사회 주요 직능단체에서 선출, 지명한 일정 수의 인사를 국회의장이 임명한다.
마. 국민주권위원회는 소집된 시민의회의 결정 사항을 정부와 국회 및 유관 기관에 이송하여 민의가 적절히 수렴되고 신속히 구현될 수 있도록 한다.

참고 사항

본 법안은 〈시민의회법안〉의 국회 의결을 전제로 하므로, 동 법안이 수정되어 의결될 경우, 그 내용에 부합하도록 본 법안 역시 조정되어야 한다.

조문

제1장 총칙

제1조(목적)

이 법은 국민주권위원회를 설립하여 적법한 요건에 따라 소집 요청된 시민의회를 공정하고 효율적으로 소집, 운영, 지원하고 시민의회의 합의 결과를 정부와 국회 및 유관 기관에 이송하여 민의가 적절히 수렴되고 신속히 구현될 수 있도록 함을 목적으로 한다.

제2조(정의)

① 국민주권(People's Sovereignty)이란 헌법 1조 2항의 주권재민의 원칙을 모든 국민이 입법, 사법, 행정 영역과 국민의 공적 생활의 제반 영역에서 실

현할 수 있는 권리를 말한다.

② 시민의회(Citizens' Assembly)란 층화무작위 추출로 선정된 시민들이 공적으로 중요한 의제들에 관하여 숙의 민주적 원칙과 방법에 따라 공동으로 학습, 토의, 투표 및 합의 등의 과정을 거쳐 숙고된 판단에 이르도록 하는 민주적 의사결정 제도를 말한다.

제3조(국민주권위원회의 설립과 독립성)

① 이 법에서 정하는 국민주권의 결집과 표현을 위한 업무를 수행하기 위해 국민주권위원회(이하 "위원회"라 한다)를 둔다.

② 위원회는 정부로부터 독립적인 상설기구로서 시민의회의 소집, 운영 및 지원 등 그 권한에 속하는 업무를 독립하여 수행한다.

제2장 위원회의 구성과 운영

제4조(전국위원회와 지방위원회)

① 위원회는 전국위원회와 지방위원회를 둔다.

② 전국위원회는 "국민주권위원회", 지방위원회는 "○○시민(도민, 군민, 구민) 주권위원회"라 한다.

③ 지방위원회의 구성은 전국위원회 구성 방식에 준한다. 그에 관한 세부사항은 대통령령으로 정한다.

제5조(위원회의 구성)

① 위원회는 위원장 1명과 상임위원 4명을 포함한 25~31인 사이의 홀수의 위원으로 구성하고 국회의장이 임명한다.

② 위원은 다음 각 호의 사람을 국회의장이 임명한다.

1. 국회가 선출하는 3명

2. 대통령이 지명하는 2명

3. 대법원장이 지명하는 1명

4. 대한변협이 선출하는 1명

5. 국회의장이 객관적 기준에 따라 정한 대표적인 복수의 노동단체에서 선출하는 4명

6. 국회의장이 객관적 기준에 따라 정한 대표적인 복수의 농민단체에서 선출하는 4명

7. 국회의장이 객관적 기준에 따라 정한 대표적인 복수의 경제단체에서 선출하는 2명

8. 국회의장이 객관적 기준에 따라 정한 대표적인 복수의 자영업자단체에서 선출하는 2명

9. 국회의장이 객관적 기준에 따라 정한 대표적인 복수의 청년 · 학생단체에서 선출하는 2명

10. 국회의장이 객관적 기준에 따라 정한 대표적인 복수의 시민사회단체 연합체에서 선출하는 4명

③ 위원회의 결정에 따라 위원 선출이 가능한 사회직능분야를 조정, 추가, 삭감할 수 있다.

④ 위원은 국민주권 신장에 대한 지식과 경험이 있고 국민주권의 보장과 향상을 위한 업무를 공정하고 독립적으로 수행할 수 있다고 인정되는 사람으로 선정한다.

⑤ 위원은 특정 성(性)이 10분의 6을 초과하지 않도록 한다. 짝수의 위원을 선출하는 기관과 단체는 반드시 남녀 동비율로 선출하며, 단수 선출의 경우 국회의장은 선출 단체에 남녀 대표 선출을 요청하고 전체 위원 성비를 고려하여 남녀 대표 중 결정할 권한을 갖는다.

⑥ 위원의 임기는 3년이고 1회 연임이 가능하다.

⑦ 임기가 끝난 위원은 후임자가 임명될 때까지 그 직무를 수행한다.

第6조(위원장과 부위원장)

① 위원회는 위원장 1인과 부위원장 2인을 둔다.

② 위원장 1인과 부위원장 2인은 상임위원이 된다.

③ 위원장과 부위원장은 위원회에서 자체 선출하여 국회의장이 임명한다. 이 경우 위원장은 국회의 인사청문을 거쳐야 한다.

④ 위원장과 부위원장의 선출 방식은 위원회 내규로 정한다.

⑤ 위원장과 상임위원은 정무직공무원으로 임명한다

⑥ 위원장과 부위원장의 임기는 3년이고, 1회에 한하여 연임이 가능하다.

第7조(위원장의 직무)

① 위원장은 위원회를 대표하며 위원회의 업무를 총괄한다.

② 위원장이 부득이한 사유로 직무를 수행할 수 없을 때에는 위원장이 미리 지명한 부위원장이 그 직무를 대행한다.

③ 위원장은 국회에 출석하여 위원회의 소관 사무에 관하여 의견을 진술하고 안건을 제출할 수 있으며, 국회에서 요구하면 출석하여 보고하거나 답변하여야 한다.

④ 위원장은 국무회의에 출석하여 발언할 수 있으며, 소관 사무에 관하여 국무총리에게 안건을 제출할 수 있다.

⑤ 위원장은 위원회의 예산 관련 업무를 수행할 때 〈국가재정법〉 제6조 제3항에 따른 중앙관서의 장으로 본다.

第8조(위원의 신분 보장)

위원은 금고 이상의 형의 선고에 의하지 아니하고는 본인의 의사에 반하여 면직되지 아니한다.

제9조(위원의 책임 면제)

위원은 위원회에서 직무상 행한 발언과 의결에 관하여 고의 또는 과실이 없으면 민사상 또는 형사상의 책임을 지지 아니한다.

제10조(위원의 결격사유)

① 다음 각 호의 어느 하나에 해당하는 사람은 위원이 될 수 없다.

1. 대한민국 국민이 아닌 사람
2. 〈국가공무원법〉 제33조 각 호의 어느 하나에 해당하는 사람
3. 정당의 당원
4. 〈공직선거법〉에 따라 실시하는 선거에 후보자로 등록한 사람

② 위원이 제1항 각 호의 어느 하나에 해당하게 되면 당연히 퇴직한다.

제11조(위원의 겸직금지)

① 위원은 재직 중 다음 각 호의 직을 겸하거나 업무를 할 수 없다.

1. 국회 또는 지방의회의 의원의 직
2. 다른 국가기관 또는 지방자치단체의 공무원(교육공무원은 제외한다)의 직
3. 그 밖에 위원회 규칙으로 정하는 직 또는 업무

② 위원은 정당에 가입하거나 정치운동에 관여할 수 없다.

제12조(상임위원회 및 소위원회)

① 위원회는 그 업무 중 일부를 수행하게 하기 위하여 상임위원회와 소위원회를 둘 수 있다.

② 상임위원회는 위원장과 상임위원으로 구성하고, 소위원회는 3명 이상 5명 이하의 위원으로 구성한다.

③ 상임위원회, 소위원회 및 전문위원회의 구성 · 업무 및 운영과 전문위원의 자격 · 임기 및 위촉 등에 관하여 필요한 사항은 위원회 규칙으로 정한다.

제13조(회의 의사 및 의결정족수)

① 위원회의 회의는 위원장이 주재하며, 이 법에 특별한 규정이 없으면 재적 위원 과반수의 찬성으로 의결한다.

② 상임위원회 및 소위원회의 회의는 구성위원 3명 이상의 출석과 3명 이상의 찬성으로 의결한다.

제14조(의사의 공개)

위원회의 의사는 공개한다. 다만, 위원회, 상임위원회 또는 소위원회가 필요하다고 인정하면 공개하지 아니할 수 있다.

제15조(자문기구)

① 위원회는 그 업무 수행에 필요한 사항을 자문하기 위하여 자문기구를 둘 수 있다.

② 자문기구의 조직과 운영에 필요한 사항은 위원회 규칙으로 정한다.

제16조 (사무처)

① 위원회에 위원회의 사무를 처리할 사무처를 둔다.

② 사무처에 사무처장 1명과 필요한 직원을 두되 사무처장은 상임위원 중에서 위원회의 심의를 거쳐 위원장의 제청으로 국회의장이 임명한다.

③ 소속 직원 중 5급 이상 공무원 또는 고위공무원단에 속하는 일반직공무원은 위원장의 제청으로 대통령이 임명하며, 6급 이하 공무원은 위원장이 임명한다.

④ 사무처장은 위원장의 지휘를 받아 사무처의 사무를 관장하고 소속 직원을 지휘 · 감독한다.

제17조(지방위원회의 구성과 운영)

① 지방위원회는 각급 지자체 단위에서 구성한다

② 각 지방위원회의 구성 방식은 전국위원회의 구성 방식에 준하여 각급 지자체 단위에서 정한다.

③ 각 지방위원회의 운영 방식은 전국위원회의 운영 방식에 준하여 각급 지자체 단위에서 정한다.

제3장 위원회의 업무와 권한

제18조(위원회의 업무)

① 위원회는 요건에 따라서 소집 요청된 시민의회를 전국 또는 지방 단위의 인구 대표성을 층화무작위 추출 방식에 따라 정확하게 반영하여 구성한다.

② 위원회는 소집 요청 의제의 위헌성, 관련 법률과의 충돌 사항을 관련 기관에 검토 의뢰할 수 있고, 해당 의제가 헌법 위반이나 대한민국이 비준한 국제조약 위반 등의 중대하고 명백한 사유가 있는 경우에는 시민의회 소집 요청을 기각할 수 있다.

③ 위원회는 소집된 시민의회가 의제에 대한 다양한 의견을 최대한 정확하고 충분하게 학습할 수 있도록 지원하며, 시민의원들 간의 원활한 상호토론 및 분임토론, 종합토론 등이 가능하도록 최대한 노력한다.

④ 위원회는 회기 중 회의를 공개하며, 온라인 플랫폼과 우편 접수처를 만들어 일반 시민의 자유로운 의견 표명을 수용하고 이를 정리하여 시민의회 의원들에게 제공한다.

⑤ 위원회는 시민의회의 소집과 운영에 관련한 예산 및 전문가 시스템을 구축하여 지원한다.

⑥ 위원회는 시민의회의 결정 사항을 정부, 국회 및 의제 해당 기관에 이송하고 처리 과정을 모니터링하여 공개한다.

⑦ 위원회는 시민의회의 참여자가 시민의회의 논의 과정에서 윤리적 문제를 일으킬 경우 제명 등의 처분을 내리고 예비후보로 충원할 수 있다.
⑧ 위원회는 자체 의결을 통해 시민의회 소집 의제를 국회와 국무회의에 제안할 수 있다.
⑨ 위원회는 사회 제 분야에서 국민주권을 신장할 방안을 적절한 통로를 통해 공표, 제안할 수 있다.

제19조(자료제출 및 사실 조회)

① 위원회는 그 업무를 수행하기 위하여 필요하다고 인정하면 관계기관 등에 필요한 자료 등의 제출이나 사실 조회를 요구할 수 있다.
② 위원회는 그 업무를 수행하기 위하여 필요한 사실을 알고 있거나 전문적 지식 또는 경험을 가지고 있다고 인정되는 사람에게 출석을 요구하여 그 진술을 들을 수 있다.
③ 제1항에 따른 요구를 받은 기관은 지체 없이 협조하여야 한다.

부칙

제1조(시행일)

이 법은 공포한 날부터 시행한다.

✦

응원봉 혁명과 시민의회

1. 응원봉 혁명의 역사적 의의

10여 년 전 중학생 어린 소녀들이 BTS 콘서트에 소중히 품고 갔던 그 응원봉이 2024년 12월 3일의 무도한 비상계엄을 막는 응징봉이 될 것임을 그 누가 짐작이나 할 수 있었던가? 더 나아가 응원봉의 그 빛이 위기에 처한 세계 민주주의의 미래를 열어줄 '빛의 혁명'의 발화점이 될 것 역시 아무도 상상할 수 없었다.

오늘날 세계 민주주의는 중대한 도전과 위기에 처해 있다. 심화일로의 경제 양극화에 대해 그동안 너무나도 무기력한 대응으로 일관하였고, 인류 미래에 대재난을 예고하는 기후위기에 대해서도 아직껏 실효성 있는 대처 방안을 내놓지 못하고 있다. 이러한 사이 민주주의 자체를 부정하고 비하하는 '암흑의 계몽주의', '신반동주의' 운동이 세계 각

처에서 독버섯처럼 자라나고 있다. 이들은 민주주의를 약자와 무능력자들의 약탈 장치라 조롱하고, 강한 인종과 대자본의 지배가 민주주의를 대체해야 한다고 공공연히 선동하고 있다.

한국의 민주주의는 세계의 일반 상황에 비해 더욱 엄혹했던 역사적 조건 속에서도 결코 굴하지 않고 그 길을 꾸준히 확장해 왔다. 4.19와 유신독재 반대투쟁이 그러했고, 80년 5월 광주시민항쟁과 87년 민주화투쟁, 그리고 2000년대 들어 끊이지 않고 이어진 촛불투쟁과 2016～2017년의 촛불혁명이 그러했다. 한국 민주주의 역사에서의 근본적인 재난은 해방정국과 한국전쟁 이래 해소되지 못했던 내전적 상황을 악용한 군사독재의 연이은 폭거에서 비롯된 것이었다.

윤석열은 놀랍게도 한국이 세계 10위권의 경제선진국, 문화선진국이 되어 있는 2024년의 상황에서도 1960～1970년대의 박정희와 1979～1987년의 전두환과 꼭 같은 방식의 비상계엄, 즉 군을 앞세운 무단통치, 공포통치 수법을 통해 민주주의를 다시 한번 교살하려 했다. 한국 현대사에서 반복되었던 비상계엄은 민주주의의 숨통을 끊어 놓으려 했던 독재자들의 불패의 필살기이자 항상 우리 사회의 가장 근원적인 재앙이었다. 그러나 반복되었던 무서운 재난 앞에서 대한국민은 비록 한때 침묵을 강요받을지라도 굴복하지 않고 끝내 물리치고 이겨내 민주주의를 오히려 한 단계씩 더욱 높은 수준으로 회복시키는 놀라운 상승적 회복력을 보여주었다. 한국 민주주의는 거듭된 시련을 통해서 한 단계씩 더욱 강해지고 커지고 넓어졌다. 세계가 한국 민주주의에 경탄하는 이유다.

12월 3일부터 시작된 비상계엄 해제와 윤석열 탄핵 투쟁은 한국 민주주의가 이미 새 세대의 '마음의 습성'으로 깊이 뿌리내려 있음을 보여주었다. 이제 투쟁 현장은 운동권 가요 부르기와 구호 외침의 전통적 시위문화가 K-팝 합창과 율동, 사랑과 나눔의 새로운 시위문화와 자연스럽게 화합했다. 언 몸을 녹여줄 따듯한 죽과 커피가 '선결제'로 끝없이 배달되었고, 난방버스, 푸드트럭이 길게 이어졌다. 키세스 시위는 긴 겨울밤을 이겨냈다. 12월 3일 국회에 투입된 무장한 젊은 장병들은 부당한 명령 수행을 회피하고 거부함으로써 비상계엄의 효력을 내부로부터 무력화시켰다. 이들 역시 한국 민주주의의 오랜 고난의 역사가 길러낸 자랑스러운 청년들이었다. 4월 4일의 헌재 만장일치 파면 선고 역시 한국 민주주의가 단단하게 뿌리내려 있음을 확인해 주었다.

비상계엄이라는, 한국의 뼈아픈 독재 역사에서의 필살기가 이제 더 이상 작동하지 않음이 명백해졌다. 그것은 공포의 대상이 아니라 우스꽝스러운 망상에 불과했다. 윤석열과 그를 지지했던 집단의 언어, 사고, 행동 모두가 일반 국민의 민주적 표준, 상식적 기준에 전혀 미치지 못하는 저열하고 유치한 것이었음을 스스로 드러냈다. 비상계엄을 지지했던 집단은 더 이상의 존재 이유, 정당성 근거를 잃었다. 미래에 대한 어떤 전망도 제시할 수 없는 시대착오적 세력임을 스스로 만천하에 입증했다. 이로써 한국 민주주의는 새로운 단계로 접어들었다.

불법무도한 비상계엄을 '계몽령'이라 부르며 합리화하려 했던 이들의 망상적 사고법에서 우리는 앞서 말한 미국과 유럽 극우의 신반동주의, 네오파시즘의 분명한 영향을 확인할 수 있었다. 윤석열발 비상계엄과 그에 대한 언어도단의 변호론은 한국 민주주의에 대한 도발이었을 뿐 아니라, 세계 민주주의에 대한 도전이기도 하였던 것이다. 따라서 응원봉 혁명은 한국 민주주의 역사에서의 또 한 번의 위대한 승리였을 뿐 아니라, 동시에 위기에 처한 세계 민주주의를 최전선에서 지켜낸 세계사적 쾌거이기도 하였다.

2. 시민 입법권, 행정권, 사법권의 확장과 '시민의회 3법'

위기에 빠졌던 민주주의를 오늘은 우리가 지켜냈지만, 민주주의가 더욱 강해지지 않으면 내외의 숱한 위기 요인 앞에 내일 다시금 위기에 빠지지 않으리라 장담할 수 없다. 더욱 강해진 민주주의만이 위기에 처한 민주주의를 구한다.

민주주의를 새로운 단계로 높이고 강화할 또 하나의 권리장전이 필요하다. 이러한 긴박한 시점에서 천명될 '대한국민의 권리장전'은 지난 역사 속의 권리장전보다 더 넓고 높은 것이 되어야 한다. 그래야만 민주주의를 부정하는 '신반동'의 세계적 조류에 맞서 더욱 강하고 자신 있게 대응할 수 있다. 새로운 권리장전의 핵심은 입법권, 사법권, 행정권의 엘리트 독점을 타파하고 시민 입법권, 사법권, 행정권을 획기적으로 확장하는 데 있다. 여기서 시민의회는 중추적 역할을 한다.

시민의회에서 이뤄지는 합의는 장 자크 루소가 말했던 주권자의 '일반의지'에 가깝다. 그런데 루소는 '일반의지란 시민 사이의 의사소통이 없어야 온전하다'라는 문제적 발언을 남기기도 했다(《사회계약론》). 이는 사상계의 오랜 수수께끼였다. 시민의회는 그런 오랜 의문에 대한 새로운 현대적 풀이, 또는 진취적 돌파라고 할 수 있다. 루소에게 일반의지는 분명 주권자 각자의 마음속에 존재하는 공동체의 공동이익에 대한 분명한 (그러나 잠재되어 있는) 공통의견이지만, 시민 간, 또는 집단 간 상호소통(communication)을 통해서는 사적 파당과 선동가의 이익에 현혹되고 휩쓸리기 쉽다고 생각했다. 이렇듯 모순적인 루소의 생각에 대한 프랑스 혁명 이래의 200여 년간의 풀이는 그동안 그다지 성공적이지 못했다고 할 수 있다. 이제 시민의회가 새로운 솔루션, 실천적 해결책을 제시할 수 있다. 시민의회는 인구의 통계적 대표성을 정확히 반영하면서, 동시에 거짓 뉴스나 사적 파당의 견해에 휘둘리지 않을 수 있는 '경청과 숙의의 프로세스'를 제공한다. 이를 통해 그동안 명확히 해명되지 못했던 루소의 정체 미정의 일반의지는 비로소 구체적인 형상을 갖추게 된다. 시민의회는 현실의 구체적 사안에 대해 일반의지에 가장 가까운 합의에 도달할 수 있는 가장 현실적이고 합리적인 제도적 방안이다.

그러면 이제 그러한 시민의회가 시민 입법권, 시민 사법권, 시민 행정권 확장의 중심축이 된다는 앞의 언명을 좀 더 풀어 설명해 보자. 먼저 시민 사법권부터 살펴보는 것이 이해하기 쉽고 빠른 길이겠다. 우선 널리 알려진 배심원제도가 그렇다. 시민의회는 배심원제도를 정치적 제도로 발전시킨 것으로, 많은 점에서 닮아 있다. 배심원과 시민의회의 의원 선출 방식이 같다. 이 점은 매우 중요하다. 인구 통계성을 정확히 반영한 배심제가 억울한 판결을 크게 줄인다는 것은 오랜 시간 수많은 연구를 통해 널리 확인된 사실이다. 사법 엘리트에 철저히 독점되었던 재판과 판결에 대한 결정 권한을 일반 시민들로 구성되는 배심원들에게 일정 부분 위임한 결과다. 지금 한국에 '국민참여재판'이라는 이름으로 도입된 배심제는 너무나 형식적이고 제한적이다. 그러함에도 그조차 아직도 한국의 다수의 판사들은 거부하거나 기피하는 경향이 강하다. 독점적 사법권 행사를 조금이라도 분점하기 싫은 것이다. 지난 5월 1일의 대법원 폭거에서도 보듯 한국 사법부의 민주화는 아직 요원하다. 바로 그렇기 때문에 한국에서 배심원제는 더욱 강화되어야 한다. 전면화, 실질화해야 한다. 그래야 억울한 재판이 크게 줄어든다. 사법 정의의 실현에 가까워지며 시민의 기본권이 제대로 보호된다. 아울러 판결에 대한 배심제 원리를 검찰 기소 과정에도 적용해야 한다. 한국 검찰의 기소독점, 그리고 그러한 방식의 검찰 기소에 대한 시민 감독·심사권의 부재로 인해 수많은 사람들이 겪고 있는 억울함은 재판 과정에서의 억울함보다 더욱 클 것이다. 부당한 기소를 심사할 기소배심제가 필요하다. 이 경우는 모든 기소에 대한 포괄배심제가 아니라, 적정 기준과 요건에 따른 기소배심제가 될 것이다.

시민 행정권은 어떤가. 대략 1990년대 이후 한국 시민사회의 활성화에 따라 정부 행정은 과거 독재정권의 행정 독점주의에서 민관 협치주의로의 상당한 중심 이동이 있었다. 민관 협치의 새로운 논의 구조를 통한 행정 정책 수립과 검토, 그리고 정책과 지자체 공약 평가 등 다양한 시도가 있었다. 이러한 시도는 아직 전면화 수준에는 이르지 못하고 있다. 더구나 그러한 협치적 경로를 통한 합의 내용의 '법적 구속력'에 대해서는 미진한 점이 많다. 협치의 성과가 해당 기관장이나 지자체장에 따라 너무도 다르게 나타났다. 중앙정부든 지방정부든 선거 결과에 따라 어렵게 부분적이나마 확보한 협치권, 자치권의 약속이

한방에 유실되는 경우가 너무나 많다. 법적으로 이렇듯 확보한 협치권, 자치권을 지킬 수 있어야 한다. 그것을 가능하게 하는 유력하고 효능 있는 장치가 시민의회다. 중앙과 지방의 시민의회가 협치룰의 행정 입법 제정 파트너가 되면, 합의된 협치 제도들의 법적 안정성이 높아진다.

또한 시민의회는 지방자치를 활성화하는 매우 효과적인 방법이 될 수 있다. 이미 일부 지자체에서는 주민자치위원회를 시민의회 방식과 같은 추첨제로 구성하고 있다. 이를 지자체 조례가 아닌 상위법 수준에서 입법화해야 할 것이다. 아울러 여러 곳에서 지적해 왔듯 자치활성화를 위해서는 지방자치회를 복원해야 하고, 자치회 구성에도 시민의회 방식을 적극 활용해야 한다.

국회 입법 차원에서도 공청회나 토론회가 민주화 이전에 비하면 분명 활발해졌고 형식적 요식 절차를 넘어 점차 실제화되는 추세다. 시민 입법권의 확장을 위한 기초 작업이 꾸준히 진행되어 온 것이다. 그러나 역시 아직 핵심적인 지점에서는 미진하다. 국회와 시민사회단체, 각 분야 전문가, 그리고 여러 직능영역과의 협의, 자문 통로를 통해 확보한 합의안이 갖는 법적 구속성 문제다. 이를 어떻게 진전시킬까. 예를 들어 현행 〈국회법〉상 상임위나 특위에서 소집할 수 있는 자문기구의 심의 결과는 일부 관련법에서는(예를 들어 공직자선거법) 바로 본회의에 회부될 수 있는 효력을 가진다. 이 〈국회법〉 조항을 보완하여 구성 방식이 애매한 '자문기구'를 이미 세계적으로 표준화되어 있는 시민의회 방식으로 소집, 구성, 운영하고 그 합의안을 수용하여 본회의에 회부하는 방안을 적극 고려해야 한다(성균관대 윤왕희 박사 제안). 핵심은 시민의회의 결정이 국회 입법 과정에서 일정한 결정성을 인정받을 수 있어야 한다는 것이다.

국회 차원에서 시민의회 방식을 활용할 영역은 입법 이외의 영역에도 많다. 예를 들어 윤 정권 때 대통령이 지명했던 인사는 열이면 열, 너무나 해당 직무의 성격을 정면으로 역행하는 것이었다. 그럼에도 국회 인사청문회에서 야당이 아무리 비판을 했어도 대통령이 무시하고 임명해 버리면 그만이었다. 국민은 크게 낙담했다. 이러한 방식이 과연 합당한가? 대통령이 무조건 우기면 다 끝나는 것인가?

이럴 경우, 국회인사 청문회를 하되, 그 가부합당에 대한 판단을 인사청문회배심원단에 위임하는 것은 어떤가? 이 배심청문단은 물론 시민의회 방식으로 구성하여 여기서 진행되는 국회 청문회에 대한 경청과 독자적 숙의, 토론, 심의를 통해 합의적 가부 결정에 이르게 하면 어떤가? 그동안의 국회인사청문회는 피차 그 결론이 미리 여야에 따라 결정되어 있는 여야 찬반의 기싸움같은 것이었다. 그런데 그 룰을 바꾸어, 여야가 찬반의 논의를 실력껏 하고 그 최종 합의 결정을 청문회배심단에 맞기는 방식이다. 이런 과정을 거친다면, 그 합의 결정을 대통령이라고 마음대로 무시해 버리는 일은 쉽게 발생할 수 없을 것이다. 윤석열 지명 인사의 참담한 상태를 돌아볼 때, 이러한 방식으로의 변화가 가져오는 장점은 분명할 것이라고 본다. 심지어 윤석열 자신에게도 이로웠을 것이다. 이런 제도가 존재했다면 시대착오적이었던 윤석열의 자폭적 최후를 미리 경고하고 예방해 줄 수도 있지 않았을까?

국회 통과 법안에 대한 대통령 거부권 행사의 과도한 남용(윤 정권의 경우 40회)에 대해서도 같은 방식의 대응을 생각해 볼 수 있다. 대통령 거부권이 행사된 법안이 국회에서 재의되었을 때, 헌법개정 조항이 아님에도 그 가결에 2/3 이상의 합의를 요구하는 것은 명백하게 과도한 요건이다. 이때 재의 요건 역시 과반수로 하되, 그 최종 평결을 해당 재의 법안에 대한 심의를 위해 소집된 시민의회의 합의 결정에 맡기면 어떨까? 대통령의 거부권 남발에 대한 분명한 제어장치가 될 것이다. 이렇듯 여러 부분에서 시민의회적 방식의 도입과 입법화는 국회 입법권의 실질화를 위해서도 큰 역할을 할 수 있을 것이다.

국회 입법권만이 아니다. 앞서 보았듯 사법권, 행정권의 시민 참여 확장에도 시민의회는 큰 역할을 할 수 있다. 따라서 시민의회의 소집 방식, 소집요건, 운영 방식, 권한을 포괄적으로 규정한 〈시민의회법〉이 무엇보다 우선 입법되어야 한다. 시민의회는 그 원리상 국회만이 아니라, 대통령 그리고 유권자 일정 수의 동의에 의해서도 소집될 수 있다. 이슈에 따라 관련 주요 직능집단들의 요청도 소집 가능한 요건이 될 수 있을 것이다.

2019년 이후 프랑스에서 대통령의 국민대토론과 시민의회의 소집 과정에서 확인된 것처럼, 주요 의제에 대한 시민의회의 효율적이고 안정적인 운영을 위해서는 잘 정비된 법적 기구의 조직적 뒷받침이 필수적이다. 프랑스에서는 경제사회환경위원회(CESE, 헌법기관)와 국가공공토론위원회(CNDP, 독립행정기관)가 그 역할을 하였다. 그러나 한국에는 아직 그에 준하는 법적 기구가 존재하지 않는다. 이를 위해 〈국민주권위원회법〉을 입법할 것을 제안한다. 국민주권위원회는 시민의회와 함께 각종 직능집단 간의 사회적 합의, 또는 국익과 관련한 여러 주요 주제에 대한 국민 대토론의 조직 역시 법적 책임을 가지고 주관한다.

시민의회 방식을 통한 시민 입법권 확장은 헌법개정 과정에도 반드시 이뤄져야 한다. 이미 잘 알려진 것처럼, 아일랜드는 그러한 방식으로 성공적인 개헌을 몇 차례 이룬 바 있다. 아일랜드 의회는 개헌 과정에서 시민의회와 매우 협력적이었고, 그러한 협력이 성공의 비결이었다. 시민의회는 경청, 숙의를 통한 단순 다수 이상의 높은 합의 도달이 강점이다. 12.3 사태를 이겨낸 대한민국은 남아 있는 내란의 가시를 부드러운 통합의 힘으로 뽑아내야 한다. 많은 국내외 사례가 이미 충분히 입증한 것처럼 시민의회는 증오 선동과 가짜뉴스 전파가 불가능한 장소다. 누구나 이해하고 승인할 수 있는 공정한 과정을 통해 합당한 초다수(super majority) 합의에 도달한다. 다음 개헌 역시 이러한 과정을 통해 이루어져야 마땅하다. 그렇게 되었을 때 이 과정은 진정한 국민통합의 과정이 될 수 있다.

개헌은 이 시점에서 우선적인 과제가 아니다. 다음 정부가 들어선 이후에도 먼저 이뤄져야 하는 일은 개헌이 아니라 시민 입법권, 사법권, 행정권의 확장을 위한 기반 법안의 확충이다. 그 확충을 위해 〈시민의회법〉, 〈국민주권위원회법〉, 〈국민참여개헌절차법〉(시민의회 3법), 그리고 〈국회법〉, 〈지방자치법〉 등 관련 법안을 입법화하고 개정해야 한다. 그 중요성은 매우 크다.

제7공화국을 여는 개헌의 중요성은 이미 여러 차례 강조한 바 있으니 반복하지 않겠다. 앞서 말한 시민의회 관련 법안의 입법화는 최종적으로 개헌을 통해 헌법적 근거를 든든하게 확보하게 된다. 따라서 개헌은 여러 입법적 기반 작업의 최종 완성 과정이기도 하다. 그러나 바로 그렇기 때문에 정말 중요한 것은 빠른 개헌, 바쁜 개헌이 아니라, 정말 잘된 개헌, 제대로 된 방법으로 제대로 하는 개헌이다. 시민의회 3법의 입법과 〈국회법〉, 〈행정법〉, 〈지방자치법〉 등의 개정이 성공적으로 이루어졌을 때, 비로소 우리는 제대로 된 개헌에 대한 확고한 믿음을 갖게 될 것이다.

시민의회 전국포럼 정책토론회, 2025. 5. 9.

✦

어떤 대한민국이 돼야 하는가

윤석열 대통령 파면에 부쳐

1. 4월 1일의 단상

2025년 4월 1일 오전이다. 헌법재판소의 '대통령(윤석열) 탄핵 사건' 선고기일이 4월 4일 오전 11시로 통지되었다. 이 소식은 SNS를 타고 쏜살처럼 전국으로 퍼지고 있다. 팽팽한 긴장감을 느낀다. 이 결정이 이후 대한민국 수십 년의 미래를 크게 가를 것임을 국민 대부분이 직감하고 있기 때문일 것이다. 인용이냐 기각이냐. 어떤 쪽이냐에 따라 우리의 미래는 흑과 백처럼 너무나 다를 것이다. 어떤 대한민국인가.

돌아보면 12.3 비상계엄만 놀라운 일이 아니었다. 뒤이은 내란 선동, 폭력과 증오의 광기 역시 우리를 놀라게 했다. 우리 사회 어디에 이렇듯 어둡고 맹목적이며 폭력적인 힘이 똬리를 틀고 있었던 것일까. 그 힘은 어디서 와서 어디로 가는 것일까.

어떤 선고가 나오든 희비가 격렬하게 교차할 것이다. 헌법재판소의 한없는 늑장에 짜증도 났지만 한편 동정도 간다. 부담이 과중할 것이다. 그러나 이번 결정은 헌재 재판관들의 심리적 압박 문제를 훨씬 넘어선 대한민국의 미래 몇십 년의 방향을 결정하는 중차대한 문제다. 과연 어떤 결정일까. 걱정이 인다. 그러나 차분해지고 싶다. 이럴 때의 명상법은 시뮬레이션이다.

먼저 헌재가 기각이나 각하 결정을 한다고 생각해 본다. 지난 3월 27~28일의 갤럽 여론조사는 탄핵 찬성 60%, 탄핵 반대 35%였다. 12.3 직후의 탄핵 찬성 70%, 반대 30%에 다시 근접하고 있다. 지금껏 탄핵 반대 여론은 다수는커녕 그 가까이 간 적도 없다. 헌재가 이러한 사실을 모를 리 없다. 그럼에도 기각 결정을 내린다면, 소위 '소수의 독재'에 공공연히 손을 들어주는 것이다.

'소수의 독재(tyranny of minority)'는 최근 하버드대의 정치학자 레비츠키와 지블랫이 쓴 책 제목이다(한글 번역본 제목은 《어떻게 극단적 소수가 다수를 지배하는가》). 국제적 베스트셀러다. 한국에서 특히 많이 판매되고 있다고 한다. 그 책은 주로 미국 이야기를 다루지만, 한국과 아주 비슷한 일이 벌어지고 있기 때문일 것이다. 한국에서의 '소수의 독재'란 무엇인가? 우리는 이번 탄핵 심판 과정에서 흑을 백으로, 때린 놈이 맞은 놈으로, 내란수괴가 내란 피해자로 180도 뒤집히는 놀라운 '법 기술', '정치 기술'을 질리도록 감상했다. 그 대단한 기술자들은 대통령 자신을 비롯한 법조 엘리트, 언론 엘리트, 행정 엘리트, 정치 엘리트들이었다. 대한민국에서 '소수의 독재'란 이렇듯 철면피하고 비열한 기술이 항상 완승하는, 극도로 타락한(corrupt) 정치체제를 말한다. 궤변이 그렇게까지 황당할 수 있을까. 서울법대 간 공부 제일 잘한다는 학생들에게 한국 교육이 가르쳤던 것이 고작 이 수준이었던가.

그리하여 국민과 국회의 가슴에 총부리를 들이댔던 윤석열이 다시 대통령 자리로 돌아온다. 여기에 대한 분노는 과연 어떤 것일까. 어느 만큼일까. 예측하고 계량하기 어렵다. 힘과 돈과 이익에 종속되지 않는, 계산을 넘어선 어떤 근원에서 솟아나는 힘이기 때문이다. 두렵다. 대한민국 민주화의 고통스럽고 깊은 역사에서 우러나오는 이 나라 온 산의 소나무 등걸, 풀뿌리와 같은 힘이다. 어느 보수 인사가 이야기했다지만, 그 분노의 힘은 전광훈, 손현보의 극우 집회와는 비교조차 되지 않을 것이다. 87년 6월과 같은 전국 항쟁이 다시 일어날 것이다. 그보다 더 크고 두텁고 깊을 것이다. 당시엔 학생들이 이끌었지만, 이젠 원숙한 세대가 분노한다. 그 힘은 가늠하기 어렵다. 2016~2017년의 촛불혁명은 서울 중심이고 평화로웠다. 그러나 이번 항쟁은 더욱 전국적이고 격렬할 것이다. 21세기 들어 한국에서 들어 올렸던 지난 모든 촛불들이 연동하여 짐작하기 어려운 무엇이 솟아오를 것이다.

여기에 윤석열은 어떻게 대응할까? 12.3 계엄만 아니라 임기 전체의 행태를 통해 우리는 윤석열이 전두환보다 더욱 무모한 사람임을 알게 되었다. 대통령으로 복귀한 그는 어떤 반발이 있더라도 결코 스스로 하야하지 않을 것이다. 87년 6월 전두환처럼 한발 물러서지도 않을 것이다. 반드시 제2의 비상계엄을 선포할 것이다. 헌재 결정을 거부하는 '반국가 세력', '반헌법 세력'의 내란 사태 때문에 제2의 비상계엄 선포가 불가피하게 되었다고 떠들어 댈 것이다. 1차 계엄령의 허술한 실수를 반복하지 않기 위해 더욱 치밀한 작전을 펼칠 것이다. 국회 봉쇄, 정적 체포와 제거를 위해 더 많은 병력을 동원하려고 할 것이다. 불복종을 선언하는 군경이 속출할 것이다. 극우 세력이 민간 백골단을 자처하고 길거리로 쏟아져 나올 것이다. 그리하여 전국이 격렬한 유혈의 내전 상태로 빠져든다. '보수원로' 조갑제 씨가 우려했듯이, '시리아(Syria) 10년 내전'에 빠지는 것은 아니겠지만, 아주 심각한 파국이 될 것임은 명확하다. 조 옹의 '10년 내전'론은 아마 의도적 과장일 것이다. 시리아와 한국은 내외의 상황이 퍽 다르다. 길어도 한두 달 안에 판이 갈릴 것이다. 피가 더 많이 흐른 4.19가 될 것이다.

인용 결정이 나오면 어떻게 될까. 순리(順理)인 만큼 예상이 쉽다. 며칠 일부의 반발이 있겠지만 축하와 안도의 국민적 무드에 묻히고 만다. 박근혜 탄핵 인용 이후 친박 세력의 반발보다 크고 길겠지만 결정 수용의 큰 흐름 속에 묻히고 마는 것은 마찬가지일 것이다. 국민의힘은 재빠르게 대선 국면으로 이동하려 할 것이다. 그토록 요란했던 탄핵 반대 내란 선동 에너지의 8할은 결국 국민의힘을 따라 대선용으로 전환될 것이다. 그 8할이 원래가 그런 성격의 여론이었다. 힘과 돈과 이익에 종속된, 당구공처럼 치는 대로 움직이는, 피동적 숫자, 양(量), 동원 대상일 뿐이다. 일부 골수 냉전 극우행동대의 저항은 조금 더 길게 이어지겠지만 폭력 행동은 그들을 더욱 고립시킬 뿐이다. 대선 일정이 확정되고 정치 일정이 대선에 맞춰짐에 따라 이들 세력의 힘은 현저히 약화된다. 그 역시 대선의 흐름 안으로 빨려 들어간다.

그렇다고 상황이 종료되는 것은 아니다. 남은 과제가 오히려 크다. 여기서부터가 진정한 문제 풀이의 시작이다. 먼저 지난 몇 달 격렬한 내란 소동이 만들어 낸 파시즘적 야만을 반드시 정화해야 한다. 엉망이 된 나라를 반드시 다시 나라답게 만들어야 한다. 큰 숙제다. 더하여 그 파시즘적 야만의 뿌리와 성격을 밝혀보아야 한다. 그래야 대선 국면, 그 이후의 정국 전개, 그리고 최소한 10년을 잘 볼 수 있다. 이 나라가 다시 높게 오를 수 있다.

2. 어떤 대한민국이 돼야 하는가

4월 4일 11시 22분. 헌재에서 윤석열 파면 선고가 났다. 순리다. 안도한다. 마음고생 많았을 헌법재판관들에게도 위로와 감사의 마음을 전하고 싶다. 이로써 대한민국을 이끌 주도권이 과거의 힘에서 미래의 힘으로 넘어갔다는 느낌이다. 큰 판이 갈렸다.

지금껏 박정희(공화당), 전두환(민정당)에서부터 그를 이은 한나라당 그리고 현재 국민의힘까지 온 세력의 존재 근거, 집권 근거는 경제와 안보는 그래도 믿을 만하다는 생각이었다. 그래서 이쪽을 '보수'고 '주류'라고 불렀다. 그러나 윤석열 정권에 이르러서는 경제도 안보도 도저히 이쪽에 맡길 수가 없다는 깨달음이 왔다. 누가 봐도 명백했다. 중도층의 중심이 크게 이동했다. 주류라고 하면 국민 전체를 이끌고 통합할 수 있는 넓은 품을 제시할 수 있어야 한다. 박정희에서부터 박근혜 정권까지를 보수 세력이라 했을 때 그들은 나름대로 국민통합의 메시지와 레퍼토리가 있었다. 윤석열 정권은 그게 없었다. 시종일관 통합이 아닌 독선과 배제로 일관했다.

그 배제의 끝판이 12.3 비상계엄이었다. 원내 근 2/3를 차지하는 야당과 그 지지세력을 싸잡아 '범죄자 집단의 소굴'이요, '자유민주주의 체제전복 세력', '종북 반국가 세력'이라고 막말로 치고 나왔다(비상계엄 선포문). 야당만 우습게 본 게 아니었다. 자신을 대통령 후보로 세워준 여당도 평소 아주 우습게 보았음을 모두가 잘 알고 있다. 너무나 억지스럽게 당 대표를 번번이 갈아치우고 당을 개인 입맛대로 군기 잡고 줄 세우려 했다. 검찰에서 그렇게 배웠나? 계엄군의 엉뚱했던 선관위 출동은 그가 선거까지도 제 맘대로 하고 싶어 했음을 보여줬다.

결국 그에게는 정당도 선거도 모두 우스웠던 것이다. '자유민주주의'를 정말 우습게 보고 있었던 것은 바로 윤석열이었다. 과거 군사통치 시대의 군부 엘리트들의 멘탈이 그랬던 것처럼, 검찰 엘리트 윤석열도 그 멘탈을 고스란히 물려받았다. 12.3이야말로 움직일 수 없는 '스모킹 건'이었다. 그는 자유민주주의를 멈춰 버리고 싶어 했다. 이 게임으로는 안 된다, 절대로 이길 수가 없다는 것을 고백한 것이나 다름없었다. 그래서 난 일종의 항복선언으로 읽었다.

그러면 윤석열은 대신 무엇을 원했던 것일까? 그가 12.3으로 현실화하려 했던 비상계엄 체제, 군사통치 체제, 언론통제 체제는 그가 또한 늘 입에 달고 살았던 (언어 자체부터가 이상했지만) '공산 전체주의 체제'의 이미지와 꼭 닮았다. 그렇다면 누가 정말 '종북(從北)'을 했던 것일까? 임기 초부터 그의 언어가 늘 흥미로웠던 것은, 정적을 매장시키기 위해 사용했던 그 극렬한 저주와 낙인찍기 언어들이 한 번만 다시 생각해 보면 모두 바로 자기 자신을 향한다는 사실이었다. '체제를 위협하는 반국가 세력'이 바로 자유민주주의 체제를 부정하려 했던 자기 자신이 아니면 도대체 누구란 말인가? 정말 문제는 그 명백한 사실을 그 자신은 전혀 몰랐던 것 같다는 사실이다. 그는 자기 행동의 결과에 대해 아예 생각을 하지 않는다. 아주 극심한 반성 능력 부재다.

아주 특이할 정도의 인식 지체 현상이 필연적으로 따라 나온다. 정적을 반체제 세력, 빨갱이, 친북, 좌파로 낙인찍어 매장시키는 수법은 이승만, 박정희, 전두환 시대의 악취 나는 구시대 수법일 뿐이다. 그때는 냉전의 극성기였다. 그래서 심한 독재를 하더라도 안보와 경제만 잘 지켜준다면, 이를 눈감아 주겠다는 국민층이 상당히 존재했다. 독재가 예뻐서 그랬던 것은 아니다. 북한 독재나 남한 독재나 비슷비슷하다는 생각은 당시 누구나 다 했다. 북한 독재에 안 먹히려면 남한도 독재할 수 있다, 아니 더 심하게 할 수도 있다는 생각이 독버섯처럼 자라던 어두운 시절이다. 그런 부끄러운 시절의 옛날 수법을 2020년대에 들어와서도 꼭 같이 또 써먹을 수 있겠다고 생각한 사실 자체가 너무나 놀랍다.

게다가 안보와 경제까지 아주 엉망으로 말아먹었다. 중국과 러시아의 넓고 활발한 시장들을 섣부른 신냉전론의 하인 노릇이나 해보겠다고 닫아버리는 경제란 애초에 경제 논리와 전혀 무관한 것이었다. 세계시장에서 스스로 손발을 묶는 우둔함이었을 뿐이다. 안보는 비상계엄의 거리를 만들기 위해 오랫동안 의도적으로 군사적 도발을 반복했다. 남북 간의 군사적 충돌을 정략과 음모의 수단으로 써먹으려 했다. 그것도 반복적으로 집요하게 했다. 금도를 벗어나도 한참 벗어났다. 그런 반복적인 도발에 넘어가 주지 않은 김정은이 고마울 정도다.

윤석열의 인식세계는 2020년대의 한국과 세계의 상황에 맞추어 나가기에는 너무나 뒤처진 것이었다. 한국은 북이 독재이기 때문에 우리도 독재로 맞서야 한다고 생각하는 수준을 이미 한참 넘어서 있는 선진국이다. 아직도 그렇게 생각하는 한국민은 최대로 잡아 30%다. 12.3 직후의 계엄 찬성 여론 비율이다. 그 주력은 박정희 세대 노령층이다. 이후 윤석열의 농성과 극우 유튜브, 전광훈 등의 내란 선동으로 윤에 대한 탄핵 반대 여론은 한때 35~40%에까지 이르렀지만, 그 증가는 차기 대선을 생각하는 보수 결집 효과에 지나지 않았다. 이 증가 추세는 일시 요란해 보였지만 지속할 수 있는 근거가 없었다. 여러 선거에서 보면 극우의 집표력은 최대 5%를 넘지 못한다. 거기에 올인하는 국민의힘이 참 한심하다. 대책이 없는 곳이 되었다.

한국은 세계적으로도 민주주의의 위기를 민주주의의 확장으로 넘어서려고 하고, 그럴 역량을 갖추고 있다고 평가되는 몇 안 되는 나라에 속한다. 비상계엄 극복도 그 증거로 기록되고 있다. 이번 극우 세력의 내란 선동에서 우려되었던 것은 청년 남성층 일부의 파시즘 폭력 동조 현상이었다. 박정희, 전두환 세대 극우 기독교 목사들과 극우 유튜버들이 무책임한 내란 선동의 불길로 이들을 부추겼다. 아직 살아 있던 권력인 윤석열은 기름을 퍼부었다. 그들은 그렇게 나라를 찢어놓았지만, 그렇듯 찢긴 나라를 다시 하나로 통합할 힘 역시 민주주의를 확장하는 한국 민주주의의 힘에서 나올 것이다.

한국의 파시즘은 미국 극우 '프로보커터(provocateur, 도발하는 사람)'로부터도 들어오고 있었다. 한국 극우 인터넷 갤러리와 유튜버들이 주 수입 통로다. 이 역시 한국의 청년 남성층을 오염시키고 있다. 외국 생활 경험이 있거나 해외 거주 중인, 그런 경험이 있지만 현재는 한국에 체류 중인, 그렇지 않더라도 여러 경로로 해외 극우 주장에 이끌려 들

사진 2 왼쪽부터 커티스 야빈과 닉 랜드. 신반동주의(NRx) 또는 암흑 계몽주의 사상가로, 국가를 사유화하고 자유시장 경쟁을 통해 적자생존을 옹호한다. 민주주의는 비효율적이라 보고, 평등을 부정하며, 노동자와 약자에 대한 차별과 혐오를 정당화하기도 한다. [출처: Wikipedia / Robert Johnson(cedida por la Editorial Holobionte)]

어간 젊은 층들 역시 수입과 확산의 매개체가 된다. 미국 극우 프로보커터들의 반동사상은 '어둠의 계몽주의(Dark Enlightenment)'와 '신반동주의(Neo-reactionism)'라는 이름으로 그 모습을 드러내고 있다.

핵심은 반민주주의다. 자유민주주의에서 자유는 '강자의 자유'로 왜곡 흡수하고, '강자의 자유'를 비판하는 민주주의는 그 전체를 쓸모없는 것으로 치부하여 내치고 밟는다. 민주주의란 비루하고 천한 무능력자 기생충들의 정치체제라 극렬하게 비난한다. 새 세상은 대자본가들이 정부를 인수 매입하여 CEO적으로 통치하는 체제라고 주장한다. 신진 CEO에 대한 선망을 신독재 사상으로 옮겨 심으려는 시도다.

이 세력은 트럼프 포퓰리즘과 결합하여 현재의 트럼프 정부 내에 상당한 발판을 구축했다. 이들의 주장은 '강자의 자유'를 신봉한다는 점에서 윤석열과 맥이 같다. 다만 윤석열은 속과 겉이 다르게 민주주의를 싫어하면서도 입으로는 '자유민주주의'를 읊조린 반면, 미국 극우는 안팎이 분명한 반민주주의와 자본독재의 깃발을 올렸다. 윤석열은 쩨쩨하게 검사독재 따위를 하려 했지만, 미국 극우는 훨씬 통 크게 명실상부한 자본독재를 주창한다. 신반동주의란 신자본독재 사상이다.

이번 탄핵 반대와 내란 선동 소동 속에서 그들 언어의 폭력성과 주장의 허위성이 두드러졌다. 익명 속에 숨은 인터넷 언어, 지독한 독설과 욕설, 조롱과 저주, 황당한 논리 비약, 터무니없는 단언. 소위 '프로보커터' 언어의 특징이다. 증오, 배제, 폭력, 거짓 선동과 가짜뉴스의 결합이 현실정치의 힘으로 나타나고 있다. 여기에 대한 대응은 세계 전체가 고민 중인 사항이다.

그중 눈에 띄는 해법이 있다. 한국에서도 이미 상당히 경험해 본 방식이다. 한국에서는 '공론화위원회'라고 했고, 세계에서는 '시민의회'라고 한다. 잘 준비된 시민의회에서는 전광훈식의 거짓 선동과 가짜뉴스가 통할 수 없다. 익명 속에 숨을 수 없다. 입보다 귀가 더 중요해진다. 다른 참여자가 무슨 말을 하는지 궁금해한다. 자신의 발언 역시 다른 참여자가 어떻게 들을지 생각하며 말하게 된다. 막말, 증오, 배제, 차별, 왕따, 거짓은 통하지 않는다. 한국에는 이미 이러한 선진적인 시도가 아주 많았다. 민주주의의 위기를 민주주의의 확장으로 대응하려는 시도들이었다. 세계가 한국을 주목하는 이유 중 하나다. 이러한 힘들이 두텁게 쌓여, 오늘 윤석열 파면 결정도 나올 수 있었다.

오늘의 대한민국에는 두 개의 길이 엄연히 존재한다. 한 길은 민주주의를 지우고 어두운 독재의 과거로 가자고 한다. 배제와 차별과 증오의 언어를 구사한다. 다른 길은 확장된 민주주의의 미래로 가자고 한다. 경청과 대화와 통합의 언어를 구사한다. 이제 대한민국이 어떤 길로 나가야 할까. 너무나 명백해졌다.

《시민언론 민들레》, 2025. 4. 4.

시민의회 전국포럼 창립선언문

대한민국은 아직 12.3 비상계엄의 충격 속에 있습니다. 정치·경제·외교·문화 모든 면에서 국가 위상이 급속히 추락하고 있습니다.

국회와 시민의 신속한 결집으로 비상계엄은 해제되었지만, 탄핵 반대 세력의 내란 선동은 계속되고, 탄핵 결정은 지연되고 있습니다. 나라가 군사통치의 나락으로 다시금 추락하는 절체절명의 위기는 우선 막아냈지만, 대한민국의 오늘은 여전히 예측불가의 상황입니다. 윤석열을 조속히 탄핵하고 내란 선동의 불을 반드시 꺼야 합니다.

오늘 우리는 대한민국이 아직도 독재의 회귀를 걱정해야 하는 부끄러운 상태를 벗어나지 못한 근본 이유를 묻고자 합니다. 이번 사태에서도 보듯, 국회 의결로 비상계엄이 저지되었지만, 그것은 국회를 에워싸고 저항한 시민들의 용기와 밤새 상황을 주시했던 국민의 엄중한 감시 없이는 불가능했습니다.

우리 헌정사는 국민주권을 지키려는 국민의 의지가 일시 분출되었다가 다시 독재에 반복적으로 회수되고 말았던 아픈 기억을 간직하고 있습니다. 1960년 4.19, 1980년의 봄이 그랬고, 1987년의 민주항쟁 역시 박근혜 정부의 국정농단과 독재 회귀 기도에 위협받았습니다. 이제는 2016년의 촛불혁명조차 다시금 더욱 극악한 독재의 회귀로 유린될 수 있는 상황에 처해 있습니다. 독재의 반복적 회귀를 근본적으로 막을 수 있는 국민주권의 튼튼한 울타리가 필요합니다.

현재의 난국은 수준 높은 국민통합을 강력하게 요청하고 있습니다. 윤석열 기소와 심판 과정에서 고개를 들어 점점 더 극단화한 파시즘적 폭력과 선동을 정화할 수 있는 정치적 통합 과정이 꼭 필요합니다. 윤석열발 내란이 찢어놓은 나라를 반드시 하나로 다시 합쳐야 합니다. 지금까지 시행된 여러 정치적 합의와 통합의 방식 중 가장 수준 높고 민주적이며 성숙한 방식으로 인정받은 것이 시민의회입니다. 세계와 한국의 경험이 말해주듯, 시민의회는 독재자와 거짓 선동, 가짜뉴스가 발붙일 곳이 없는, 숙의와 경청을 통한 국민통합의 합의기관입니다.

야만적 내란 선동을 불러낸 낡은 사고와 관행을 혁파하고 갈등과 대립의 구조적 한계를 극복하기 위해서는 국민주권을 입법 차원에서 구체화하고 시민참여를 적극적으로 제도화해야 합니다. 이를 위해서는 우리 헌법 제1조가 실질화되어야 합니다. 헌법 제1조는 "대한민국의 주권은 국민에게 있고, 모든 권력은 국민으로부터 나온다"라고 되어 있지만, 이를 실질적으로 뒷받침할 법과 제도는 너무나 부실합니다.

헌법 제1조의 실질화를 위해서는 국민이 직접 헌법과 법률에 대한 발의할 수 있는 권한, 반헌법적 정치인과 공직자를 소환 · 파면할 권한, 국가적 · 사회적 중대 현안에 대해 심의할 권한이 보장되어야 합니다. 이러한 국민주권의 실질화는 전국 차원, 지방 차원에서 시민의회가 법제화되어 활발하게 활동함으로써 이뤄질 수 있습니다.

우리는 자신들이 살고 있는 지역부터 시민의회의 뿌리를 만들고, 다양한 연대를 통해 줄기를 튼튼히 하여, 독재의 회귀를 영구히 방지할 제7공화국의 꽃을 피우려고 합니다. 그래서 '헬조선', '자살공화국'이라는 오명을 더 이상 후배와 후세들에게 물려주지 않고, 모두가 당당하고 행복한 국민주권의 시대를 시민의회를 통해 만들어 가고자 합니다. 우리는 간절한 염원을 담아 국민주권 시대 초석이 될 시민의회를 통해 국민이 진정한 주인으로 행세하는 세상을 함께 만들어 갈 것을 국민 앞에 제안드리며 앞서서 실천해 갈 것을 다짐합니다.

우리의 다짐

하나, 우리는 시민의회를 전국 차원에서 확고히 정착시켜 국민주권의 시대를 활짝 열어가겠습니다.

하나, 우리는 윤석열 대통령의 탄핵과 내란죄 심판을 통한 헌법정신의 회복을 위해 앞장서 실천해 가겠습니다.

하나, 우리는 윤석열 탄핵 이후 새로운 민주정부의 출범을 위해 최선을 다하겠습니다.

하나, 우리는 새로운 민주정부하에서 독재 회귀의 가능성을 영구히 봉쇄할 새로운 헌법개정을 성공적으로 이뤄내기 위해 최선을 다하겠습니다. 이러한 새 헌법은 세계 민주주의의 새로운 표준이 될 것입니다. 이러한 새로운 헌법 제정 과정에서 '헌법개정 시민의회'는 큰 역할을 할 것입니다. 우리는 국회와 헌법개정 시민의회가 함께 하는 제7공화국 수립 과정에 밀알과 밑거름이 되겠습니다. 시민들이 함께 권한과 책임을 나누는 '국민주권' 시대의 마중물이 되겠습니다.

하나, 우리는 자신이 살고 있는 지역에서부터 시민의회를 만들어 갈 것입니다. 한국 사회는 뿌리가 약하기에 읍면동에서는 주민의회를, 기초지자체에서는 시민 · 군민 · 구민의회를 중심으로 우리 사회의 풀뿌리민주주의를 강하게 만드는 일을 시작하겠습니다.

하나, 우리는 다양한 연대와 협력을 통해 시민의회의 줄기를 강화해 나가겠습니다. 국회 · 지방의회와의 협력을 통해 〈시민의회법〉 · 〈시민의회개헌절차법〉·〈시민의회조례〉 등 시민의회 관련법과 조례를 만들고, 시민사회·지역 사회와의 연대를 통해 건강한 시민의회 모델을 만들고 확산하겠습니다.

2025. 3. 29.

시민의회 전국포럼

✦

비상계엄 미스터리

1.

누구나 그랬던 것처럼 작년 12월 3일의 비상계엄 선포는 나에게도 쇼크였다. 왜 지금 비상계엄? 사람들은 그날 밤새 티브이 앞을 떠나지 못했다. 너무나 큰 충격이었다.

나는 20대 청년으로 1979년 12.12 사태, 1980년 전두환의 비상계엄 확대, '서울의 봄' 말살, 그리고 '광주사태'를 생생히 경험했다. 그래서 강의 중에 자연스럽게 그때 이야기를 꺼내곤 했다. 그래서인지 이번 사태 이후 주변에서 자주 듣게 되는 질문이 있다. "이번에 이런 사태가 벌어질 것을 예상하셨나요?"

이번 비상계엄은, 김민석 의원 같은 촉도 내밀한 정보도 없는, 그저 대학에서 연구실을 지키고 있을 뿐인 나로서는 전혀 예상할 수 없는 일이었다. 그러나 질문을 자주 받게 되어 돌이켜 보니, 이 정권 초기부터 비슷한 걱정을 하지 않았던 것은 아니다. 그걸 공개석상에서 처음 밝혔던 것은 윤석열 정부 출범 1년 평가 좌담회 자리였다. 2023년 5월 9일 《시민언론 민들레》 편집실에서 좌담을 했고, 5월 13일 그 기사가 떴다(〈윤석열 1년, 총체적 역주행〉).

다른 좌담자들은 주로 내치 문제에서의 불통과 독선을 비판했고, 난 주로 외교 차원에서 무리하게 적을 만드는 행태를 우려했다. 적을 줄여가는 것이 정치일 것인데, 윤 정부는 의도적으로 적을 늘려가는 정치를 하고 있었다. 내치와 외치가 모두 그랬다.

최근 수십 년간 한국 대통령이 외교 문제에서 중국과 러시아에 대해 이렇게 대놓고 각을 세우고 적대적인 발언을 공공연히 하는 경우가 없었다. 그러나 윤 정부는 취임 초기부터 일관되게 그랬다. 일개 논평가가 아닌 일국의 대통령이 중요한 주변 국가들인 중국과 러시아에 대해서 한쪽으로 너무나 치우친 적대적인 발언을 이어가는 것은 매우 우려스러운 일이 아닐 수 없었다. 1980년대 말 노태우 정부의 북방정책과 한민족공동체통일방안 이래 대한민국은 중국, 러시아, 동유럽, 베트남 등과 수교하고, 남북관계를 대화 국면으로 풀면서 오늘날까지 주목할 만한 번영의 발판을 만들 수 있었다. 이걸 단번에 몽땅 허물고 들어가는 대통령의 모습이 정말 위태로워 보였다.

그저 생각 없는 실수였던 것일까? 많은 사람들이 '정치 초보'라 범하는 시행착오일 것이려니 생각하기도 했다. 그러나 당시에도 잘 보면 그런 행동들에 어떤 분명한 박자나 패턴이 있는 듯했다. 목적이 무엇일까? 그것이 궁금했다. 아래는 근 2년 전 대담 기사에 실린 내용이다.

나름 고민과 추리를 해보았다. 윤 대통령이 후보로 나왔을 때부터 자신의 가치관에 제일 큰 영향을 줬다고 했던 경제학자 밀턴 프리드먼의 책《자유와 선택(Free to Choose)》을 다시 생각해 보게 된다. 프리드먼은 영향력이 큰 신자유주의의 대표 이데올로그이다. 프리드먼 정책의 현실적 결과를 아주 명쾌하게 분석한 유명한 책이 있다. 나오미 클라인의《쇼크 독트린(The Shock Doctrine)》이다. 프리드먼을 이해하려면 이 책을 꼭 함께 읽어야 한다. 강력한 재난급의 쇼크가 있을 때 프리드먼식 개혁은 최적의 기회를 만난다고 했다. 1970년대 피노체트 군사독재 정권에서부터 시작해서 1990년대 이라크 전쟁 이후의 사회개조, 아시아 금융위기와 한국의 IMF 사태 등 많은 사례를 다룬다. 지금 대통령이 국제관계에서 40년 동안 닦아온 바탕을 흔들어 가면서까지 계속 위태로운 방향으로 나가는 이유가 뭘까. 프리드먼식 쇼크를 바라고 있는 것 아닌가. 클라인의 분석처럼 재난(disaster)이 오기를 기다려 독재권 강화의 기회로 삼으려는 것 아닌가?

독재권의 가장 친화적인 조건은 재난이다. 지금 조성되고 있는 신냉전의 군사적 긴장이 지역적인 군사적 쇼크로 터질 가능성이 가장 높은 곳은 현재는 대만보다 코리아의 남북 간이다. 이런 일은 엄청난 충격을 준다. 이해하기 어려운 행보를 이렇게 보면 해석의 단서를 찾을 수 있지 않을까? 새로운 방식으로 40년 만에 판갈이를 하기 위해서는 모종의 강한 독재권이 필요하다는 생각, 그러기 위해서는 모종의 재앙(disaster)에 준하는 파국적인 사태를 감수하겠다, 또는 감수를 넘어서 기회로 삼을 수 있다, 오히려 새로운 출발의 발판으로 삼을 수 있다는 생각까지 하고 있는 것 아닐까?

2.

즉 당시의 나는 혹시 윤석열 정부가 사변과 재난에 준하는 사태를 기획하고 있는 것은 아닐까 의심하고 있었다. 특히 북을 군사적으로 도발하여 모종의 준전시상태를 의도적으로 조성할 가능성이 있지 않은가 의심했다. 만일 그런 사태가 실제로 벌어진다면 (결코 벌어져서는 안 되는 일이지만) 그다음 수순은 비상계엄이 될 것이라 유추할 수 있다. '전시, 사변 또는 그에 준하는 국가비상사태'라는 비상계엄 선포의 명분이 생기기 때문이다. 반대로 그러한 남북의 준전시적 군사적 충돌이 없는 상태에서의 비상계엄이란 절대로 불가능할 것이라는 나름의 확신이 있었다. 이번의 너무나도 엉뚱한 계엄령이 그 확신을 깼다.

12월 3일의 대한민국은 평온했다. 야밤의 그 비상계엄 선포만이 재난이고 사변이었을 뿐이다. 많은 사람들이 그랬던 것처럼 나도 처음에 전해 듣고 농담하는 줄 알았다. 알고 보니 사실이었다. 도대체 무슨 속셈인지 이해가 되지 않았다. 비상계엄 선포문도 황당했을 뿐이다.

> 지금 우리 국회는 범죄자 집단의 소굴이 되었고, 입법 독재를 통해 국가의 사법·행정 시스템을 마비시키고, 자유민주주의 체제의 전복을 기도하고 있습니다. 자유민주주의의 기반이 되어야 할 국회가 자유민주주의 체제를 붕괴시키는 괴물이 된 것입니다. 지금 대한민국은 당장 무너져도 이상하지 않을 정도의 풍전등화의 운명에 처해 있습니다.

모든 언어가 그 자신을 향하고 있었다. 대통령 자신과 그 주변인들이야말로 범죄자 집단의 소굴이고, 뜬금없는 비상계엄으로 자유민주주의 체제의 전복과 붕괴를 야기하는 괴물이 되었으며, 그로 인해 지금 대한민국은 당장 무너져도 이상하지 않을 정도의 풍전등화의 운명이 되었다. 시간이 흐를수록 더더욱 그렇다는 사실이 명확해지고 있다. 비상계엄과 그에 이은 내란 선동으로 인해 대한민국은 정치·경제·외교·문화·국격 모든 면에서 급속 추락하고 있다.

마지막까지 이해되지 않았던 점, 즉 "대통령은 왜 준전시 상태를 먼저 만들지 않고 비상계엄을 선포했을까?"라는 비상계엄 미스터리는 비상계엄 이후의 여러 조사와 취재에 따라 점점 풀리고 있다.

지난 3월 18일 MBC는 2024년 6월 군사분계선 부근에서 공격헬기인 아파치 부대를 동원한 도발적 훈련이 이뤄졌다는 사실을 보도했다. 도발적이었던 점은 세 가지다. 먼저, 북방한계선과 북측 기지에 대한 접근 정도가 평소 훈련에 비해 매우 근접했다는 점. 둘째, 아파치 비행고도를 높여 적에게 노출되게 하라는 것이 명령의 핵심이었다는 점. 셋째, 훈련 도중 '적을 타격하라'는 교신이 오갔는데, 도청을 방지하는 비화 통신이 아니라, 북측이 쉽게 도청할 수 있는 일반 통신망을 사용했다는 점이다. 조종사들이 생명의 위협을 느낄 정도로 위험도가 높았다고 한다. 이 작전은 훈련 장소를 바꿔가며 작년 6, 7, 8, 11월, 4차례 진행되었다고 한다.

여기에 더해 이미 공개된 것이지만, 같은 시기 국방부의 무인기 평양 침투 전단 살포 건이나, 국방장관의 북의 오물 풍선에 대한 원점 타격 요구 등을 합쳐보면 윤석열의 국방부는 북에 대한 도발을 통해 북의 반격을 유도하기 위해 나름대로 끈질기게 노력했음을 충분히 알 수 있다. 내란 조사가 엄격하게 이뤄진다면 숨겨진 사례들이 여럿 밝혀질 가능성이 매우 크다. 결국 그 모든 시도가 실패했다. 그리고 그렇게 기획된 준전시사태가 아님에도 막무가내로 위헌적 비상계엄을 선포해야 할 만큼 그가 절체절명의 정치적 위기 상태에 빠져 있었음을 말해준다.

《내일신문》, 2025. 3. 26.

✦

제7공화국으로 가는 길

시민의회와 국민통합개헌

1. 윤석열발 제7공화국

윤석열 대통령의 탄핵 심판 과정에서 날로 분명해지고 있는 것은 그가 결국 5공 복귀를 꿈꿨다는 사실이다. 방법도 내용도 5공 식이었다. 검찰이 공개한 전 정보 사령관 〈노상원 노트〉는 이들이 계획했던 '수거 처리' 방법, 즉 정적 제거 수법이 상상을 초월할 만큼 잔인했음을 보여준다. 예를 들어 '수거 대상 처리안'이라는 소제목 아래 '연평도 이송'이라는 대목은 "실미도 항을 정찰하기 위해 집행 인원은 하차하고 하차 후 이동 간 적정한 곳에서 폭파하도록 한다"고 되어 있다. 폭살, 암살, 독살 등으로 처리하고 흔적을 없애려 했다.

만일 2024년 12월 4일 새벽 1시, 국회에서 비상계엄 해제요구안이 가결되지 못했다면 어떤 일들이 벌어졌을까. 수백 명의 사람들이 감쪽

같이 사라질 수 있었다. 그중 많은 사람들이 목숨을 잃을 수도 있었다. 그 충격은 1980년 5월 광주의 충격과 비견될 수 있었을 것이다. 충격과 공포에 얼어붙은 사람들은 저항을 포기한다. 계엄사 특별재판소는 잡아들인 사람들에 대한 재판을 시작한다. 비상 입법 기구가 신속하게 구성된다. 비상 입법 기구는 정치 정화법, 사회 정화법, 언론 정화법 등 점령지 비상법을 쏟아내고, 이 법에 따라 더욱 많은 사람들이 잡혀들어간다. 1980년 전두환의 '국가보위 입법회의' 같은 것이다. 그리고 새 헌법을 선포한다.

그동안 여러 곳에서 나왔던 증언과 증거는 위와 같은 사태 전개가 그저 가정이 아닌 엄연한 현실일 수 있었음을 명백히 보여준다. 그러나 윤석열의 새 헌법은 위에서 그려본 시나리오를 한참 넘어서는 것이 될 수도 있었다. 그가 빠져 있었다는 극우 유튜버들과 극우 인터넷 갤러리 논객들이 그토록 추종하는 미국 극우파, 유럽의 인종주의 대안우파(alt-right)의 교리를 보면 알 수 있다. 자유민주주의 분쇄와 파시스트 신독재, 심지어 신중세의 신귀족 통치로의 회귀를 주장하는 '암흑의 계몽령(Dark Enlightenment)', '신반동주의(Neo-reactionism)'가 그것이다. 이러한 암흑의 교리를 엮어서 '7공화국 헌법'이라고 내놓을 수도 있었다. 등골이 오싹한 일이다. 윤석열은 자유민주주의를 입에 달고 살았지만, 그 내심은 자유민주주의의 진정한 적이었다.

설마 그렇게까지야…, 하실 분도 아마 없지 않으리라. 겉보기에 비현실로 보이지만 들여다볼수록 지극히 현실인 경우가 있다. 비상계엄, 폭력, 군법으로 묶어놓고 자기 마음대로 만드는 헌법이기에 온갖 비현실이 현실로 된다. 윤석열발 신헌법이 정확히 그러했을 것이다. 우리 역사에 이미 전두환의 5공 헌법이 있다. 그보다 더 어처구니없었던 것으로는 1972년의 유신헌법(4공 헌법)이 있다. 법학도 윤석열은 잘 알고 있었을 것이다. 그 유신헌법하의 대통령은 항시적 비상계엄 상태에서 영구집권을 보장받았다.

따라서 윤석열이 모의했던 7공화국이란 5공으로의 회귀 정도가 아니라, 박정희의 유신헌법으로의 퇴행일 수도 있었다. 그러나 그 새 헌법은, 당연한 말이지만, 5공화국도 4공화국도 아닌 '제7공화국 헌법'으로 선포되었을 것이다. 윤석열은 자기 혼자만 무한히 자유로운 7공화국을 원했다.

제7공화국은 이렇듯 우리에게 '영구독재로의 회귀'라는 전혀 예상하지 못했던 뜻밖의 얼굴로 찾아올 수 있었다. 돌이켜 보면 윤석열은 애초부터 정당도 선거도 인정하고 싶지 않았던 것으로 보인다. 자신 이후의 정권교체는 더더욱 인정하기 어려웠으리라. '선거, 정당, 선거를 통한 여야 정권교체'가 87년 민주화의 핵심 합의였다. 윤석열은 이 모두를 내심 부정하고 싶었던 것이 아닐까? 그는 자기가 이기는 경기만을 하고 싶은 사람이었다. 자신을 비판하는 세력과 정치를 같이 할 능력도 의지도 없었다. 민주주의의 기초 덕목과 소양이 애초에 희박했다. 그래서 그토록 살벌한 표정으로 "반국가 세력을 척결해야 한다"고 강조했고, 따라서 그 세력은 '수거'돼야만 했다. 그러한 '반국가 세력'이 감히 또다시 선거에서 이기고 다시금 정권을 잡게 되는 일은 윤석열의 사전에 결단코 있을 수 없다.

이렇듯 지극히 폭력적인 방식으로 '7공화국' 문제가 우리에게 갑자기 들이닥쳤다. 물론 이제 우리는 윤석열식의 독재 회귀 7공이 아니라, 정반대로 그런 식의 망상과 퇴행의 독재 회귀 시도를 근본적으로 차단하는 제7공화국을 생각하지 않을 수 없게 되었다.

윤석열의 반헌법적 독재 회귀 7공화국 모의는 이제 저지되었다. 헌법재판소에서 파면 주문이 나오는 것은 필연적인 일로 보인다. 움직일 수 없는 증거가 산더미처럼 쌓였다. 일부에서는 윤석열의 면피용 하야 예측도 나오고 있다. 어느 쪽이든, 국면은 즉각 대선으로 이동한다. 여야를 막론하고 개헌에 대한 이야기가 나올 것이다. 이미 나오고 있다.

글을 마무리하는 이 시점(2월 26일)은 본격적인 개헌 논의를 하기에 분명 이르다. 그러나 이후 사태의 큰 흐름에 대한 조망이 반드시 필요한 때이기 때문에, 미리 꼭 짚어두어야 할 대목이기도 하다. 대선 기간 중 정치 브로커 밀실 야합으로 개헌이 마무리되기를 바라는 세력도 존재하는 것으로 보인다. 그들만의 꿈일 뿐이다. 그런 방식은 비상계엄 사태를 호되게 겪은 국민의 동의를 결코 얻을 수 없다. 가능한 길은 오직 하나로 보인다. 대선 후보들이 차기 정부에서 어떤 원칙으로 어떤 경로를 통해 개헌을 할 것인지 분명히 제시하고, 당선 이후 그 공약을 실현하는 길이다.

2. 국민통합개헌과 시민의회

헌법개정의 어떤 조항을 중요하게 보는가는 자신의 위치에 따라 다를 수 있다. 내가 현 상황에서 강조하고 싶은 것은 오직 하나다. 내용보다 방법이 우선이고 중요하다. 방법 문제가 핵심이다. 몇몇 정치인들의 밀실 타협은 더 이상 불가하다. 국민 혐오가 지극히 크다. 국민참여개헌이 이뤄져야 한다.

국민통합이 절실하다. 윤석열 체포와 기소 과정에서 고개를 들어 점점 더 기괴하고 난폭해졌던 파시즘적 야만을 진정으로 '정화'할 수 있는 수준 높은 정치적 통합 과정이 반드시 필요하다. 윤석열발 내란이 찢어놓은 나라를 반드시 하나로 다시 합쳐야 한다. 지금까지 시행된 여러 정치적 합의-통합 방식 중 가장 수준이 높고 민주적이며 성숙한 방식으로 인정받은 것이 시민의회다. 그 방식은 한국 사회에서도 이미 낯설지 않다. 아니 다른 나라들에 비해 오히려 더 익숙하다고 할 수 있다. 문재인 정부 이래로 '공론화위원회'라는 이름으로 70여 차례나 시행된 바가 있기 때문이다.

이 방식이 반드시 성공하는 것은 아니다. 정부와 정당의 준비 정도, 수용 정도에 따라 성공과 실패 여부가 확실히 갈린다. 윤석열 정부 때인 2024년 1～5월 사이에도 국회 여야 의원으로 구성된 연금개혁소위원회 산하에 '연금개혁 공론화위원회'를 가동한 바 있다. 공론화위원회의 합의 내용은 (시민위원 선정 방식과 의견 수렴 과정의 미흡함에도 불구하고) 대체로 합리적인 것으로 평가받았으나, 결국 여야가 주장한 소득대체율의 작은 차이를 극복하지 못하고 활동은 성과 없이 종료되고 말았다.

독재 지향성이 강했던 윤 정부에서 성공한 시민의회를 기대하기는 애초에 어려웠다. 그나마 그 정도의 시늉이라도 냈던 것이 신통할 정도였다. 시민의회가 성공하기 위해서는 정치 지도자와 정당의 개방적 정치 마인드가 매우 중요하다. 프랑스, 벨기에, 네덜란드, 아일랜드, 핀

사진 3 2018년 문재인 정부의 대입제도개편 공론화위원회는 인구비례에 따른 무작위 추첨으로 490명의 시민참여단을 선발하였고, 다양한 이해관계자들이 시나리오 워크숍을 통해 도출된 4가지 의제를 바탕으로 시민숙의 토론을 진행하였다. (출처: 연합뉴스)

란드 등 시민의회 활동이 활발하고 성공적으로 운영됐던 나라들은 의회주의와 여야 간 합의 전통이 잘 발전한 곳이었다. 결국 그 나라의 민주주의의 수준이 시민의회 성공 여부를 결정한다.

한국은 어떨까? '공론화위원회' 경험을 보면, 정부나 지자체에서 주도한 경우와 국회에서 여야 정당의 합의에 따라 운영된 경우가 차이가 있다. 전자의 경우가 비교적 안정적이었던 반면(물론 여기도 잘한 곳, 못한 곳이 있다), 후자의 경우는 실패율이 높았다. 여야 정당들이 시민의회의 결정에 지배력을 행사하여 그 결과를 선점하고 싶은 욕구가 강했기 때문이다.

한국의 민주주의 수준을 말하려면, 참으로 들쭉날쭉하다는 생각을 금할 수 없다. 한쪽에서는 세계가 부러워하는 평화적이고 조직적인 시민파워를 자랑하지만, 이제는 파시즘적 폭력성과 맹동주의, 반동주의 역시 존재하지 않는다고 말할 수 없게 되었다.

과연 이러한 상태의 한국 사회에서 시민의회라는 것이 잘 운영될 수 있을까? 싸움판만 더 커지는 것이 아닐까? 국회도 시끄럽고 거리도 시끄러운데 여기에다 꼭 같은 걸 또 하나 더 해야 하나? 시민의회를 잘 모르는 분들에게 흔히 듣게 되는 말이다. 그러나 실제 사례를 알면 진실은 정반대임을 알게 된다. 현실이 그렇듯 극단적 대립으로 치닫고 있기 때문에 오히려 시민의회의 필요성이 더욱 절박해진다. 동서를 불문하고 잘 준비된 시민의회의 공통점은 참석한 시민의회 의원들의 절제된 모습이다. 법원이든 어디든 헌법기관에 난입하여 난동을 부리는 맹동주의자들과는 아주 대조되는 모습이다.

자신이 어느 한쪽 집회의 일원으로 그 자리에 참석한 것이 아님을, 어떤 설명도 필요 없이, 그 자리에서 몸으로 느끼게 된다. 모두가 조용히 주의 깊게 다른 참석자의 말을 경청한다. 자신이 발언하게 되면 다른 사람들의 발언을 돌이켜 보면서 최대한 신중하게 이야기하게 된다. 다른 참석자들 역시 자신의 발언을 주의 깊게 들어주고 있다는 것을 느낀다. 이러한 모습은 찬반 양편으로 나뉘어 한 치도 밀리지 않으려고 벌이는 피 튀기는 '논쟁', 아니 요즘 말로 하면 '수단, 방법을 가리지 않는 생사를 건 배틀'과는 하늘과 땅처럼 다르다.

일반 참석자들이 느끼는 공적 책임감의 정도가 매우 높아진다. 누가 시켜서가 아니라 자연스럽게 상황이 그렇게 만든다. 이 자리에 모인 시민의원들은 어떤 깃발을 들고 모인 사람들이 아니기 때문이다. 아마 대부분의 참석자들은 평소에 자신의 깃발이 그렇게 선명하지 않은 사람들일 것이다. 마음속에 그런 깃발이 있다고 하더라도 그 자리에서는 일단 각자의 깃발을 내리고 다른 시민의 말을 주의 깊게 듣는 한 시민으로서 모인다. 큰 인구층에서 추첨 선발되었다는 익명성도 작용한다. 그 사람이 어떤 깃발을 들었는지 아무도 알지 못하고, 그런 사실이 중요한 분위기도 아니다. 그곳은 팝 스타가 팬들을 사로잡는 콘서트 자리도 아니다. 장(場)의 성격이 완연히 다르다. 모두가 근본적인 동등성과 공통성을 부여받고 있다는 느낌이 모두를 더욱 신중하고 책임 있게 만든다.

시민의회 모임의 이런 독특성이 요즘 온·오프 공론장에 큰 화근이 되고 있는 맹목적 에코버블이 작동될 수 없도록 만든다. 그런 자리, 그런 분위기 속에서도 자신의 버블적 욕망과 분노를 맘껏 발산하고 싶은 사람이 혹 있다면, 그의 목소리는 경청되지 못함을 당장 느끼게 된다. 시민의회의 이러한 특징이야말로 숙의 없이 증폭되는 여론의 한계를 극복하는 매우 중요한 속성이다. 시민의회의 장에서 이런 방식으로 형성된 합의는 '거짓 뉴스'에 조작될 가능성이 제로에 가깝다. 여기에는 미래의 민주주의가 주목하고 발전시켜야 할 잠재력이 풍성하다. IT를 통한 시민의회 네트워킹 확대와 AI를 통한 대량 정보 수합 정리 능력 확대도 그것의 한 축이다. 이미 여러 나라 시민의회에서 그런 방식을 접목해 왔다.

3. 2017년 국민참여개헌론과 당시 국회에서 발의된 〈국민 참여에 의한 헌법개정의 절차에 관한 법률안〉

암울했던 윤석열발 제7공화국 망상 이전에 좀 더 희망적이었던 7공화국 개헌론이 있었다. 이 역시 신중하게 검토해야 한다. 박근혜 전 대통령이 국회에서 탄핵당한 지 한 달이 채 안 된 2017년 1월 5일, 국회 헌법개정특별위원회(개헌특위)가 여야 의원 36인으로 출범했다. 대선 전까지는 자문위원회를 구성하고 2개 분과 6개 소위로 나뉘어 개헌안을 검토하는 등 나름 활발히 활동했었다.

대선에서 문재인, 안철수, 심상정 세 후보는 '국민참여개헌', 또는 '헌법개정 시민의회를 통한 개헌'을 공약했다(2017년 4월 12일). 그만큼 개헌에 대한 국민적 관심이 높았음을 말해준다. 민주주의의 수준이 한 단계 격상될 '87 이후 체제'를 그려줄 그 개헌 역시 제7공화국을 위한 개헌이지 않을 수 없었다. 그러나 대선 이후 자유한국당 등 야권은 개헌에 대한 뜻을 접었다. 이후 바퀴가 하나 빠진 개헌특위는 지지부진 덜컹거렸고, 결국 2018년 6월 아무런 합의도 성과도 없이 활동 종결, 해산하고 말았다.

국회 개헌 합의안 도출이 난망해지자 문재인 대통령이 헌법개정안을 제출하기도 하였다. 2018년 2월 '국민헌법자문특별위원회'를 출범시키고, 약식 자문 과정을 통해 3월 22일 헌법개정안을 국회에 발의했다. 그러나 동년 5월 24일 국회 본회의 표결에서 재적의원 2/3에 미치지 못해(114명 참석) '투표 불성립' 처리되고 말았다.

개헌을 위해서는 대통령의 의지가 필수적이지만, 원 구성(국회 각 정당의 의원 구성 비율) 역시 매우 중요함을 말해준다. 현 22대 국회의 원 구성은 2017년 개헌 논의가 전개되었던 20대 국회에 비해 민주적 개헌 세력이 훨씬 다수를 점하고 있다. 국민의힘 역시 윤석열 탄핵 트라우마를 벗어나야 한다는 무거운 짐이 있다는 점에서 지난 2017년처럼 김 빼기로 일관하기 어려울 것이다. 당이 소멸할 수도 있음을 보아야 할 것이다. 국민의힘 후보가 차기 대선에서 승리할 가능성을 엿보고 있다면 더욱 그러하다. 그렇다면 예상되는 차기 대선에서는 국민의힘 후보까지를 포함하는 모든 대선 후보들이 〈국민참여개헌〉을 공약할 수 있어야 마땅하다. 그럴 가능성도 2017년의 대선 때보다 커 보인다.

문제의 핵심은 국민참여개헌 방식에 대한 초당적 합의다. 앞서 이를 '국민통합개헌'이라고 하였고, 국민통합을 위해서는 시민의회 방식이 가장 적합하다고 하였다. 그러나 시민의회 방식은 국회와 함께 가야 한다. 당연한 이야기다. 시민의회와 함께 가는 개헌 방식에 대해서 그동안 국회 내에서 고민과 모색이 없었던 것도 아니다. 여기서 나는 2017년 2월 15일 당시 민주당 개헌특위 위원인 김종민 의원이 우원식 의원 등 12인의 동의를 받아 제출한 〈국민 참여에 의한 헌법개정의 절차에 관한 법률안〉(이하 〈개헌절차법〉)에 다시금 주목한다.

9개 장으로 구성된 〈개헌절차법〉은 헌법개정특위(제2장), 자문위원회(제3장), 그리고 시민회의(제4장, 제5장) 부분을 핵심으로 한다. '시민회의(이 법안에는 '시민의회'가 아니라 '시민회의'로 되어 있다)'는 '만 19세 이상 국민의 주민등록정보'에서 '성명·생년월일·주소 및 성별에 관한 주민등록정보'에 따라 '200명 이상 300명 이하'의 범위에서 무작위 추출 방식으로 구성한다고 되어 있다. 표준 시민의회 구성의 '성별, 지역, 연령에 따른 층위무작위 샘플링' 방법과 동일하다. 이 '시민회의'의 직무는 "1. 헌법개정안 기초안에 대한 회의 및 토론. 2. 헌법개정안 기초안에 대한 자체 공론조사. 3. 헌법개정안 관련 홈페이지, 우편, 문서 등을 통해 제기된 국민 제안에 대한 검토 보고서 작성. 4. 헌법개정안 기초안에 대한 의견서 제출"로 되어 있다. 또 자문위원회는 (개헌특위가) "위원장 1명을 포함한 50명 이내의 위원으로 구성한다"고 되어 있다.

당시 이 법안이 발의만 되었을 뿐, 결국 입법화되지 못했음을 대단히 아쉽게 생각한다. 이번에는 대선 전이든 후든 반드시 국회에서 입법화되어야 한다. 현재의 상황에서는 충분히 가능한 일이라고 본다.

물론 더욱 개선된 법안이기를 바란다. 보완해야 할 부분이 있다. 법안 각 조에 대한 상세한 검토가 이 글의 초점이 아니므로 요점만 짚어 보겠다. 핵심은 1) '시민회의의 직무 확대'와 2) '자문위원회의 범위 확장'이다. 자문위원회는 입법 전문가뿐만 아니라 사회의 주요 직능의 대표를 포함할 것을 제안한다. 노동, 경영, 교육, 문화와 지방 분권, 성별, 연령까지 포괄할 수 있을 것이다. 그렇게 되면 그 인원은 다소 확대될 수 있다. 대표권을 집약하면 그 수는 적절히 제한할 수 있다. 또한 시민회의의 직무 1은 '헌법개정안 기초안에 대한 회의, 토론'에 더해 '발안'이 마땅히 추가되어야 하겠다(현재 상태에서는 '수정 제안' 정도가 될 것이다). 주어진 안에 대한 찬반만이 아니라 이를 수정 보완하는 제안들이 합의를 통해 인정되어야만 국민참여개헌의 취지에 부합한다.

아울러 이 법안이 한국 국회 역사 최초로 개헌 과정에서 시민대표의 시민의회형 구성 방식을 수용했다는 사실을 높이 평가하지만, 역시 '시민회의'의 명칭은 이미 세계적 표준이 된 '시민의회'로 되돌리는 것이 적절하지 않을까 생각한다. 끝으로 국회, 시민의회, 직능대표가 같이 가는 개헌 과정의 논의와 토론, 회의 진행을 매끄럽게 잘 조직하고 조정해 갈 수 있는 전문적인 경험과 실무능력을 갖춘 완비된 사무처 조항이 필수적이다. 법적으로 안정된 지위를 보장받아야 한다.

4. 제7공화국 출범을 열어줄 '국민참여 대통합 개헌'

통계학의 표준이론인 '층위무작위 선발(stratified random sampling)' 방식을 통한 시민의회 구성 방식은 선거 대표제의 합리적 보완 방안으로 세계 학계와 정치권에서 널리 공인받고 있다. 한국과 서방권만 아니라 중국, 인도 등 동방권, 그리고 남미 지역에서도 널리 채택하고 있는 방식이다. 구성과 진행 방식이 아주 구체적인 차원까지 표준화되어 있어 누구나 이해하기 쉽고 적용하기도 용이하다. 정치적 합의와 추진력이 있다면 아주 강력한 국민적 합의 형성의 지렛대가 될 수도 있다. 2019년 프랑스의 마크롱 대통령은 불과 두 달 만에 전국적으로 무려 10,000회의 지방 타운홀 미팅과 시민의회를 성공적으로 개최한 바 있다. 그 성과는 이어 2020~2023년 중앙정부가 조직한 시민의회들로 이어졌다. 이런 거대한 사업을 행정적으로 매끄럽게 수행해 내는 데는 (프랑스 혁명 이래) 명성 있는 프랑스 행정기구의 집행력과 함께 '경제사회환경위원회'라는 프랑스 헌법기관의 조직력과 관록이 큰 역할을 했다. 우리가 유념해 볼 대목이다.

시민의회는 결코 의회와 정부의 경쟁자도 대체자도 아니다. 단연코 동반자요 협력자다. 기존의 모든 사례가 예외 없이 이것을 예증한다. 지금껏 의회주의와 민주주의가 가장 발전한 곳에서 시민의회가 먼저 출현했던 것은 결코 우연이 아니다. 개헌 과정에서 시민의회가 중요한 역할을 수행할 수 있음은 아일랜드와 아이슬란드 사례가 이미 입증한 바 있다. 선진적이었지만 아직 미진한 바가 있었다. 아일랜드의 경우는 분명 의회, 정당과 시민의회의 협력을 통해 성공적인 개헌을 이뤘다. 그러나 그것은 다만 몇 개 조항에 국한된 것이었다. 아이슬란드의 경우는 밑으로부터의 총체적 개헌안 제시가 가능함을 보여주었지만 (인구 80만의 소국이었으므로 가능했다), 의회와의 협력에서는 부족했다. 결국 아이슬란드의 국민개헌은 실패했다.

이제 총체적인 국민참여개헌의 가장 성공적인 사례를 세계 앞에 내어놓을 차례가 대한민국으로 넘어왔다. 그럴 만한 충분한 역사와 내공이 있다. 세계가 경이롭게 생각하여 칭송했던 한국 민주화운동의 꺼지지 않는 에너지에 관한 논의는 여기에서 생략하겠다. 한국의 여야 정당들은 지난 10여 년 넘는 여러 정치적 계기들 속에서 자신들의 개헌안을 이미 여러 차례 정리해 본 바 있다. 주요 직능 및 분권화 단체들도 자신들의 위치에서 강조할 개헌 사항들을 이미 충분히 정비된 형태로 가지고 있다. 한국 시민의회의 경험도 그동안 다수의 잘 조직된 공론화위원회의 운영을 통해 세계 어느 나라에 비해서도 두텁게 쌓여 있다고 말할 수 있다. 여기에 더해 이번 아주 '특별한 사태'를 통해 일상의 모든 측면에서 국가적 위기 상황을 체감한 한국 국민들의 민주적 개헌에 대한 여망과 관심은 매우 높은 상태다. 주·객관적인 모든 요건이 준비되어 있다.

좀 더 구체적으로 정리해 보겠다. 우선 여러 개헌안이 이미 잘 준비되어 있다. 전문가들의 검토도 이미 여러 차원에서 충분히 이뤄졌던 바 있다. 국회 개헌특위 분과 조직을 통해 그 안들의 우선순위를 조정, 수렴하는 일은 어렵지 않다. 그동안의 국회 개헌특위에서 이미 여러 차례 해보았던 일이다. 물론 조정 과정에서 단일 안이 나올 필요가 없다. 개헌특위에서 각 당의 안을 기본으로 하면서 여기에 자문위, 직능위의 의견을 첨삭하여 복수의 최종안을 몇 개 분과로 나누어 정리하는 것이 일차적 작업이 될 것이다. 이제 다음 순서는 시민의회가 복수의 최종안을 가지고 장기인 경청, 숙의, 합의의 과정을 통해 그중 최선, 최적의 안을 골라내는 것이다. 개헌특위와 자문위, 직능위는 시민의회가 토론 과정에서 올바른 판단을 내릴 수 있도록 최선의 조력을 다하게 될 것이다. 앞서 말한 대로 시민의회 역시 발안권(수정 제안권)을 가질 수 있다. 경청과 숙의는 최선의 보완적 발안의 잠재력도 품고 있기 때문이다. 이러한 과정을 거친 시민의회에서의 합의 내용은 국회 최종 조절과 의결을 거쳐 국민투표로 확정된다.

한국 현대 정치사에서 국회에 대한 국민의 지지와 기대가 지금처럼 높았던 때는 없었다. 돌발적 비상계엄을 몸으로 돌파해 내는 용기와 헌신성을 보여주었기 때문이다. 이렇듯 높은 여망과 기대를 한 몸에 받고 있는 국회가 자신감을 가지고 이번 국민참여개헌을 반드시 책임 있게 이끌어 주기 바란다. 앞서 보았듯 지난 2017년 국회에서 발의된 〈국민 참여에 의한 헌법개정의 절차에 관한 법률안〉은 이미 그때부터 일부 의원들이 그 가능성을 미루어 보고 있었음을 말해준다. 이제 그 가능성을 실현할 때가 되었다.

대한민국 제7공화국을 위한 이번 개헌 과정에서 시민의회와 직능대표가 중요한 역할을 한다면 이는 세계 민주주의 역사에서 새로운 이정표가 된다. 세계 민주주의의 표준을 새롭게 쓸 새로운 개헌 과정 전체를 이끌어 갈 역할은, 다시금 강조하건대, 대한민국 국회의 개헌특위 위원들을 위시한 국회의원단 전체에 있다.

국회와 시민의회, 그리고 직능대표가 어깨를 걸고, 머리를 맞대어 의논하며 함께 가는 개헌이야말로 진정한 국민통합 개헌이지 않을 수 없다. '국민참여 대통합 개헌'이라고 부르고 싶다. 당당하고 자랑스러운 그 길을 통해 들어선 제7공화국은 대한민국의 통합, 희망, 번영의 밝은 미래를 반드시 열어줄 것이다. 일시적 어둠을 더욱 큰 빛으로 바꾸어 가는 대한민국 국민의 놀라운 역량에 세계는 경탄할 것이다. 대한민국의 새 빛일 뿐 아니라, 세계의 새 빛이 될 것이다. 어둠의 세력이 커지고 있는 묘한 세계 상황이기 때문에 더욱 그렇다.

《사상계》, 2025. 2. 26.

✦

12.3 비상계엄

강자의 자유는 필연코 독재가 된다

2025년 새해다. 지난 연말부터 이 나라에 드리운 비상계엄의 어두운 구름이 하루빨리 말끔히 걷히고 다시금 밝은 미래가 활짝 열리기를 온 마음으로 소망한다. 제주항공 여객기 참사로도 마음이 무겁다.

이상한 대통령이었다. 지난해 12월 3일 밤, K-팝의 나라 대한민국에서의 너무나도 엉뚱한 비상계엄 소식은 '윤석열'이라는 이름을 세계에 널리 알렸다. 이로써 그는 이제 자랑스러운 한강 작가만큼이나 세계적으로 유명한 인물이 되었다. 그러나 자랑스러운 이름이 아니라 부끄러운 오명이 되었다.

윤 씨의 계엄령 선포는 느닷없는 일이 아니었다. 내란죄 수사를 통해 서서히 밝혀지고 있는 사실이지만, 그는 오래전부터 비상계엄을 마음속에 두고 준비했다. 그 증상은 이미 자유를 무려 서른다섯 번 언급했던 2022년 5월 대통령 취임사에서부터 예고되어 있었다고 생각한다. 이어 8.15 경축사에서도, 9월 20일 유엔 연설에서도 마찬가지였다. 참으로 유별난 자유 사랑이었다.

그런데 자유와 비상계엄, 즉 독재가 도대체 무슨 관계라는 말인가? 그가 겉으로 그토록 강조했던 자유는 그저 화려한 포장, 말잔치에 불과한 것이었고, 속마음은 자유와는 전혀 무관하게 독재를 꿈꾸었다는 말인가? 즉 자유와 독재는 흑과 백처럼, 물과 불처럼 전혀 무관한데, 다만 윤 씨가 속마음을 감추고 속임수를 썼던 것뿐일까?

아니라고 본다. 그의 특이한 자유론, 자유관이 문제였다. 윤 씨의 자유 사랑은 '강자의 자유론'이었다. 강자의 유별난 자유론은 필연코 독재가 된다. 나는 2022년 10월 칼럼에 다음과 같이 썼다.

> 자유의 가장 큰 장애물은 자유 안에 있다. 자유를 나만을 위한 무제약적 자유로 이해할 때, 모두를 위한 대자유는 빛을 잃는다. 특히 '제멋대로 할 수 있는 자유'가 강자의 전유물이 될 때, 플라톤이 강조한 '시민 전체의 자유'는 최대가 아니라 극소가 되고 만다. … 자유는 사람들 사이의 관계에 있고, 그 자유는 하나가 아니라 둘이다. 하나는 존 롤스가 강조했던 모두에게 평등한 자유이고, 또 하나는 플라톤이 우려했던 강자만을 위한 자유다. 모두에게 평등한 자유는 사람들 사이의 권력과 부의 높낮이를 좁혀가는 자유이고, 강자만을 위한 자유란 그 높낮이를 키워가는 자유다. 낙폭을 줄여가는 자유는 대화와 협력을 에너지로 삼고, 낙폭을 키워가는 자유는 배제와 강압을 무기로 삼는다.

윤 씨의 '강자의 자유론'은 누구든 기소하되 자신은 소위 '검사 동일체의 원칙'에 따라 절대로 기소되지 않는다는 한국 검찰의 방탄 장치 속에서 서서히 숙성해 온 것으로 보인다. 검찰을 수족으로 부리던 군부와 정보부가 민주화의 힘으로 한풀 꺾인 이후, 피로 얼룩진 그 부정한 힘을 유일한 적통자로서 이어받은 것이 검찰이다. 즉 현재의 한국 검찰의 무소불위의 권력, 그 정점에 올라선 윤 씨가 꿈꾼 강자의 자유론, 그리고 여기서 필연적으로 파생된 비상계엄의 독재론은, 민주화가 만들어 낸 '의도하지 않은 끔찍한 결과'가 된 셈이다.

그렇게 정상에 올라선 윤 씨가 검찰과 뉴라이트 그리고 소위 충암고 사단 등의 군부를 끌어모아 꺾으려 했던 것은 결국 자신을 정상의 자리로 올려준 민주화운동의 힘이었다. 이제 돌아보면 윤 씨의 지난 2년 반 동안의 독선적 독주(獨走)는 그것 말고는 해석이 안 되는 기행(奇行)의 연속이었다.

87년 민주화는 우선 제도 정치 차원에서 선거와 정당을 정상화해서 여야 간 정권교체를 가능하게 했다. 그런데 윤 씨의 그간의 행태를 보면 이러한 성과 모두를 아주 가볍게 보고 있었음을 알 수 있다. 자신이 대선 후보가 될 정당부터 우습게 보았다. 입당부터 우습게 하더니 당대표도 기분 내키는 대로 우습게 번번이 갈아 치웠다. 자당 당 대표 이하 모든 국회의원들 알기를 장기판의 졸보다 못하게 보는 듯했다. 그렇게 하여 윤 씨의 여당은 아주 우습고 가벼운 존재가 되어버렸다.

야당을 대하는 태도는 더욱 심했다. 무시를 넘어 경멸에 가까웠다. 국회에서 의결한 법안에 25차례나 거부권을 행사했다. 국회와 정당, 그리고 국회의원 전체를 싸잡아 우습게 보는 태도였다. 야당 대표든 또는 국회의원 어느 누구든, 꼬투리를 잡아 '선거사범'이나 '잡범'으로 만들 수 있다는 자신감에 넘쳐 보였다. 정당과 국회를 이렇게 낮춰보는 심리는 결국 비상계엄에서 '체포 리스트'라는 살벌한 형태로 표현되었다. 아울러 그가 선거 제도를 아무나 쉽게 조작할 수 있는 것으로 우습게 보고 있었다는 사실도 선관위 출동 소동을 통해 확실히 알게 되었다.

12.3 계엄 선포와 12.12 대국민 담화는 그가 비판적인 야당과 국민을 싸잡아 '반국가 세력'으로 인식하고 있음을 보여줬다. 대통령이 임명하는 인사가 하나같이 이상했던 이유가 밝혀지는 대목이다. 거의 모든 인사를 극우 편향, 뉴라이트 계열의 인물들로 고집스럽게 채웠다. 왜 그렇게까지 막무가내로 했을까? 자신이 악마와 같은 '반국가 세력'과 성스러운 전쟁을 벌이고 있다는 망상에 빠져 있었다는 가정을 빼고는 설명하기 어렵다. 국회와 사회 전반에 창궐한 반국가 세력을 '척결'하여 국가를 구하기 위해서는, 이들을 확실한 적으로 똑바로 인식하고 비상사태에 준하는 결기로 목숨 걸고 싸워줄 사람들이 필요하다고 생각했음이 분명하다. 비상계엄은 이미 이러한 불통 인사에서부터 차곡차곡 준비되고 있었던 것이다.

윤 씨의 이러한 무소불위의 강자의 자유론의 목표지는 결국 냉전 시대로의 회귀였다. 민주화 이후의 정당, 선거, 국회를 무시하고 비판하는 모든 사람들을 '반국가 세력'으로 인식하고 '척결'하려고 하였던 그에게 돌아갈 곳은 거기뿐이었을 것이다.

한국은 87년 민주화와 90년대 냉전 종식을 통해 국가의 위상이 한 단계 상승했다. 당당한 민주주의 국가 국민로서의 자부심을 갖게 되었고, 전방위 교역과 외교로 국가의 위상과 국격이 크게 높아졌다. 남북관계에서도 상호인정을 전제한 대화가 가능하게 되었다. 그 시작은 노태우 정부의 북방정책과 〈남북기본합의서〉로부터였다. 그 기조는 최근의 문재인 정부뿐 아니라 그 이전 박근혜, 이명박 정부에서도 부정할 수 없는 것이었다. 이념 적대의 시대는 끝났고 이제는 탈이념의 공영의 시대가 되었다는 공감대가 있었다. 그러나 윤 씨는 지난 30~40년 대한민국이 그렇게 공들여 이룬 모든 것을 한꺼번에 부정하려 했다.

냉전 시대 한국에는 아무런 선택권이 없었다. 그저 남이 서라는 데 설 수밖에 없었다. 당시 한국에 민주주의는 없었다. 국가 위상에 대한 자부심도 낮았다. 그래도 그 시절에는 어느 한편에 섬으로써 얻게 되는 이득이 있었다. 그러나 지금은 반대다. 경제, 정치, 외교 모든 차원에서 손해다. 미국, 중국, 일본, 러시아와 같은 나라를 보면 안다. 앞으로는 대립하는 척하면서 뒤로는 긴밀히 통하여 실리를 챙긴다. 냉전 종식 이후 세계 판세가 그렇다. 윤 씨의 외교는 이 판에서 얻는 것은 없고, 그간 어렵게 쌓아놓은 대한민국의 국제적 자산을 파기하는 길로만 갔다.

냉전시대에 큰 권력을 휘둘렀거나 큰 부를 축적했던 것도 아닌 윤 씨가 굳이 이런 외통수에 제 발로 들어선 이유가 무엇일까? 쉽게 이해되지 않았다. 그러나 이번 비상계엄 사태가 보여준다. 이종찬 광복회장이 인터뷰에서 "여우가 살살 꼬셔서 곰이 제 발로 철창 안으로 들어갔다"고 했던 설명이 재미있었지만, 약간 더할 점이 있다. 여기서 '살살 꼬시는 여우'란 아마도 윤 씨 주변에 모여든 뉴라이트를 뜻하는 것이겠다. 그러나 강자의 절대 자유를 꿈꿨던 그의 의식과 무의식의 주체 없이는, 이 지경까지 이르기 어려웠을 것이다. 윤 씨의 불발 계엄령과 함께 검찰권력의 시대는 갔다. 국민주권의 시대가 오고 있다.

《내일신문》, 2025. 1. 2.

2부

어둠 속에서 길 찾기

✦

윤석열 정부는 어둠이었다. 어둠 속에서 더듬어 길을 찾아가야 했다. 왜 길을 잃었는지 다시 물어야 했다. 깊이 물어야 했다. 다만 짧은 정치적 국면과 대응 문제만이 아니었다. 인류 문명이 처한 곤경의 깊은 근원 역시 함께 물어야 했다. 남북이 처한 곤경의 근원 역시 다시 물어야 했다. 인류 문명과 민족의 미래를 물어야 했다. 긴 성찰의 시간이었다. 시민의회가 이러한 깊은 문제들에 대해 어떻게 답해야 하는지도 함께 생각하는 시간이었다.

✦

시민의회 돌아보기

1. 세계적 현상

'시민의회'는 이제 한국에서도 꽤 널리 알려졌다. 《녹색평론》의 독자라면 이미 상세히 또는 최소한 대략은 그 원리와 운영 방식을 알고 있을 것이다. 일반인들에게도 아마도 '시민의회'가 전혀 낯선 말은 아닐 것이다. 어디선가 그 말을 들었거나 읽었던 기억이 있을 것이다. 대부분 먼저 '아일랜드 시민의회'를 떠올린다. 그동안 한국 언론에서 가장 많이 소개했던 외국의 시민의회 사례였기 때문이다.

시민의회 의원은 유권자 중에서 추첨, 즉 '층화무작위 표집(stratified random sampling)' 방식으로 선발한다. 이미 각종 여론조사에서 사용하고 있는 표본추출 방식이다. 그렇게 시민의회가 소집되면 시민의원들은 해당 의제에 대한 충분한 정보와 교육 그리고 토론 기회를 보장받는다. 개회 기간은 토론 주제에 따라 통상 최소 3개월에서 길게는 1년 정도가 된다. 아일랜드와 같이 여러 조항의 헌법개정을 논의하는 경우에는 1년 넘게 진행하기도 했다. 주말을 이용하고 일당, 숙식, 교통비 등 필요한 경비를 제공한다. 이렇듯 충분한 시간, 충분한 정보, 그리고 자유로운 토의를 통해 초반 모임에서는 여러 갈래로 갈리던 견해가(이는 너무나 자연스러운 일이다) 점차 초다수 안으로 합의에 이르게 된다. 잘 준비되고 충분한 시간을 부여받은 시민의회일수록 3분의 2 이상의 초다수 합의가 자연스러운 결과가 된다.

시민의회라고 해도 국회와 다름없이 지지 또는 소속 당파에 따라 의견이 뚜렷이 갈려 평행선만 달리고 비생산적인 말싸움만 하다 결국 합의 없이 끝나지 않을까, 하는 우려가 있을 수 있다. 그러나 지금까지 보고된 시민의회 사례를 보면 그렇지 않다. 내가 접한 많은 사례 보고 중에서 그런 방식으로 '싸움만 하다 끝난' 사례는 단 하나도 없다. 보고들에서 공통적인 반응 중 하나가 '나와 다를 것 없는 평범한 사람 같은데, 같은 문제에 대해 나와 다르게 생각한다는 것이 흥미로웠다'였다. 선출 방식 자체가 특정 정당을 걸고, 특정 주장을 내세워서 뽑힌 것이 아니기 때문이다. 무작위 선출은 그런 것을 묻지 않는다. (유권자) 모두가 자격이 있다는 전제가 있을 뿐이다. 따라서 시민의회 토론장에서 나는 특정한 견해를 꼭 관철하겠다는 강박이 없다. 그래야 내 이익과 위치가 올라간다는 이기적 유전자도 작동하지 않는다. 대신 해당 의제에 대해 다만 더 잘 알고 싶어 한다. 순수한 동기다. 사전 교육과 안내를 듣고 보니 내 생각은 이런데, 다른 사람들은 어떻게 생각할지 궁금해졌다고 말한다. 내 의견을 관철하려는 입보다 다른 사람의 의견은 어떤지 들으려 하는 귀가 일차적으로 되는 것이다. 게임의 논리와 목적이 다르다. 이렇게 전제와 바탕이 달라지니 서로 다른 생각 사이에 접근의 통로가 열린다.

이러한 결과 보고들이 이미 많은 곳에서 누적되었다. 데이터가 높게 쌓이면 새로운 관점이 정상이 된다. 이제 시민의회는 국제적 공인을 받고 있다. 2020년 OECD의 보고서 《숙의의 물결타기: 혁신적 시민참여와 새로운 민주주의 제도(Catching the Deliberative Wave: Innovative Citizen Participation and New Democratic Institutions)》는 이러한 방식으로 진행되는 시민의회가 이미 세계 여러 나라에서 정착된 정치제도가 되었음을 확인해 준다. 2004년 캐나다 브리티시컬럼비아주에서의 선거법 개정 시민의회 개최를 시발로 오늘날까지 시민의회는 서유럽과 북미주, 호주, 뉴질랜드 등 서방권의 거의 모든 국가뿐 아니라 아시아(한국, 일본, 중국, 인도 등)와 남미(브라질, 칠레, 페루, 멕시코, 콜롬비아, 파나마 등) 여러 나라에서도 개최된 바 있다. 그동안 다루어진 시민의회의 의제는 선거법 개정, 헌법개정, 기후위기 대응, 과학기술 정책, 교육 정책, 의료보건 정책, 주요 외교 정책 등 매우 광범하다.

2. 광화문에서 열린 '시민의회 국제심포지엄'

2024년 5월 8일 광화문 프레스센터에서 시민의회 국제심포지엄이 열렸다. 이날 같은 장소에서 '시민의회 입법 추진 100인 위원회' 출범식도 진행되었다. 출범식에서는 이래경 위원장의 환영사에 이어 추미

애 전 법무장관과 고든 캠벨(Gordon Campbell) 캐나다 브리티시컬럼비아주 전 수상의 축사, 그리고 곽노현 전 교육감의 기조강연이 이어졌다. 학술 심포지엄에서는 나와 아일랜드 더블린 대학의 데이비드 패럴(David Farrell) 교수가 기조발제를 하고, 이어 예일대 엘렌 랜드모어(Hélèn Landemore) 교수, 벨기에 루방대 민 르샹(Min Reuchamps) 교수, 연세대 이지문 교수, 한국교원대 서현수 교수, 서울대 김주형 교수가 발표했다.

한국에서 세계 첨단적 정치현상인 시민의회를 주제로 국제 학술회의를 주최할 수 있다니 놀랍고 감개무량했다. 우선 한국의 시민사회와 학술 역량이 그만큼 성장했다는 것을 말해준다. 한국 측 발표자들의 발표 수준이 매우 높고 구체적이었다. 이 행사를 크라우드 펀딩 방식의 시민 모금으로 치러냈다는 것도 자부심을 가질 만했다.

준비 과정에서 그동안 시민의회라는 새로운 제도의 정착에 여러 나라에서 큰 기여를 했던 외국 정치인과 학자들 4명을 선정하여 접촉했는데, 모두가 하나같이 순간의 망설임이나 뜸 들임 없이 즉각 흔쾌히 참석하겠다고 나서준 점도 놀라웠다. 시민의회가 이미 아주 분명한 세계적 현상이 되어 있음을 다시 한번 확인한 순간이었다. 이후 캠벨 전 수상은 고령에 넘어져 부상을 당하는 바람에 직접 올 수 없게 되어 화상 축사로, 엘렌 랜드모어 교수는 재직 중인 학교 업무와 일정이 겹쳐서 화상 강연으로 대신했다. 두 사람 모두 직접 참석하지 못함을 매우 아쉬워했다. 먼 길을 온 아일랜드 더블린대의 패럴 그리고 벨기에 루방대의 르샹 교수와는 심포지엄 자리 외에도 여러 차례 만나 이야기를 나눌 수 있었다.

모두가 십몇 년 전 각자의 나라에서 시민의회라는 새로운 운동을 처음 일으켰던 역전의 맹장들이다. 새로운 실험을 처음 시작했을 때의 막막하기도 했고 때로는 감동을 받기도 했던 개인적인 체험들을 허심탄회하게 나눌 수 있었다. 직접 만나 가까워진 후가 아니면 듣기 어려운 이야기들이었다. 심포지엄 다음날인 5월 9일, 아일랜드에서 온 패럴 교수, 벨기에에서 온 르샹 교수와 점심을 함께 했다. 여기에는 시민의회 입법추진 위원장을 맡아준 이래경 선생과《시민언론 민들레》의 이명재 대표도 동석했다.

3. 아일랜드 시민의회

패럴 교수는 오늘날 세계 시민의회의 대표선수로 이해되는 아일랜드 시민의회 설립 과정을 초기부터 주도했던 정치학자다. 그의 전공은 선거제도론이다. 그가 2001년 초판을 내고 2011년 개정판을 낸《선거제도의 이해(Electoral Systems)》는 2012년 한국에도 번역된 명저다. 선거제도가 전공인 정치학자가 선거와 다른 선발 방식을 주장하는 시민의회의 주요 연구자가 되었다는 사실이 역설로 보일 만큼 흥미롭다. 패럴 교수는 2004년 캐나다의 아는 학자에게서 뜻밖의 초청을 받고 나서야 비로소 시민의회를 처음 알게 되었다고 했다. '선거법 개정을 위한 시민의회'를 개최하는데, 당신과 같은 선거제도 전문가가 시민들에게 여러 선거제도의 장단점에 대해서 교육해 달라고 요청받은 것이었다. 초청에 응한 그는 세계 최초로 소집된 시민의회에 교육자·자문자로 직접 참여하는 귀한 기회를 얻었던 셈이다. 이 경험을 계기로 그는 시민의회 전문가로 변신하게 되었다.

이때 깊은 인상을 받았던 패럴 교수는 2011년 마침내 자신의 나라에서 그 방식을 실천에 옮겨볼 기회를 얻었다. 2008년 미국발 금융위기로 아일랜드 정치경제가 흔들리자 수십 년 장기집권을 하던 아일랜드 공화당이 무너지고 통일 아일랜드당과 노동당의 연정이 들어섰다. 정치개혁에 대한 요구가 높아짐에 따라 새 정부는 시민의회 방식의 정치개혁을 표방했는데, 이 과정에서 주도적인 역할을 했던 것이 패럴 교수였다. 그 당시 아이슬란드에서 벌어지고 있던 밑으로부터의 시민주도 헌법개정 운동이 큰 영감을 주었다. 새 정부는 패럴 교수 등 아일랜드 정치학회 회원들이 제시한 시민의회 소집 아이디어를 대부분 수용했다. 패럴 교수팀은 총선 직후부터 지역순회 시민공청회를 열었고 실험적인 파일럿 시민의회도 개최했다. 그 결과 2012~2014년 시민의회 방식의 헌법 컨벤션이 열릴 수 있었다. 그 이후 현재까지의 진행에 대해 패럴 교수는 광화문 심포지엄에서 다음과 같이 보고했다.

> 2012~2014년의 헌법 컨벤션을 포함하여 현재까지 총 6차례의 시민의회가 개최되었는데, 나머지는 다음과 같다: 2016~2018년 시민의회(5가지의 주제를 다뤘는데, 그중 가장 중요한 것은 낙태였다), 성평등 시민의회(2020~2021), 생물다양성 훼손에 관한 시민의회 및 더블린 시민의회(2022년 내내 동시 개최), 그리고 최근에 마약 사용에 관한 시민의회(2023)가 개최되었다. 다른 시민의회도 약속되어 있다. 예를 들어 2020년에 선출된 현 정부는 교육문제에 대해 최소한 한 번의 시민의

사진 4 2022년 10월 16일, 아일랜드 더블린주 말라하이드의 그랜드 호텔에서 생물다양성 손실의 복원과 재생을 주제로 한 제4차 시민의회가 열렸다. 한 달 뒤, 시민의회는 생물다양성 보호를 위한 헌법개정 권고안을 발표했다. (출처: 아일랜드 시민의회)

회를 개최하기로 했다. 하지만 아래에서 설명할 이유로 인해 지금은 그럴 가능성이 낮아 보인다. 아일랜드 통합을 전략적 우선순위로 삼는 주요 야당 신페인당(Sinn Féin) 등이 아일랜드 통일 문제를 다루는 시민의회를 소집할 것을 요청하기도 하였다.

현재까지 진행된 6개 프로세스를 통해 약 340개의 개별 권고안이 도출되었으며, 그중 일부는 헌법 또는 정책의 변화를 가져왔다. 가장 중요한 예는 2016~2018년 시민의회의 결과로, 아일랜드에서 낙태를 허용하는 내용의 개헌을 제안했다. 당시 낙태는 1983년 국민투표에 의해 헌법적으로 금지된 상황이었다. 이 시민의회는 새로운 국민투표에서 시민들에게 던져야 할 질문(의회가 이 문제에 대해 자유롭게 입법할 수 있도록 헌법을 바꾸는 문제)을 제안했을 뿐만 아니라, 낙태를 허용해야 하는 상황에 대한 세부사항을 제시하는 데에도 영향력이 있었다.

현재까지 아일랜드 시민의회의 가장 주목할 만한 결과는 다음과 같다.

- 6개의 국민투표 중 3개는 가결되었고(낙태, 신성모독, 동성결혼) 나머지 3개는 부결(대통령 연령 제한, 가족, 돌봄)
- 다른 국민투표 약속(투표 연령, 비거주 시민에게 대통령 선거에 투표권 부여, 더블린 시장)
- 아일랜드 의회에서 기후 비상사태 선포
- 주요 의회 개혁

4. 벨기에의 상설 시민의회

벨기에의 르샹 교수는 20대였던 2011년, 벨기에 시민의회 운동의 시발이 된 G1000 운동의 기획 단계부터 적극 가담하기 시작했다. 그의 박사학위 논문 주제가 심의 민주주의였다. G1000이 열렸을 때 패럴 교수는 해외 자문단의 일원으로 브뤼셀로 초청을 받았다. G1000이란 1000명의 시민대표를 추첨으로 선발하여 당시 벨기에 정치위기의 극복 방향을 논의했던 시민정치 플랫폼을 말한다. 여기서 G는 G7(선진7국 정상회담), G20 등의 용어에 쓰이는 Group에서 따온 말이다. '국가 정상들만 G가 아니고 일반 시민도 G가 될 수 있다, 일반 시민 1000명이 모이면 이것이 또한 G1000이다'라는 뜻이다. 다만 G1000은 누구에게나 공평한 기회가 있다는 취지에서 시민의회 방식으로 선발했다.

이 G1000을 발판으로 벨기에 시민의회가 뿌리를 내리게 된다. 벨기에는 불어권, 네덜란드어권, 독일어권이 공존하는 지역연합국가로서 6개의 지역 의회가 공존한다. 한국의 지방의회와 다르다. 벨기에의 6개 의회는 각각 자신의 지역 주권 영역이 있다. 벨기에는 의회 내에 상설 시민의회를 두어 필요 사안에 대해 선출 의원들과 상시적인 논의를 가능하게 하는 새로운 영역을 열어가고 있는 것으로 유명하다. 2019년 독일어권인 동벨기에 의회 내에 최초로 시민의회 방식으로 '상설 시민대화'를 설치한 이후 이것이 점차 여타 5개 의회로 확산 중이라고 르샤 교수는 이번 심포지엄에서 보고했다. 오늘날 벨기에는 아일랜드와 함께 시민의회가 가장 안정적으로 정착한 나라다.

5. 아이슬란드의 충격

과연 유럽에서 온 이들이 어떤 경로로 시민의회라는 새로운 실험의 선구자가 되기에 이르렀을까 궁금했다. 답은 같았다. 우선 2008년 미국발 금융부도 사태였다. 그로 인해 유럽 여러 나라의 경제와 정치가 크게 흔들렸다. 지금까지 자명한 것으로 받아들여 온 경제와 정치제도에 대한 근본적인 재고가 시작되었다. 둘째, 두 사람 모두 아이슬란드의 시민행동이 큰 자극이 되었다고 했다.

아이슬란드는 미국발 금융위기의 타격이 유난히 컸다. 2000년 초반부터 미국발 신자유주의 금융정책을 적극 채택하여 한때 유럽의 자유금융 중심지의 하나로 부상했던 나라다. 그런 까닭에 미국 리먼브라더스의 부도가 준 타격이 컸다. 아이슬란드 3대 국책은행이 바로 채무불이행을 선언했고, 나라는 IMF의 구제금융을 받게 되었다. 정부가 무책임한 금융권과 공모 관계였음이 드러났다. 국민들은 분노했다. 많은 사람들이 직장과 소득을 잃고 생활고에 시달렸다. 2008년 겨울부터 대규모 규탄 시위가 시작되어 다음 해까지 이어졌다. 아이슬란드 역사상 최대 군중이 모였을 뿐 아니라 가장 오래 지속되었던 시민집회들이었다고 한다. 아이슬란드의 혹독한 겨울 추위에도 이들은 계속 모였다. 주부들이 냄비와 프라이팬을 들고나와 두들겼다. 2009년 봄, 정부가 무너지고 새 정부가 세워졌다. 그래서 이를 '냄비 혁명(Pots and Pans Revolution)'이라고 한다.

정부가 무너진 데 그치지 않았다. 시민들은 엉망인 나라를 세우려면 새 헌법이 필요하다고 생각했다. 2009년 가을 시민단체가 주도하여 시민의회 방식으로 1500명의 시민을 선발하여 '국민회의'를 열었다. 이 행사의 취지에 공감한 새 정부가 2010년 6월 시민의 입헌주도권을 인정하는 법률을 통과시켰다. 그 법안에 따라 무작위 선발 방식으로 같은 해 11월 950명의 '전국포럼'이 소집되어 새 헌법안의 기본방향을 논의하여 그 결과를 권고안, 보고서, 청사진으로 제출했다. 이어 전문가와 일반인으로 구성된 위원회가 이 초안을 다듬었다. 이 과정에 국민 의견에 대한 12차례의 크라우드소싱이 이뤄졌다. 인터넷과 각종 SNS, 우편과 직접 방문 전달까지 모든 통로가 허용되었다.

그 결과 성안된 새 헌법안이 2012년 국민투표에 붙여 3분의 2 이상의 지지를 확보했다. 그러나 대법원과 의회 반대파는 그 과정에 위법성이 있다고 시종 버텼다. 결국 의회는 개헌안을 보류했고, 지금도 보류 상태다. 아이슬란드 현행 헌법(1944년 헌법)은 의회에 의해서만 개정될 수 있기 때문이다.

결과만 보고 실패였다고 할 수는 없다. 사실상 모든 국민에게 열린 크라우드 소싱 헌법안 창출 과정이 많은 사람들에게, 특히 같은 지역의 많은 유럽인들에게 큰 충격과 영감을 주었다. 패럴, 르샹 두 교수도 마찬가지였던 것이다. 그 충격과 영감이 아일랜드에서는 이미 저명한 중견학자 패럴 교수를 아일랜드 헌법개정 시민의회의 주도자로 만들었고, 벨기에에서는 젊은 르샹이 이 주제로 박사학위 논문을 쓰고 이후 벨기에 시민의회 운동의 이론가가 되도록 한 셈이다.

6. 한국에서의 시민의회

아이슬란드 사례는 한국의 촛불집회를 떠올리게 한다. 이유야 달랐지만 나라가 뒤집힌 상황에서 시민의회 논의가 나왔다는 점에서 같다. 이 사연은 나와《녹색평론》의 김종철 선생님과의 인연과도 결부되어 있다. 박근혜 퇴진 요구가 급격히 높아지고 있던 2016년 12월 2일, 6차 촛불집회를 앞두고 YMCA 전국연맹 건물에서 여러 시민단체가 공동 주최한 '박근혜 이후, 새로운 정치 체제를 위한 간담회'가 열렸다. 이날 기조 발제자로서 나는 '탄핵은 국회에서 하고, 개헌은 시민의회에서 하자'고 제안했다. 시민의회 방식을 설명하고 이런 방식의 개헌이 지금 이 순간 아일랜드에서 진행 중이라는 사실도 알렸다. 2016년 11월부터 사단법인 다른백년 홈페이지를 통해 주장해 왔던 내용이었다.

나는 이 자리에서 김종철 선생님을 처음 뵈었다. 2011~2012년《녹색평론》에 '비서구민주주의' 시리즈를 열 번에 걸쳐 기고한 적이 있어 서로 잘 알고 있었지만, 직접 만난 것은 그 자리가 처음이었다. 당시만 해도 시민의회라는 제도가 익숙하지 않았던 때였기 때문에 참석자들로부터 의문과 반론도 있었던 것으로 기억한다. 그때 참석하셨던 김종철 선생님이 아주 세게 찬성토론을 해주셨다. 바로 그 전날《한겨레》신문 오후판에 〈시민의회를 생각한다〉는 칼럼을 쓰셨다는 것은 나중에야 알게 되었다. 나는 2005년부터 시민의회를 주제로 논문, 저서 등을 발표해 왔고, 여러 새로운 제도적 실험들에 대해 밝으셨던 김 선생님도 시민의회 논의를 일찍부터 알고 계셨다.

'헌법개정 시민의회'라는 발상은 이후 여러 언론 보도와 기고, 토론회, 기자회견 등을 통해 빠르게 확산되었고, 탄핵 이후 대선 국면에서도 영향력을 발휘하여 2017년 4월 문재인, 안철수, 심상정 세 대통령 후보가 '헌법개정 시민의회' 또는 '국민참여개헌기구'를 통한 개헌을 공약하게 되었다. 이후 당선된 문재인 대통령은 2018년 3월 자신의 개헌 공약 준수를 위해 몇 차례 약식 '숙의형 개헌토론회'를 거쳐 대통령 발의 헌법개정안을 국회에 제출한 바 있다. 그러나 그것은 약식 토론회였지 시민의회라고 보기 어려운 것이었다. 더구나 이 개정안은 국회에서 다수파인 야당의 무시로 본회의 표결에서 '의결정족수 미달'로 기각되고 말았다.

제대로 형식을 갖춘 한국 최초의 전국형 시민의회의 실험은 2017년

7월~10월간 열린 '신고리 5, 6호기 공론화위원회'였다. '공론화위원회'라는 이름으로 소집되었지만, 위원 선출 방식과 회의 운영 방식은 이미 여러 나라에서 표준화된 시민의회 방식을 그대로 도입했다. 이후 2022년 봄까지 문재인 정부 4년은 가히 '공론화위원회 러시'라고 할 만큼 많은 공론화위원회가 중앙과 지방의 정부 주도로 열렸다. 긍정적으로 평가되는 사례들도 적지 않지만, 전반적으로 정부의 정책적 필요에 따라 시민의회 방식을 맞춤형으로 활용하는 수준에 머물렀다. 의제 선정과 진행 과정에서 시민사회의 주도성은 매우 약한 수준이었다. 그것조차 새 정부 들어서는 현저하게 퇴화 중이다. 올해 열린 '연금개혁 공론화위원회'에서 시민사회의 주도성은 완전히 실종되었고, 그런 식

사진 5 프랑스는 2019년, 성별·연령·지역 등 인구 대표성을 반영한 무작위 추첨으로 선발된 150명의 시민으로 기후시민의회를 구성해 약 9개월간 기후변화 대응 방안을 논의했다. (출처: 프랑스 시민기후협의회)

으로 얻은 결과마저 여야 합의 불발로 유야무야되었다.

한국에서의 시민의회는 다시금 새출발해야 한다. 지난 촛불혁명에서부터 지금까지 무엇이 부족했던지부터 잘 복기해 볼 필요가 있다. 아이슬란드와 아일랜드의 시민주도 헌법개정 과정도 다시 살펴보자. 이제 시민의회는 프랑스와 같이 한국보다 인구가 많은 나라에서도 성공적으로 정착했다. 프랑스는 2018년 정부 주도로 전국적으로 무려 1만 회의 시민의회를 개최했고, 2019～2020년에는 기후위기 대응 시민의회가 열렸다. 이런 규모의 국가에서 전 국민이 주요 의사결정에 알차게 참여할 수 있음을 입증했다.

시민의회의 잠재력은 매우 크다. 현재 세계적으로 표준화되어 있는 헌법 체계가 유럽이나 미국에서부터 많은 한계를 드러내고 있기 때문이다. 한국은 물론 더욱 그렇다. 현재의 권력체제와 사법체제, 언론체제, 경제체제에 답답함과 억울함을 느끼는 분들이 많다. 시민의회는 그렇게 봉착한 한계에 실현 가능한 보완 방법을 제시해 준다. 다양한 영역에서 막힌 곳을 뚫어줄 방법이 될 수 있다. 작고하신 김종철 선생님도 시민의회가 그렇게 발전해 주길 바라셨을 것으로 안다.

《녹색평론》, 2024. 8. 6.

'1%의 생존이 99%의 생존에 우선한다'는 이상한 확신

과학기술주의의 편향적 맹신에 대한 심각한 우려

1.

수는 인간의 이성적 능력의 꽃이라고 하지만, 잘못 적용하면 인간의 이성적 능력을 마비시키는 마취제가 될 수도 있다. 닉 보스트롬(Nick Bostrom)이라는 옥스퍼드의 철학자가 〈실존적 위험 예방을 세계적인 우선순위로〉라는 논문에서 들고나온 수의 논리를 예로 들어보자.

> 우리의 행성이 최소 다음 억년 동안 거주 가능할 것이며, 최소 일억 명의 사람이 지속 가능하게 살 수 있다고 가정하면, 최소 10^{16}개의 인간 수명이 가능하다. … 그러나 의미 있는 수는 지구에 얼마나 많은 사람이 살 수 있는지가 아니라, 총계로서 우리가 가질 수 있는 후손의 수이다. 현재의 우주론적 추정을 기반으로 하는 미래 접근 가능 우주에서의 생물학적 인류 존속의 하한은 10^{34}년이다. 미래의 마음이 주

로 생물학적 신경망 하드웨어가 아닌 컴퓨터 하드웨어에 구현될 것이라고 가정하는 다른 추정은 인간 뇌 에뮬레이션 존재의 존속기간을 10^{54}년으로 하한을 제공한다. 덜 보수적인 가정을 하면 미래 문명이 알려진 물리학의 절대 한계에 가까이 다가갈 수 있을 것이라고 가정할 때(아직 상상조차 할 수 없는 기술을 사용), 계산과 메모리 저장이 가능한 양과 실현 가능한 주관적 경험의 연수에 대해 극단적으로 높은 추정치를 얻게 된다. 심지어 이러한 추정치 중에서 우주 정복과 소프트웨어 마인드의 가능성을 완전히 무시하는 가장 보수적인 기준을 사용하더라도, 실존적 재앙으로 인한 예상 손실이 (이후 1억 년간 지구에 존재할) 10^{16}명의 인간 생명의 가치보다 막대하게 크다는 것을 알 수 있다.

10의 승수 증가는 마술과 같다. 100조(10^{14})가 1000조(10^{15})로 되면 10의 승수가 하나 더 붙은 것에 불과해 보이지만, 그 증가 폭은 999조다. 여기서 0 하나씩 더 붙으면 까마득해진다. 그런데 10^{34}~10^{54}년 이후라니. 또는 그보다 더 먼 미래라니. 그 수에 대한 인간의 실감은 마비되어 사라져 버린다.

문제는 보스트롬이 그렇듯 실감하기 어려운 막대한 크기의 시간 안에 존재할 인간의 수를 '가치화'시키고 있다는 사실이다. 마술의 2단계다. 십의 몇십 승이라는 시간 단위에서 산출된 인간(또는 AI 인간)의 수는 현재의 '고작' 몇십억(10^9에 불과하다)의 인류의 수보다 막대하게 크다. 보스트롬은 그 수의 크기 차이를 윤리적 가치의 크기 차이로 바꿔친다. 무한한 미래 시간까지 존재할 인간 수 전체에 비하면 지금 살아있는 인간의 수는 너무나 하찮은 것이 되어버린다. 실로 마술적 결론이다.

과연 그럴까. 정신을 차리고 현실로 돌아와 예를 하나 들어보자. 많은 이들이 기후위기를 현재 인류가 당면한 가장 큰 실존적 위험이라고 생각한다. 따라서 화석에너지 문명을 재생에너지 문명으로 전환하는 것이 인류의 사활을 건 관건적 주제가 되고, 그 전환에 정책과 투자에 우선순위를 두어야 한다는 주장이 힘을 얻고 있다. 그러나 보스트롬식의 사고법에서는 이야기가 완전히 달라질 수 있다. 앞으로 최소한 1억 년 이상 후에 인류가 우주로 진출할 준비가 오늘날 가장 중요한 문제가 된다.

현재의 기후위기에 대한 인류의 지지부진한 대응 수준을 보면 머지않아 곧 인류의 상당수가 커다란 타격을 받게 될 것이 분명하다. 그러나 보스트롬에게는 그보다 훨씬 중요한 (가치 있는, 윤리적인) 문제가 있다. 기후위기 예방은 우주 진출 준비보다 결코 우선적인 일이 될 수 없다. 설사 기후위기로 이후 몇백 년 동안 인류의 90%가 사망하게 될 것이 확실하게 되더라도 그렇다. 우주 진출의 먼 미래 준비에 집중하는 10%의 생존이 더욱 중요하다.

90%와 10%가 아니라, 99%와 1%라고 상정해도 마찬가지다. 앞서 인용한 부분 바로 앞에 보스트롬은 옥스퍼드의 선배 철학자 데릭 파피트(Derek Parfit)가 1980년대에 썼던 다음과 같은 대목을 인용한다. 파피트는 묻는다. 다음 세 가지 중 무엇이 가장 나쁜가?

1. 평화
2. 세계의 기존 인구 99%를 죽이는 핵전쟁

> 3. 100%를 죽이는 핵전쟁
>
> 2는 1보다 나쁘며, 3은 2보다 나쁘다. 이 두 차이 중 어느 것이 더 큰가? 대부분의 사람들은 1과 2 사이의 차이가 더 크다고 생각한다. 하지만 나는 2와 3 사이의 차이가 훨씬 더 크다고 믿는다. 지구는 최소 다음 일억 년 동안은 거주 가능할 것이다. 문명은 몇천 년 전에 시작되었다. 우리가 인류를 파괴하지 않는다면, 이 몇천 년은 인간 문명 역사의 아주 작은 부분에 불과할 것이다. 2와 3 사이의 차이는 따라서 이 작은 부분과 나머지 역사 전체 사이의 차이일 수 있다. 우리가 이 가능성 있는 역사를 하루로 비교한다면, 지금까지 발생한 일은 단지 일 초의 작은 조각에 불과하다.

간단히 말하면 이렇다. 지금 당장은 인류의 99%의 죽음이 더 큰 사건 같아 보이지만, 먼 미래를 생각하면 남은 1%가 무엇을 준비하며 살아남는가가 더욱 중요하다.

보스트롬은 파피트의 논리를 따르되 더 강하게 전개했다. 지구에서 생존 가능할 1억 년을 넘어 훨씬 더 먼 미래를 생각해야 한다. 10^{34}년, 10^{54}년 아니 그보다 더 먼 이후까지의 미래 인류를 고려해야 한다. 이 논리를 따라가면, 기후위기 대응은 더더욱 하찮은 문제가 된다. 인류에게는 기후위기 대응보다 훨씬 더 중요한 문제가 있기 때문이다. 우주 진출의 미래를 준비하고 우주에서도 생존 가능할 인간 변형의 기술 개발에 전력하는 일이다. 설사 기후위기로 몇백 년 안에 인류의 99%가 사망하게 된다고 하더라도 우주 진출의 미래를 담보할 수 있게 하는, 그런 먼 미래의 준비에 매진하는 1%의 생존이 더욱 중요하다.

2.

이런 끔찍한 추론을 가능하게 하는 근거가 무엇일까? 우주 만물의 기본 원리는 오늘날에나 무한한 미래에나 불변할 것이라는 믿음 때문일 것이다. 그렇기에 현재의 인간 조건과 무한한 미래의 인간 조건을 동일 논리로 추론한다. 여기서 인류 1%의 생존을 확실하게 담보해야 할 선택이 인류 99%의 사멸을 방지하기 위한 선택보다 압도적으로 '윤리적'이라는 이상한 계산과 괴이한 확신이 나온다. 탁월한 1%의 생존이 평범한 99%의 생존보다 더 가치 있다는 괴이한 파시스트 윤리가 탄생하는 극적인 순간이다.

막대한 척도를 동일성으로 묶어내는 이 '불변의 법칙'을 의심해야 한다. 먼저 척도는 그것이 적절히 작동하는 각개 영역들로 구분해야 한다. 뉴턴 역학이 작동하는 척도 영역과 빛의 속도와 중력이 작동하는, 거시적 상대성 이론이 작동하는 척도 영역은 다르다. 양자역학이 작동하는 미시적 척도 영역도 물론 다르다. 수학-물리학의 척도와 역사학-윤리학의 척도는 크게 다르다. 자연계든 인간계든 우주 자체든 실제 현상은 이러한 여러 척도 영역의 맞물림 속에서 발생한다. 그 맞물림 속에서 변화와 새로운 현상이 발생한다.

보스트롬의 우주에는 그런 변화와 새로움에 대한 고려가 없다. 모든 것이 미리 다 결정되어 있다고 믿기 때문이다. 심지어 보스트롬은 인류사가, 당신의 오늘 하루가, 어느 미래 초지성이 설계해 놓은 시뮬레이션일 수 있다는 충격적인 주장도 내놓은 바 있다. 그러나 인류의 역사는 그침 없었던 변화와 새로움에 대한 대응의 역사였지 미리 결정된 대본에 따라 산 꼭두각시의 역사가 아니었다.

우주의 역사에 영구불변의 유일 법칙이 존재할 것이라는 믿음 자체가 근거 없는 것 아닐까? 우주 만물은 시간 속에서 변한다. 이전 우주와 이후 우주 역시 그렇다. 이 원리야말로 유일하게 영구불변일 것이다. 이를 확고하게 입증하는 과학이 진정한 미래의 과학일 것이다.

《내일신문》, 2024. 8. 30.

한국 시민의회의 흐름과 세계적 쟁점

1. 한국 시민의회의 흐름

한국에서 시민의회 논의는 세계의 큰 흐름과 같이하지만 동시에 한국 정치의 고유한 맥락 속에서 전개되어 왔다. 1987년 민주화 이전의 한국의 정치상황은 '대의 민주주의의 한계'를 논한다는 것 자체가 지적 사치로 느껴질 만큼 대의 민주주의의 기본부터 제대로 시행되지 못하는 상태였다. 당시에는 우선 대의 민주제의 완성이 목표일 수밖에 없었다. 그러다 1987년 대통령 직선제를 통해 '민주화'를 이루고, 이어 1998년 최초로 야당이 집권에 성공함으로써, 세계적 차원에서도 한국에서의 형식적 민주주의 또는 대의 민주주의의 외적 형식은 완성된 것으로 평가받게 되었다. 이러한 새로운 상황 속에서, 최초로 야당이 집권한 '민주정부'의 경험을 통해서야 비로소, 한국에서 대의 민주제의 한계에 대한 인식과 이를 극복하는 방법에 대한 실제적 모색이 시작될 수 있었다.

1997년에서 2007년까지 '민주정부 10년'의 경험에서 주목할 점은, 형식적 민주주의가 이제 거의 완성된 것으로 보이는 상황에서, 대형 사회갈등이 오히려 더 크게 부각되는 것처럼 보였다는 사실이었다. 의약분업 파업(2000년), 새만금 개발 반대(2000년), 위도 핵폐기물 처리장 문제(2003년), 대통령 탄핵 문제(2004년) 등이 그러했다. 이러한 문제를 겪으면서 단지 기존의 교과서적인 대의제의 완성을 넘어서는 새로운 과제가 제기되고 있다는 문제의식이 제출되기 시작했다. 이때 비로소 기존의 표준적 대의 민주주의에 참여(participation), 결사(association), 심의(deliberation) 민주주의 요소를 가미하여 민주주의의 틀 자체를 확장하자는 제안이 한국에서 나올 수 있었다(2004~2005년).

그러나 첫 제안 이후 10여 년 동안 한국에서의 시민의회론은 뚜렷한 반응을 끌어내지 못했다. '비현실적인 논의'라는 반응이 대체적인 분위기였다. 그러나 이 기간에도 소수의 연구자들은 이 주제에 관해 꾸준히 논문과 저서를 냈다. 이 기간 참여정부의 사법개혁 노력이 국민참여재판제 도입으로 나타난 것은 '시민심의제도'의 인식 확장을 위한 중요한 일보가 되었다. 2008년의 촛불집회 때 시민 항의의 지속성 담보를 위해 시민의회와 같은 기구가 필요하다는 제안이 일부 학자와 활동가들에 의해 제기된 바 있다. 일부 시민운동가들과 진보정당 활동가들은 각종 시민 정책 토론패널과 대의원 구성, 정당 공천에 시민의회적 방법을 적용하기도 했다. 시민 참여 확대를 모색하는 일부 지방자치단체 민선 수장들이 지자체 정책 수립과 평가 과정에 시민의회적 방법을 응용하기도 하였고, 일부 지역사회 갈등 해결에 시민배심원이나 공론조사 방법이 적용되기도 하였다. 그러나 그동안은 이러한 흐름이 한국 사회에서 큰 사회적 여론을 형성했다고 보기 어렵다.

한국 민주주의의 특징은 마그마처럼 억눌렸던 민의가 주기적으로 폭발한다는 점에 있다. 1987년의 '민주화' 대분출 이후 그에 비견되는 사태는 2016~2017년의 촛불혁명이었다. 2016년 말~2017년 초, 정세의 급격한 변동을 주도하던 '탄핵 촛불 공론장'의 여론이 시민의회 발상을 받아들이면서 상황은 크게 변하기 시작했다. 당시 탄핵 운동에 맞서 탄핵을 저지하려는 쪽에서는 '개헌론'을 띄우고 있었는데, 국회 개헌 논의로 탄핵 논의를 잠재우려는 의도가 있었다. 그러던 2016년 11월에서 2017년 4월에 이르는 동안 '탄핵은 국회에서 하고, 개헌은 시민의회에서 하자'는 제안이 촛불 공론장에서 큰 주목을 받게 되었다. 메시지가 당시 촛불 공론장의 여론 요청과 잘 맞았고 한국에서도 (비록 소수 연구자에 국한되어 있었지만) 시민의회론이 이미 이론적으로 잘 정립되어 있는 상태였기 때문에 당시 상황에서 시민의회의 역할을 알기 쉽게 설명할 수 있었다(이 책 4부의 글들). 또한 당시 아일랜드 헌법개정 시민의회가 소집되어 활동 중이었기 때문에 시민의회의 제도적 현실성을 구체적으로 전할 수 있었다. 이 글들은 활발해진 SNS를 통해 빠르게 확산되었고, 여러 '시민의회론자'들이 가담하였으며, 진보적 매체들도 적극적으로 호응하였다.

이렇듯 촛불 공론장에서 힘을 획득한 시민의회론은 문재인, 안철수, 심상정 세 대통령 후보로 하여금 '헌법개정 시민의회 또는 국민참여개헌기구를 통한 개헌'을 공약하도록 할 수 있었다. 일부 야당 의원들은 국회와 시민의회가 함께 하는 〈개헌절차법〉을 발의한 바도 있다. 이후 문재인 대통령은 공약 준수를 위해 몇 차례 약식 '숙의형 개헌토론회'를 거쳐 대통령 발의 헌법개정안을 국회에 제출한 바 있다. 또한 임기 중 70여 차례의 공론화위원회를 개최하여 시민의회 방식을 적극 수용하였다. 윤석열 정부 들어 그 빈도는 크게 줄어들었으나 2024년 초 국회에서 연금개혁 공론화위원회를 출범시킨 것에서 보듯 그 흐름은 이어지고 있다.

지금까지 해외에서 성공적인 사례의 시민의회와 비교할 때, 한국에서의 '공론화위원회' 실험은 정부가 주도하는 정책 논의에 시민의회 방식을 축약적 방식으로 결합시키는 수준에서 이뤄져 왔다고 볼 수 있다. 따라서 시민주도 방식으로 주요 헌법 조항과 주요 국가 정책을 심의하고 변경하는 '민주적 혁신'의 수준에는 아직 미치지 못하고 있다. 앞으로 한국에서 시민의회의 발전 경로에 남은 과제다.

2. 시민의회론의 쟁점: 민주적 대표성의 범위(scope of democratic representativity)

'대의 민주주의의 한계와 위기에 대한 인식'으로부터 출현하게 된 시민의회에 대한 쟁점은 시민의회의 대표성(representativity of the Citizens' Assembly)의 수준에 관한 것으로 모아진다. 그 한계와 위기에 대한 인식 정도에 따라 대응 방식과 수준 역시 다양한 스펙트럼을 보인다.

우선 현존 표준 대의제 민주주의의 한계나 위기 자체를 부정하는 입장도 엄연히 존재한다. 이런 시각에서 보면 현재의 대의 민주주의가 특별한 위기 상태에 있다고 볼 수 없다거나, 혹은 오히려 현행 민주주의 지표로 볼 때 역대 최고 수준에 있다고까지 주장한다. 그러나 이렇듯 문제 자체를 전면 부정하려는 현상 합리화 주장들은 정치적, 경제적 양극화와 파열이 심해지고 있는 상황에서 널리 받아들여지기 어렵다. 위기 부정의 태도는 대의제 정치가 현실적인 상황 판단력을 잃어버리고 전면적 무기력과 파탄에 이르렀기 때문에 선거 자체를 폐기할 것을 고려해야 한다는 또 한편의 극단적인 주장으로 이어지기도 한다. 파국적 양극화에 대한 연구는 많지만, 지난 40년간 대표적인 대의 민주제 국가인 미국에서 국민 일반의 정책 선호와 국가의 법률 사이의 상관관계가 거의 없었고, 다만 상위 10% 층의 정책 선호와만 상관관계를 찾을 수 있을 뿐이었다는 충격적 연구 결과는 비단 미국에만 국한되지 않을 것이다.

이러한 현실을 인정한다면, 현행 대의제 비판 자체를 부정하는 태도나 정치적 대표제 자체 즉 일체의 대의적 민주제를 부정하는 반응보다는, 세계의 상황 변화에 따라 정치적 대표제가 여러 가지 다양한 모습으로 확장되어 표출되고 있다는 지적이 설득력 있어 보인다. 이렇게 볼 때 민주주의 확장으로서 세계적인 시민의회 현상의 실체가 잘 포착될 수 있다.

민주적 대표성 확장으로서 시민의회 운동은 여러 수준의 다양한 모습으로 드러난다. 아일랜드와 아이슬란드 헌법시민의회와 같이 헌법을 개정하거나 제정하는 데서 한국의 공론화위원회와 같이 중앙과 지방정부의 정책에 시민의회적 방식의 자문과 권고를 하는 것까지 넓은 스펙트럼을 볼 수 있다. 시민의회 합의의 법적 결정성과 구속력 수준도 다양하다. 아울러 시민의회가 사안에 따른 비상설 기구인가 혹은 법적 상설 기구인가의 차이도 존재한다. 현재까지는 전자가 다수이지만 동부 벨기에의 경우와 같이 항시적 법안심의 시민의회를 상설화시킨 사례(Ostbelgiel Modell)도 출현하고 있음을 주목한다. 이 같은 방식은 프랑스, 미국 캘리포니아, 오리건주, 그리고 핀란드 등에서도 시험 중이다.

아울러 시민의회 운동을 민주적 대표권의 확장으로 보게 되면, 시민의회 운동을 무작위 추첨으로 구성된 단위로만 한정할 필요도 없게 된다. 이미 세계적으로 주목받고 있는 시민참여예산제와 같이 (주로 지방정부 차원에서) 주민들의 참여가 자유롭게 열려 있는 '자발적 자기대표제(voluntary self representation)' 역시 민주적 대표성 확장의 한 흐름으로 볼 수 있다. 이러한 흐름은 동서의 역사를 통해서 넓게 관찰할 수 있다. 또한 일부 구미 정당에서 채택하고 있는 대표권 유동위임제(liquid representation)와 유권자 전체에게 인터넷과 이메일 등을 통해 정책 제안의 창구를 넓게 여는 제도도 크게 보아 시민의회 운동에 포함시킬 수 있다.

끝으로 우리는 이렇듯 다양하게 나타나고 있는 민주적 대표권의 확장 현상이 최근 세계적 화두로 대두한 평화적 '문명전환'의 요청과도 긴밀히 결부되어 있음에도 주목한다. 자원, 생태, 기후위기와 AI 혁명이 공론장의 부정적 변형으로 나타나는 현상, 그리고 핵전쟁의 가능성을 높이는 파국적 군사적 충돌 현상으로 대표되는 문명적 위기 현상은 정치적 대표권이 소수 상층이 독점한 현상과 무관하지 않다. 이러한 문명적 위기상황에 임하여 시민의회 운동은 정치적 대표권을 수평적으로 확장함으로써 대결적 문명에서 공존적 문명으로의 문명전환에 중요한 정치적 역할을 해낼 수 있을 것으로 기대한다.

시민의회 국제심포지엄, 2024. 5.

✦

민주주의 세계 첨단이 된 시민의회

2024년 5월 8일. '시민의회' 국제심포지엄이 한국 광화문 프레스센터에서 열린다. 세계 민주주의 역사에 새바람을 일으키고 있는 '시민의회'의 현황과 비전을 알리는 학술 행사다. 지금까지 시민의회(Citizens' Assembly)가 시행된 나라는 동서를 가로질러 이미 아주 많다. 프랑스, 미국, 캐나다, 덴마크, 아일랜드, 벨기에 등 여러 나라의 사례가 그 나라에서 온 학자와 정치인에 의해 소개된다. 한국에서의 경험과 사례도 물론 보고된다. 시민의회는 이제 세계정치의 첨단현상이 되었다. 이 행사를 위한 재원 마련도 시민 크라우드 펀딩으로 진행하고 있다. 이 역시 시민의회 방식이다.

'세계 첨단', 이런 말을 개인적으로는 별로 선호하지 않는다. 유행과 무관한 깊은 진실이 있다고 믿는다. 그러나 내 자식이 지금 어떤 분야의 '세계 첨단'이 되었다면 그건 또 다르다. 힘껏 응원해 주고 싶은 것이 부모의 마음이다. 나에게 '시민의회'는 자식과 같다. 사연이 있다. 근 20년 전(2004~2006년), 몇 개 논문을 통해 당시까지는 '세상에 없던' '이상한' 정치제도를 제안했었다. 그것이 '시민의회'였다. 머리로 낳았던 자식인 셈이다. 그런데 그 제도가 20년 후 한국만이 아니라 전 세계적으로 훌륭하게 성장한 것을 바라보니 흐뭇하다.

그 역사에는 굴곡이 있었다. 내가 한국에서 '시민의회'를 제안한 이후 10여 년 동안 오현철, 이지문 교수 등을 제외하면 반응을 크게 얻지 못했다. 2009년 그 생각을 《미지의 민주주의》라는 책으로 냈을 때도 마찬가지였다. 깊은 침묵의 시간이었다. 최소한 한국에서는 그랬다. 그러다 2016~2017년 한국에서 '촛불혁명'과 함께 '시민의회'에 대한 관심이 기적처럼 다시 살아났다. 촛불 직전 출범한 '다른백년' 홈페이지에 올렸던 10여 개의 시민의회 칼럼의 위력이 컸다. 글을 띄우자마자 매분 수백 개 단위로 조회수가 올라가는 흥분되는 경험을 했다. 촛불 당시 정세 변화는 매우 빠르고 급박했다. 그러나 충분히 준비되어 있었기 때문에 그때그때 맞춤형으로 대응하는 글을 쓸 수 있었다. 또한 정말 우연찮게 당시 아일랜드에서 '헌법개정 시민의회'가 개최 중이라는 사실도 겹쳤다. 2016년 12월에는 한 주에 세 개의 칼럼도 썼다(이 책 3부의 글 참고). 그러면서 여러 곳에서 시민의회 논의가 활발해졌다. 학계가 아니라 촛불 광장에서 살아난 셈이다.

그래서 결국 당시 대선 후보 문재인, 안철수, 심상정 3인이 시민의회를 통한 (또는 국민참여 기구를 통한) 개헌을 약속하지 않을 수 없게 되었을 정도였다. 그만큼 반응이 컸고 그에 따라 밑으로부터의 압박도 컸다. 대선 후보들도 그 사실을 잘 알고 있었다. 문재인 전 대통령은 취임 이후 그 발상에 맞춰 수십 차례 '공론화위원회'를 소집하기도 했다. '공론화위원회'란 '시민의회'의 한국형 번안 이름과 다르지 않다. 비록 여소야대 국회에서 통과는 불가능했지만, 문 대통령 스스로 개헌안을 시민의회 방식을 약식이나마 원용하여 국회에 상정하기도 했다.

그러나 이후 세월은 흘러 2022년 대선 이후 그 촛불은 흔들리는 듯해 보인다. 겉보기엔 그렇다. 그러나 촛불은 여전히 지속 중이다. 이번 한국에서 열리는 '시민의회 국제심포지엄'도 그 한 증거라고 생각한다.

현재 '교과서'가 되어 있는(즉 '교조화'되어 있는) 민주주의 체제, 이념, 정당성의 핵심 근거는 1) 기본권의 체계, 2) 선거를 통한 대표성, 이 두 축이다. 이 교조에 따라 민주주의라는 집이 이미 완성된 것처럼 어릴 적부터 학교에서 배운다. 그래서 이 집을 개보수하고 증축하자고 하면 한국에서는 흔히 무슨 딱지를 붙인다. 빨간 '빨갱이' 딱지다. 참으로 한심하다.

그러나 이제 전 세계가 '민주주의의 위기'를 말하고 있다. 우리가 아는 민주주의, 완성되어 있는 것이 정말 맞나? 그렇다면 왜 터무니없는 사람들이 민주주의의 이름으로 선출되어 대표권을 독점하고 권력을 휘두르며 말도 안 되는 망발을 일삼는가? 동서가 같은 질문을 하고 있다. 우리가 뭔가 속고 있는 것 아닌가?

20년 전 나의 문제의식은 이랬다. 1) 기본권의 체계는 훌륭하다. 그런데 그 대표성이 2) 선거로만 제한되는 것은 문제가 있다. 1)을 전면적으로 구현하기 위해서는 2)의 대표성이 확장되어야 한다. 당시 소장 학자 시절 독일의 위르겐 하버마스나 미국의 존 롤스와 같은 훌륭한 사상가들의 책을 많이 읽었다. 그런데 읽을수록 부족하게 느껴지는 것은 1)과 2)의 불균형, 괴리가 갈수록 심해지고 있는 현실에 대해 딱

부러지는 처방을 내지 못하고 있었기 때문이다. 분명히 알만한 분들인데, 이 문제에 대해 애매한 변죽만 올리고, 해법을 내놓지 않았다. 아니 그 문제 자체는 건드리지를 않고 있었다. 분명한 한계로 보였다. 그 분들이 하지 않으면, 또는 못하면 후학들이 해야 한다. 그런 생각이었다. 그래서 20년 전 썼던 '시민의회' 제안은 하버마스, 롤스의 생각에서 '일보 전진'이었다. 그분들은 1)에 대해서는 많이 이야기했다. 그러나 2)의 한계에 대해서는 거의 이야기하지 않았다. 1)의 구현을 위해서는 2)의 확장이 필연적이다.

시민의회 발상의 핵심은 간단명료하다. 우리 헌법 제1조 1, 2항 "① 대한민국은 민주공화국이다. ② 대한민국의 주권은 국민에게 있고, 모든 권력은 국민으로부터 나온다."의 실제적 구현이다. 그동안의 문제는 주권자 국민과 선출직 대표자가 따로 있는 것처럼 생각하는, 또는 그렇게 생각하도록 주입하는 모종의 이데올로기가 작동하고 있다는 점이었다. 보이지 않는 이데올로기다. '대표성' 문제다. 서양 언어로는 'representation'이라고 한다. 영어가 나오면 일단 기가 죽는 것이 '한국병'인데 그럴 필요 없다. 누구나 직장에서 내 옆자리에 앉은 동료가 '대의원'이 될 수 있다. 대신할 대(代), 논의할 의(議), 사람 원(員). 내 옆자리 동료일 수 있고, 바로 나일 수도 있다.

어떻게 뽑는가? 한 사무실에 예컨대 10명이 모여 한 사람을 대의원으로 뽑는다. 어떻게 뽑는가? 쪽지 투표, 깔끔하다. 그러나 그 방법만 있는 건 아니다. 어릴 적 반장 선거부터 물품 공세가 그다지 깔끔하지는 않았다. 누가 말 안 해도 '그 사람'일 수도 있다. 분위기 좋으면 편하게 이야기하다 누가 하자고 합의할 수도 있다. 그런데 여기서 남은 여백이 있다. 모두 다 자격이 있다. 누구나 대의원 할 자격과 역량이 있다. 누구나 뽑히면 의무와 관심이 생긴다. 똑똑해질 수 있다. 분위기 좋고 민주적인 직장 분위기가 이런 것 아닌가? 누가 더 잘할 수도 있겠지만, 누구나 맡기면, 열심히 하면, 해낼 수 있다. 나도 할 수 있다. 그런 속마음이 있다, 그 속마음은 전혀 부끄러운 것이 아니다. 그 마음이 너무나 자연스럽고 당당하게 제도적으로 표현되는 것이 민주주의다. 그것이 '주권이 국민에게 있다'는 구절의 본뜻이라고 생각한다.

누구나 대표가 될 수 있다. 국민과 대표는 다르지 않다. 다르면 가짜 민주주의다. 시민의회란 그렇듯 국민 모두가 누구나 대의원이 될 수 있다는 지극히 평범한 생각의 실현이다. 원래 깊은 사상은 평범한 법이다.《논어》와《노자》를 읽어보면 안다. 불경과 성경도 그렇다.

그러나 민주주의의 역사에서 끈덕진 걸림돌은 민중은 우매하다는 생각이었다. 굳이 우매하다고 하면 민중이 아니라 우주 속의 인간 존재가 우매하다. 우매한 것을 알면 된다. 그래야 사람이 된다. 나는 똑똑하고 너는 우매하다는 오만이 치명적인 병이다. 낮은 곳에서 몸을 묻고 살아본 사람들은 모두 안다. 인간 모두에게 불성이 있다는 것을. 그런 경험이 전혀 없는 사람들은 불행하다. 그 사실을 모른다.

나는 시민의회와 관련된 모든 문제를 이 짧은 글 하나로 다 풀어보겠다는 마음으로 이 글을 쓰지 않는다. 이후 이 글의 릴레이를 줄줄이 이어줄, 나보다 훨씬 훌륭한 분들의 논변과 지식과 경험과 경륜을 믿기 때문이다. '집단지성'이다. 나는 어쩌다 1번을 뽑았을 뿐이다. '시민의회'를 한국에서 처음 제안했던 '원죄' 때문일 것이다. 이제 시민의회를 설명하고 설득할 사람들이 너무나 많아졌다. 많은 분이 나보다 훨씬 더 잘할 수 있다는 것을 잘 안다. 시민의회의 취지는 실은 평범하다. 전혀 어렵지 않다. 그러나 가장 평범한 사상이 가장 논변이 풍부하다. 평범한 것은 깊고 넓기 때문이다. 그리고 그렇게 깊고 넓은 것이 가장 높은 것임을 깨닫게 된다.

직관적으로 말씀드리겠다. 직관은 철학적 논증의 주요 수단 중의 하나이기도 하다. 한국 사람이라면 모두 안다. 왜 4.19나 80년 5월의 광주항쟁, 87년 6월의 국민항쟁 그리고 2016~2017년의 촛불을 생각하면 바로 '민주주의'를 떠올리는가? 외국에 나가보면 안다. 그것이 한국 사람으로서 '인격적 자부심'을 느끼게 해주는 사건들이라는 사실을. 삼성폰과 K-팝 좋다. 그렇지만 그것만 가지고는 인격적 자부심을 느낄 수 없다. 외국인들과의 대화에서 그 사건들이 화제에 오를 때 그들 눈에 떠오르는 경외감. 한국이라는 나라는 도대체 어떤 나라지? 와우, 어메이징(Wow, Amazing)….

지난 촛불 때 한 번이라도 직접 전국의 현장에 나갔던 인원은 아마 한국 인구의 10분의 1, 500만쯤 될 것이다. 그것도 '대표', representation이다. 스스로 표현한 '자기 대표'다. '국민=주권'의 헌법정신을 구현한 자랑스러운 '셀프 대표'다. 교과서에서 '직접민주주의'라고 배우는 고대 그리스 아테네 민주주의의 민회(Ecclesia)도 자격 시민 5만 중 5천 명이 참석했다. 늘 그랬다. 5천 명이 '대표'한 것이다. 그래서 그 촛불의 대표가 국회의 234명 탄핵 동의를 만들어 냈다. 그것이 민주주의라는 것을 사람들은 직관적으로 안다. 그래서 세계 사람들이 그 사건을 보고 놀라고 칭송했다. 민주주의의 진짜 대표성이 한국에서 구현된 것이다. 그래서 서방 언론들이 '이제 한국에서 민주주의를 배워야 한다'라고 했다. 그때 최소한 대한민국의 80%의 '국민'은 자기의 뜻이 이뤄졌다고 생각했다. 민주적 대표성이 제대로 충족된 것이다.

그러나 촛불 500만의 대표성은 특별한 정세의 소산이었다. 4.19, 87년도 그렇다. 그러나 4.19도 87년도 마무리되지 못했다. 그 대표성이 제대로 제도화되지 못했기 때문이다. 선거 대표성만으로는 부족한 것이다. 번번이 반복적으로 확인하는 사실이다. 현재 전 세계적으로 운위되는 '민주주의의 위기'에는 여러 원인이 있지만, 민주주의 대표성의 불완전성도 중요한 이유다. 대표성을 확장해야 한다. 500만 셀프 대표성을 일상으로, 제도적으로 확장할 방법이 없는가? 촛불 자체도 한계가 있었다. 자기의 뜻을 명확하고 충분히 표현하지 못했다. 연단만 보고 있었다. 500만 다중의 대표성의 한계도 있는 것이다. 고대 그리스 5천 명 민회도 그런 한계가 있었다.

누구나 대의원이 될 수 있는 진정으로 민주적이고 일상적인 대표성. 그런 대표성이 마땅히 법적 정당성을 인정받아야 한다. 그 한 방법이 층위무작위 선발에 의한 시민의회 구성이다. 하늘에서 갑자기 떨어진 전혀 새로운 무엇이 아니다. 여론조사 원리가 여기서 나왔다. 성별, 지역별 인구 구성에 따라 무작위 추출을 했을 때 전체 민의의 표현 가능성이 95~99%에 이른다는 수학적 증명이 끝났다. 여론조사 원리를 시민의회가 응용한 것이 아니다. 거꾸로다. 오랜 여론 원리를 여론조사 방식으로 수학적으로 재발견했을 뿐이다(통계학). 법정 배심원제도도 마찬가지다. 법정 배심원의 결정성처럼 시민의회 합의의 결정성도 법적 권한을 인정받아야 한다.

시민의회의 핵심 원리는 확장된 대표성 더하기 충분한 토론(deliberation)이다. 무작위 선발된 시민의원들이 의제에 대해 충분한 정보를 제공받고 상호 충분히 논의할 시간을 갖는다. 단순 여론조사가 아니다. 말하자면 충분히 토론하고 깊이 생각해 본 여론조사라 할 수 있다. 지금까지 개최된 여러 시민의회의 결론들은 모두 훌륭하다. 단순히 옳은 것이 아니라 지혜를 품고 있다. 세계 여러 나라 시민의회에 참여한 시민의원들이 가장 인상적이었다고 보고했던 공통된 소회가 '나랑 별다를 것 없는 사람으로 보이는데 나와 다른 생각, 내가 몰랐던 이야기를 하는 점'이었다고 했다. 물론 그 시민의원의 이야기도 다른 의원은 그렇게 들었을 것이다. 시민의회는 입보다 귀가 큰 역할을 한다. 자발적으로 자신의 생각을 돌아보고 바꿀 수 있게 된다. 그렇기 때문에 잘 준비된 시민의회는 항상 초다수의 합의에 이른다. 이런 과정을 통한 결정의 '민주적 정당성(democratic legitimacy)'은 매우 높다.

이제 시민의회는 세계 여러 나라에서 익숙한 현상이 되었다. '세계 첨단의 정치현상'이 확실하다. 이제 시민의회를 하는 나라가 정치 선진국이다. 아직 젊다. 성장 가능성이 무궁무진하다. 시민의회가 어떤 법적·제도적 형태와 권한을 갖추어야 하는지 남은 문제가 많다. 나라마다 경주 중이다. 이것은 정말 좋은 경주다. 어느 나라가 시민의회 정말 잘하나. 시민의회는 엄청난 잠재력을 가진 신예다. 시민의회에 대한 반론도 시민의회의 권한이 커지면서 줄어들 것이다. 선거와 추첨, 그리고 자기 대표성이 적절하고 충분하게 공존하는 것이 목표다. 민주주의는 그렇게 자라난다. 지금도 성장 중이다. 5월 8일의 시민의회 국제심포지엄에서 그러한 문제들이 논의될 것이다.

《시민언론 민들레》, 2024. 2. 19.

✦

다시 돌아온 '한반도 전쟁 위기'

1.

2024년 갑진년 구정이다. 새해 모두 건강하고 행복하시길. 새해 덕담과 함께 혹시나 있을 법한 액운의 기미를 미리 짚고 피해 갈 수를 찾는 것 역시 필요한 새해 행사다.

올해 모두가 주의할 액운 1호는 한반도의 군사적 충돌 가능성이다. 올해 상황은 30년 전인 1994년 6월의 '한반도 전쟁 위기'가 대두되었던 흐름과 비슷하다. 양치기 소년 이야기가 아니다. 당시는 정말 심각했다. 한국발 외신에 불이 났다. 한국에 거류 중이던 외국인들과 정보가 빠른 일부 한국인들이 앞다투어 출국 항공권을 예약하면서 항공 티켓팅 시스템이 마비될 정도였다. 눈치 빠른 강남 일대에서는 라면, 참치통조림, 촛불, 방독면이 동났다.

있을 법한 기미로서의 '전쟁 위기'를 과장할 뜻은 전혀 없다. 객관적으로 보아 1994년에 비해 2024년의 한반도 전쟁 발발 가능성은 훨씬 낮다. 1994년 6월 당시에는 북측이 체제의 존망을 걸고 결사적인 상태였고 미국도 전쟁 준비를 완료한 상태였다. 현재의 북측은 전쟁에 존망을 걸어야 할 절박한 이유가 없다. 그럼에도 북측이 1994년에 이어 올해 벽두부터 제2의 전쟁 위기를 외치는 강경노선으로 전환하게 된 공통의 이유가 있다. 이 점을 잘 살펴보자.

2.

'하나의 조선' 원칙 아래의 민족 노선, 통일 노선을 파기하겠다는 최근 김정은의 발언은 한국의 남북 관계 연구자들에게 큰 충격을 주었다. 많은 이들이 북측 체제의 성격상 선대 지도자들이 천명해 온 노선을 파기하는 것은 원천적으로 불가능하다고 보았기 때문일 것이다.

그러나 달리 볼 수 있다. 이미 1991년 소련 붕괴 이후 북측의 국가 의지는 통일보다는 '조선'이라는 국체의 보존 쪽으로 중심이 옮겨갔다. 민족과 통일 이전에 자신의 국체 보존과 존속이 최우선이다. 그랬기에 1991년 북측은 유엔 동시 가입과 〈기본합의서〉에 동의했다. 그렇게 보면 김정은의 '두 국가 신노선'은 선대 노선으로부터의 일탈이 아니라 오히려 '조선이라는 국가'의 의지의 일관된 표현으로 읽을 수 있다.

'코리아 두 국가 노선'은 1991년 이미 시작된 셈이다. 한국은 1989년 노태우 정부의 '한민족공동체통일방안'으로 먼저 신호를 올렸다. 남북이 국가로 상호인정하고 평화공존하자는 것이었다. 한편으로 냉전 종식, 다른 한편으로 1987년 한국 민주화 압력의 결과였다. 노련한 김일성이 과감하게 이에 응했다. 변화된 세계정세를 인정하고 남북 유엔 동시 가입과 〈남북기본합의서〉에 동의했다. 여러 기록을 보면 일단 변화를 인정한 후의 그의 대응은 매우 적극적이었다. 남북이 그렇게 합의했던 상호인정의 새로운 노선을 남측은 '남북 연합'이라 했고, 북측은 '낮은 단계의 연방'이라 했다.

그러나 쉽지 않았다. 당장 한국과 미국의 대북 강경파가 당장 이 합의를 막기 위해 아주 강경하게 '북한붕괴론'을 밀어부쳤다. 결국 1994년 5~6월 '한반도 전쟁 위기'가 터졌다. 백악관에 워룸이 설치됐고 괌과 오키나와의 미군 전폭기는 엔진을 켜두었으며 한국 여러 곳에서 생필품이 동났다. 전쟁 발발을 막았던 것은 1994년 6월 15~16일 카터 미국 전 대통령의 전격 북한 방문을 통한 김일성과의 긴급 회담이었다.

남북합의가 그렇게 쉽게 무너지게 된 데는 내적 취약성도 있다. 서로를 인정한다고 하면서 상대를 국가로 인정하는 실체적 조치가 없었다. 〈기본합의서〉에 대한 법적 비준도 없었고, 상호 대표부를 교환하지도 않았다. 아무런 법적·제도적 뒷받침이 없었으니 반대 세력의 집요한 공격에 쉽게 무너질 수밖에 없었다.

1991년 〈남북기본합의서〉를 보면 서로의 호칭부터 애매하다. '한국'과 '조선'이라는 양국의 엄연한 국호 대신 "남과 북"이라 칭한다. '정명(正名)'이 없다. 그 애매한 관계를 "나라와 나라 사이의 관계가 아닌 통일을 지향하는 과정에서 잠정적으로 형성되는 특수관계"라고 했다. 유명한 구절이다. 매끄러운 표현이 부끄러운 현실을 가린다. 마치 양측을 나라로 인정하지 못하고 있는 현실을 양쪽이 하나로 되는 순수한 통일 열망의 불길인 것처럼 덮는다. 겉으로는 인정한다면서 속으로는 인정하지 못한다. 국가로서 인정하지도 못하면서 무슨 '연합'이고 '연방'인가. 밥도 안 지어놓고 비빔밥, 볶음밥 따지는 격이다.

3.

솔직해지자. 남과 북 모두에 이런 모순된 두 마음이 있다. 겉으로는 인정한다고 하면서 속으로는 인정하지 못한다. '겉 다르고 속 다른' 두 마음을 확실히 털어내는 거대한 일보가 필요하다. 그래야 서로를 '한국'과 '조선'이라는 영토와 주권과 국민을 보유한 엄연한 국가로서 상호인정하고 법과 제도를 이에 맞게 바꾸어 평화롭게 공존할 수 있게 된다. 한국의 여러 여론조사를 보면 이미 절대다수가 '평화로운 양국 공존'을 지지하고 있다. 북쪽도 조사해 보면 비슷할 것이다.

6.25 전쟁을 치르고 70년이 넘었는데 아직 그 전쟁을 못 끝내고 있다. 가장 평화를 바라지만 가장 폭력적인 현실을 우리는 살고 있다. 진심으로 평화로운 공존을 바라면 두 국가의 현실을 실체적으로 인정해야 한다. 이 점이 핵심이다. 그 방향으로 갈 때 평화가 있고, 그 방향에서 멀어질 때 전쟁 위기가 온다. 반복적으로 확인한 사실이다. 1991년 〈기본합의서〉가 1994년 전쟁 위기로 뒤집힐 때 그랬고, 2018년 남북미 합의가 올해의 '전쟁 위기 버전2'로 뒤집힌 현실이 그렇다.

엄밀히 보자. 애초부터 북핵이 전쟁 위기의 원인이 아니었다. 북을 인정하지 않고 붕괴시키려 했기 때문에 북이 끝내 핵무장을 하게 되었다. 30년 북핵 개발의 역사가 그것을 분명히 보여준다. 북측 스스로 이 점을 분명히 밝혔다. 2018년 김정은은 트럼프를 만나 북미 수교를 하면 핵무기를 포기하겠다고 했다. 1992년에는 김정일이 특사를 미국으로 보내 북을 인정하면 주한미군 주둔을 인정하고 핵 개발 의지가 없음을 확실히 보여주겠다고 했다. 당시 북미 그리고 한조 수교가 이루어져 조선의 국가적 지위가 안정되었다면 북핵은 시초 단계에서 막을 수 있었다. 중국과 러시아도 바라던 바였다.

2018년의 남북미 간 합의의 핵심은 북미 수교 그리고 코리아 두 국가체제의 현실화였다. 실마리는 풀었으나 실타래를 마저 풀지 못했다. 그래서 결국 30년 만에 '전쟁 위기'가 다시금 대두되었다. 무엇이 재앙의 근원인지, 이제 우리는 반복적 교훈을 통해 잘 알게 되었다. 지난 대선에서 남북 공존 대신 북한 붕괴를 내세운 윤석열 정부가 들어서게 된 가장 큰 원인은 2018년의 남북합의를 이어가지 못했던 문재인 정부의 무능과 무정견 탓이었다. 2020년 4.15 총선에서 압승을 거둔 후에 문 정부는 왜 2018년의 남북합의를 국회 비준하지 않았던가? 핵심 문제를 회피하고 지엽적인 문제에 골몰하다 결국 허망하게 정권을 내주고 말았다.

문제를 알면 결국 풀 수 있다. 남북 모두가 겉과 속 한결같이 상대를 국가로서 인정할 수 있어야 한다. 그래야 반복적으로 돌아오는 재앙을 피할 수 있다. 양국 관계가 정상화되더라도 그 관계가 당장 100% 정상이 될 수 없다. 긴 시간 서로 인내와 관용을 가지고 상대의 입장을 존중하여 공존하는 법을 배워야 한다. 한국의 현 정부가 완강하게 거부하고 있다고 해서 이 길이 영영 닫혀버린 것은 아니다. 지금부터라도 꾸준히 하나씩 그 방향으로 준비해 가면 결국 그렇게 된다. 국제정세도 결코 비관적이지 않다. 중국이 자국 문제에서는 '하나의 중국' 노선을 고수하지만, 한반도 문제에서는 단연코 두 국가체제를 선호한다. 러시아도 그렇다. 미국도 당장 다음 대선의 결과에 따라 다시금 코리아 두 국가체제에 우호적인 조건이 형성될 수 있다. 문제를 정확히 알면 액운을 행운으로 바꿀 수 있다.

《내일신문》, 2024. 2. 8.

✦

김정은의 '조선 반도 두 개의 국가론'

연초에 김정은 노동당 총비서의 '(조선반도) 두 개의 국가론'이 보도된 이후, 지인들로부터 "김정은이 당신 책 읽은 것 아니야?"라는 농반진반의 메시지를 자주 받는다. 2019년 출간한 《코리아 양국체제》를 말한다.

그의 '두 국가 발언'은 지난 연말(2023년 12월 26~30일) 조선노동당 중앙위 8기 9차 전원회의에서 나왔다. "북남관계와 통일정책에 대한 립장을 새롭게 정립해야 할 절박한 요구"가 있다고 천명하면서, 기존 "우리의 조국통일 로선"은 "하나의 민족, 하나의 국가, 두 개의 제도에 기초"한 것이었다고 밝힌다. 그러나 이제 "우리의 통일 로선"과 상반되는 "'흡수통일', '체제통일'을 국책으로 정한 대한민국 것들과는 그 언제 가도 통일이 성사될 수 없다"고 단언하면서, "북남관계는 더 이상 동족관계, 동질관계가 아닌 적대적인 두 국가 관계, 전쟁 중인 두

교전국 관계로 완전히 고착"되었다고 못 박고 있다. 험한 말을 앞세웠지만 어쨌든 그쪽 언어로 '조선 반도'에 '하나의 조선'만이 존재하는 것이 아니고, '조선과 한국이라는 두 개의 국가'가 엄존한다는 사실을 공식적으로 표명한 셈이다.

내가 그동안 주장해 온 '코리아 양국체제'에서 한국과 조선 두 국가의 관계는 기본적으로 우호적이며 최소한 중립적이다. 그러나 이번에 김정은은 두 나라 관계가 "적대적"이라 했으니 내가 제기한 양국체제와는 정반대로 보일 수 있다. 그래서 메시지를 보내온 친구들은 "읽기는 읽었는데 거꾸로 읽었네"라며 열심히 놀린다. 친구끼리니 놀리는 게 재미다.

그러나 꼭 놀릴 일만은 아니다. "'흡수통일', '체제통일'을 국책으로 정한 대한민국"과는 "그 언제 가도 통일이 성사될 수 없다"고 하였으니, '흡수통일, 체제통일을 국책으로 정하지 않은 대한민국'이라면 이야기가 달라질 수 있다는 뜻이기도 하다. 그렇게 되면 '적대적 두 국가'일 필요가 없다. 나를 놀렸던 친구들도 실은 다 그렇게 생각한다. 그러니까 또 놀린다.

실제로 대한민국은 1989년 노태우 대통령의 '한민족공동체통일방안' 이후 문재인 정부까지 30여 년 동안 '흡수통일, 체제통일'을 공식적으로 '국책'으로 내세운 바 없다. 노태우 대통령 이후 김영삼 대통령의 '민족공동체통일방안' 그리고 김대중 대통령의 '3단계 통일방안'도 마찬가지다. 이후 노무현 정부는 물론이거니와 남북관계가 얼어붙었던 이명박, 박근혜 정부조차 이 기조를 공식적으로 부정하지는 않았다.

그 기조의 핵심은 통일로 가는 중간단계로 '남북연합'을 설정한 데 있었다. 북측 역시 '남북연합'을 자기식의 '낮은 수준의 연방제'로 간주하면서 남북대화에 임해 왔다. 그 중간단계의 목적은 통일보다는 항구적 평화의 정착에 있다. 이러한 안정적 '평화체제'의 정착 없이 통일로 가는 문은 열리지 않는다. 상당한 미래가 될 완전한 통일 국가의 체제에 대해서는 지금껏 남이든 북이든 그것이 무엇이라고 분명히 밝힌 바 없다. 먼 미래의 일이니 알 수가 없고, 지금 그래 봐야 피차 득 될 일도 없기 때문이다.

그 30여 년의 대한민국 공식 통일정책 기조를 몽땅 부정하고 나선 것이 윤석열 대통령이다. 대선 후보 시절 '북한 선제공격' 발언부터 당선 이후 시종 북한 주적 발언과 군사적 강경 대응 발언을 이어갔다. 한미 군사훈련의 빈도와 강도는 계속 높여 왔다. 미국이 주도하는 '신냉전' 바람을 타보겠다는 것과 '북핵'에 대한 국민의 불안감을 적대 고조의 연료로 써서 지지율을 끌어올려 보겠다는 '안보 포퓰리즘'의 의도가 선명했다.

그럼에도 윤 대통령의 지지율은 내리막이다. '안보 포퓰리즘' 풀무질을 열심히 하고 있지만, 국민에게 외교 자체가 사라져 버린 것 같은 근본적 불안감을 주고 있기 때문이다. 발밑이 꺼지는 느낌이다. 미국이 '신냉전'을 하겠다고 하니 하위 동맹국의 입장에서 전혀 모른 체할 수는 없을 것이다. 그러나 아무리 그렇다고 굳이 우크라이나-러시아 전쟁 통에 대놓고 한쪽에 포탄을 팔거나, 민감한 중국-대만 문제에 불쑥 나서서 중국을 비난하는 등의 유별난 돌출행동을, 그것도 거듭 반복하는 이유가 무엇일까?

미국도 겉으로는 큰소리를 치지만 뒤로는 여러 분야에서 중국, 러시아와 협력할 수밖에 없다. 지금 세계가 그렇게 서로 의존하게 되어 있다. 이것을 냉전이라고 하면, 과거 미소 냉전의 '반의반'도 못 된다. 미국이 이러고 있는데 EU나 일본은 말할 나위도 없다. 그런데 유독 한국의 윤석열 정부만은 무엇을 믿고 그렇게 강경 일변도일까? 중국과 러시아를 통째로 적으로 돌려놓아서 대한민국에 어떤 이익이 될까? 경제만이 아니라 안보 문제도 그렇다. 중국과 러시아라는 지렛대를 다 버리고 무슨 안보 외교를 할 수 있을까?

북한 문제도 마찬가지다. 누가 대통령이 되든, 속마음이야 어떻든, 북을 외교 대상에서 지울 수는 없는 일이다. 눈앞에 엄연히 존재하는 상대이기 때문이다. 박정희, 전두환 대통령도 그랬다. 대화 통로를 유지하려고 했고 상대를 인정한다고 천명했다. 그런 것이 외교다. 그런데 윤석열 정부 들어와서는 그런 '외교의 기본'이 모두 사라졌다. 그래서 국민은 불안하다. '힘 대 힘 외교'도 '가치 외교'도 아니고, 외교를 전혀 모르는 초보자의 불장난 같아 보인다.

흥미로운 것은 북측의 태도다. 이렇듯 무모하게 튀고 있는 윤 정부의 신냉전 '닥공' 드라이브를 오히려 내심 반기는 것처럼 보인다. "다들 비난하지만 나는 (윤석열 대통령을) 찬양하고 싶다"는 1월 3일 자 김여정의 냉소적 담화가 그런 묘한 메시지를 담았다. 그동안 한국이 반러시아, 반중국 전선의 선봉에 나서줌으로써 러중에서 북의 주가를 크게 올려주었기 때문이다. 결국 윤 대통령의 무모한 외교가 북측을 최대 수혜자로 만들어 준 셈이다. 특히 핵, 우주 분야에서 조선과 러시아·중국의 협력이 강화될 것으로 보인다.

이런 판이니 어느 신통한 도사는 북측이 신년 첫 주말에 남쪽을 향해 연사흘 포탄을 듬뿍 쏘아준 것을 그동안 윤 대통령의 '닥공' 외교에 대한 심심한 답례로 풀이할지도 모르겠다. 총선이 불과 석 달 남지 않았는가? 이보다 값비싼 선물이 어디 있겠는가? 그러나 한국 선거판에서 '북풍'의 약발은 이제 다한 듯하다. 포탄이 오가도 표심은 덤덤하다. 알 거 다 안다는 식이다. 이 판에 정말 약발 제대로 올려보겠다고 너무나 이상한 작전을 벌이고 싶은 쪽이 혹 있을지 모른다. 위험하다. 거대한 역풍 속에서 날아가 버릴 공산이 크다. 정보사회다. 좋든 싫든, 비밀이 없는 사회가 되었다.

이렇듯 흥미로운 상황에서 나온 김정은의 "적대적인 두 국가 관계" 발언의 의도를 다시금 생각해 본다. 적대적 강경 발언 속에서도 남측을 대한민국, 그리고 국가라고 반복해 호칭하는 데 주목한다. '적대적인', '전쟁 중인' 등의 꾸밈말을 걷어내면 몸말인 '두 국가 관계'가 남는다. 꾸밈말은 때에 따라 달라질 수 있다. 그러나 몸말은 계속 남는다. '두 국가 관계'란 표현은 대한민국이 국가라는 사실의 인정과 함께 조선민주주의인민공화국 역시 엄연한 주권 국가임을 인정하라는 요구를 담고 있다.

이러한 신호가 새로운 것은 아니다. 김정은은 2018~2019년 트럼프와의 빅딜을 통해 북미 수교를 시도한 바 있다. 북미 수교가 이뤄지면 그동안 조선과 수교하지 않고 있었던 일본을 위시한 미국의 강한 지배권에 있는 여러 나라가 미국을 따라서 조선과 수교하게 된다. 그렇게 되면 조선은 193개 세계 모든 UN 회원국과 수교할 수 있게 된다. 당연히 한국과도 수교하게 된다. 마지막이 아니라 북미 수교보다 오히려 앞서 이뤄질 수 있는 일이다. 그런 방식으로 조선의 국가 인정은 조선의 체제 안보만 아니라, 한반도-동북아 평화 담보로 이어질 수 있다. 미국과 빅딜이 불발되고 신냉전이 고조되면서 이 경로에 일시 난관이 생겼지만 그렇다고 완전히 닫힌 것은 아니다. 국제관계에서 변하지 않는 것은 없다.

날이 어둡다고 비관만 하고 있을 것인가. 2019년 2월, 하노이 빅딜의 불발로부터 현재까지 밀려온 어둠의 내력을 돌이켜 깊이 복기하고 반성해야 할 때다. 미완으로 끝난 한반도 두 국가 상호인정과 공존의 전망을 다시금 가다듬을 때 아닌가. 이런 일은 가장 어두울 때 시작하기 좋다. 봄기운은 동지부터 움트기 시작하니까.

《내일신문》, 2024. 1. 12.

✦

미야자키 하야오 감독과 메이지 유신

〈그대들 어떻게 살 것인가?〉 올(2023년) 82세가 된 미야자키 하야오 감독이 내놓은 새 애니메이션의 제목이다. 많은 젊은이들이 포근한 감동을 주는 그의 작품들을 어릴 적부터 보면서 자랐을 것이다. 부모와 자녀가 함께 감상하기에 좋은 영화이며, 나 역시 아이가 아주 어릴 적부터 함께 보아 왔다. 유아기 아이들은 좋아하는 영화를 여러 번 보니, 나 역시 몇 번씩 외울 정도로 같이 보곤 했다.

그의 작품 대부분이 생태주의, 반전사상 등의 메시지를 담고 있지만, 그렇다고 그것을 가르치듯 앞세운다는 느낌은 없었다. 유려한 수묵 영상과 판타지 속에 메시지는 보이지 않게 녹아 있다. 그러나 이번엔 제목부터 뭔가 다르다는 느낌이었다. 요즘 젊은이들에게는 이런 식의 고풍스런 훈계조 언어가 어색하지 않을까? 그럼에도 그의 작품에 이미 익숙한 20~30대 젊은이들이 주로 영화관을 찾고 있다. 이들은

'그래도 미야자키 감독의 작품이니까' 조금 부담스러울 수도 있는 제목도 기꺼이 감수하면서 상영관을 찾았을 것이다.

그런 젊은이들이 올린 것으로 보이는 인터넷 영화평들을 살펴보았다. 놀랍게도 십중팔구가 당혹스럽다는 반응이다. "그런데 어떻게 살라는 거죠? 뭐가 포인트죠?", "기대 많이 했는데 너무 난해합니다." 심한 경우에는 "지루하다", "뜬구름 잡듯 추상적이다"는 혹평으로 이어진다. 열에 한둘 '역시 걸작'이라는 평도 있지만, 들여다보면 그 역시 왜 걸작이라는 것인지 딱 잡아 말하지 못한다. "역시 뛰어난 영상미", "지금까지 작품의 총망라" 정도다. 미야자키의 작품이니까 그냥 '역시'라고 말한다는 느낌.

이래저래 궁금해져 집 근처 상영관을 찾았다. 재미있게 보았다. 젊은이들이 왜 포인트를 잡기 어렵다고 하는지도 어느 정도 이해할 수 있었다.

아주 큰 주제를 던진 작품이었다. 그러나 그 주제는 겉보기에 감춰져 있다. 큰 흐름이 안 보이면 무슨 이야기를 하자는 것인지 어려울 수도 있다. 아마 일본 밖의 대부분의 관객들에게는 그럴 수 있을 것 같다. 반면 일본에서는 상영관 흥행 기록 압도적 1위인 2001년 작품 〈센과 치히로의 행방불명〉에 이어 역대 2위를 기록 중이라고 한다. 이 정도면 대단한 성공이다. 이 작품이 〈센과 치히로의 행방불명〉이 그랬던 것처럼 일본인들의 집단무의식을 건드려 놓은 것이 분명하다.

이 영화의 모든 이야기는 '탑'을 중심으로 전개된다. 따라서 이 탑이 무엇인지 주목해야 한다. 이 탑의 정체는 영화 중간쯤에 한 노파가 흘리듯 던져 놓는 말에서 드러난다. 이 탑은 "메이지 유신 얼마 전에" 하늘에서 떨어진 거대한 검은 돌덩어리였다고. 호수 하나를 말려버릴 만큼 거대한 폭발이 있었다고 했다. 그런데 이 영화에서 핵심 미스터리 인물인 '큰할아버지'가 이 거대한 돌덩어리가 매우 귀중한 것이라는 사실을 알고 그 거대한 돌을 덮는 높은 탑 형태의 건물을 지었다고 했다. 세월이 흘러 그 '큰할아버지'의 몇 대 손자쯤 되는 영화의 주인공 소년 마히토(眞人)가 그 탑에 들어가 겪게 되는 기이한 일들이 스토리의 중심이다. 환상적 에피소드 끝에 그 거대한 탑은 무너진다.

이렇게 보면 작품 서사의 핵심축은 간단하다. 신비하고 거대한 탑이 있었다. 그러나 그 탑은 무너졌다. 아주 의미심장하고 거대했던 무엇이 무너진 것이다. 바로 그렇기 때문에 "그대들 (이제) 어떻게 살 것인가?"라는 질문이 또한 더욱 의미심장해진다.

나는 하늘에서 날아온 그 거대한 검은 돌덩이가 "메이지 유신(1868년) 얼마 전에 하늘에서 떨어졌다"는 대사에 놀랐다. 이 대사는 정신 나간 노파의 쓸데없는 헛소리로 흘려들을 수 있다. 그러나 이것은 명백하게 '메이지 유신 몇 년 전'인 1853년 일본에 들이닥친 서양 흑선(쿠로후네), 즉 미국 해군 페리 제독의 검은 증기선 네 척을 말한다('흑선도래'라는 사건). 그리고 그 검은 돌 위에 씌운 거대한 탑이란 그 이후 벌어진 메이지 유신이라는 거대한 사건을 말하고 있음이 분명하다. 웬만한 기본 역사 교양을 갖춘 일본인이라면 절대 놓칠 수가 없는 사실들이다.

미야자키 감독이 영화의 끝에 이 거대한 탑을 무너뜨린다는 사실에 다시 한번 놀랐다. '흑선도래'와 '메이지 유신'을 뿌리로 하는 현대 일본인의 정체성을 뿌리부터 다시 묻겠다는 것 아닌가? 탑은 무너졌다. 여러분, 특히 젊은이들이여, 이 사실을 알고 있는가? 엄청나게 큰 질문이 아닐 수 없다. 반전과 생태-생명 사상을 펼쳐왔던 감독이지만 이렇게 크고 본질적인 문제를 던질 것이라고는 미처 예상하지 못했다.

놀라움을 풀어줄 1차 단서는 이 작품의 제목에 있다. '그대들 어떻게 살 것인가'는 일본에서 1937년 처음 나와 현재까지 80년 넘게 출판되고 있는 청소년 대상 책의 제목이기도 하다. 한국에도 이미 번역된 이 책의 후기에서 저자 요시노 겐자부로는 "제국 일본이 전쟁을 확대하며 군국주의화되어 가는 흐름에 맞서기 위해 이 책을 썼다"고 했다. 그러다 1941년 태평양 전쟁이 벌어지면서 이 책은 금서가 된다. 일본의 패전 이후에 다시 복간하여 오늘날까지 계속 출간되고 있다.

미야자키 감독은 1941년생이다. 소년 시절 어머니가 이 책을 그에게 선물했다고 한다. 그러면 대략 1950년대다. 전후 일본은 군국주의, 팽창주의의 과거 '제국 일본'을 반성했다. 미야자키 감독은 그런 시대 분위기 속에서 성장했다. 그가 늘 반전 평화 사상을 펼쳤던 것은 우연이 아니다. 젊은 시절부터 반전, 평화, 환경, 생태주의에 관심이 컸다. 지브리 창립 이전 시절에는 근무처의 노동조합 서기(위원장)도 했다.

왜 영화 속의 탑이 무너지는지에 대한 의문은 여기서 한 매듭 풀린다. 이미 그의 어린 시절에 '제국 일본'이라는 거대한 탑은 무너져 있었다. 그때 이미 새로운 일본, 영화 속의 '큰할아버지'가 후손 마히토에게 말했던 "풍요롭고, 평화롭고, 아름다운 세계"에 대한 꿈을 미야자키 감독 역시 품었을 것이다.

여기까지는 미야자키 자신의, 그리고 자기 세대에 관한 이야기일 뿐이다. 아직 의문이 남는다. 왜 그는 노년이 된 2023년에 그 질문을 다시 던지는 것일까? 그것도 1930년대의 요시노 겐자부로보다 더욱 크고 근본적인 질문을? 1937년의 요시노는 중국에서 침략을 확장하고 있는, 만주를 점령하고 이어 국제연맹을 탈퇴했던 1932~1933년 무렵부터의 일본에 대해 의문을 던졌다고 할 수 있다. 그러나 이제 2023년의 미야자키는 훨씬 더 근원으로 올라가, '흑선도래와 메이지 유신'이라는, 현대 일본의 거대한 뿌리 자체, 뿌리 전체에 대해 다시 생각해 보자고 말하고 있다. 과감하다.

그래서 이 작품은 현대 일본인의 거대한 집단무의식을 건드리고 있다. 〈센과 치히로의 행방불명〉이 건드린 집단무의식이란 에도시대 일본에 대한 잊혀진 향수를 불러일으키는, 일본인들에게는 달콤한 종류의 것이었다면, 이번 작품이 건드리고 있는 무의식은 현대 일본인의 자부심과 자존심의 핵심에 해당하는 매우 민감한 집단무의식이다. 따라서 바로 그것을 건드렸다고 하는 사실 자체가 일본인들에게는 상당히 도발적일 수 있다. 그래서 '제국 일본'의 군국주의적 만행이 어설픈 앵무새 떼의 웃기는 망동 정도로 가볍게 처리되기도 한다.

미야자키 하야오는 이제 80대의 노감독이다. 그가 던진 과감한 질문은 그가 젊은 시절부터 품었을 질문이자, 이제 한 단계 더욱 높은 수준에서 새로운 세대를 향해 던지는 질문이기도 하다. 일본만 아니라 온 세계의 젊은 세대를 향해 던지는 질문이기도 할 것이다. 영화가 끝나고 자막이 내려올 때 들려오는 주제곡이 〈지구의를 돌리며〉다. 젊은 이들이여 크고 넓게 생각하라, 좁다란 자기만의 세계에 갇히지 마라. 넓은 세계를 생각하라. 넓은 세계의 번영과 평화와 아름다움을 생각하라. 자막이 다 내려올 때까지 앉아 들었다.

《내일신문》, 2023. 12. 1.

한국의 정치팬덤

1.

기사를 검색해 보니 요즈음 '정치팬덤', '팬덤 정치'라는 말은 동네북이 되어 있다. 대중문화나 예술 방면의 팬덤은 대략 무해하나, 정치에서의 팬덤은 '백해무익하다'는 지탄이 거의 9할로 보인다. 그런데 과연 그렇기만 한 것일까? 솔직히 요즘 언론 기사의 쏠림에 대한 걱정이 있다. 저널리즘은 어디로 간 것일까? 언론의 자기기준, 자기판단이 있는가?

10월 초, 글 청탁을 받았을 때 '팬덤'이라는 말이 나오는 순간, 내가 쓸 수 있는 글은 아니다 싶었다. 동네북이 되어 있어서가 아니었다. 좋아하는 가수나 작가나 배우, 또는 존경하는 학자나 정치가가 없지야 않지만, 그런 호감과 지지를 뜨거운 '팬심'이나 '팬덤'이라고 느껴본 적은 거의 없었기 때문이다. 팬덤을 모르는데 팬덤에 대해 무얼 쓰겠나.

그렇지만 처음 통화하는 자리에 야박하게 딱 잘라 거절하기 미안했다. 이메일로 글이 실릴 지면 소개와 청탁 취지서를 보내달라고 하였다. 그러고 답장으로 정중하게 사양하려고 했다. 당일 바로 이메일이 왔다. 그런데 그 이메일에 답하기까지 하루 사이, 기사 검색을 해보고 생각이 바뀌었다. 한국의 정치팬덤 현상 전체를 몽땅 비난의 대상으로만 치부하고 넘어가기에는 석연치 않은 무엇이 있다. 그것을 밝혀보고 싶었다.

한국의 정치팬덤을 비판하는 글들에서 비교 대상으로 주로 등장하는 게 2016년 미국 대선에서의 '트럼프 팬덤'이다. 과연 트럼프 팬덤은 과거의 정치현상과 다른 무엇이 있다. 자신에 대한 지지보다 상대에 대한 혐오와 적대 만들어 내기에 몰두했다. 혐오 생산의 주 무기는 SNS 트롤링과 어그로, 즉 조롱과 도발이었다. 개인 허물로 보면 힐러리보다 트럼프가 비교가 안 될 만큼 컸다. 그럼에도 트럼프가 만들어 낸 혐오가 트럼프를 향한 혐오보다 컸다. 힐러리와 민주당을 세계화 기득권 대변자로 몰아간 것이 먹혔다. 그 혐오의 양 차이로 트럼프가 이겼다.

트럼프식 혐오의 대량 생산은 치밀했다. 원래 군사 심리전을 대행 전문업으로 하던 '캠브리지 애널리티카'나 '브라이트바트'라는 대안우파(alternative right) 프로파간다 회사를 은밀히 이용했다. 이들은 페이스북에서 구입한 막대한 개인정보를 바탕으로 개인 호오 맞춤형 알고리듬을 이용하여 체계적으로 여론의 방향을 조작했다.

어느 쪽이 더 큰 혐오를 만들어 내느냐가 승부를 갈랐던 것이 2016년 미국 대선이었다. 혐오 생산에서 '트럼프 팬덤'이 이겼다. 트럼프 팬덤의 전투력은 2020년의 대선에서도 유감없이 발휘되었다. 선거 패배를 인정하지 않는 트럼프 팬덤의 국회의사당 무장 점거 사태가 막강한 화력을 과시했다. 아직 차기 미국 공화당 대선 후보자가 결정된 것은 아니지만, 아마도 내년 미국 대선에서도 트럼프 팬덤은 괴력을 발휘할 것이다. 트럼프 팬덤이 일시적, 우발적인 현상이 아니라 오래 존속하는 깊은 구조적 배경을 가지고 있음을 말해준다.

트럼프 팬덤 현상은 충격적이었지만, 미국뿐 아니라 서구 여러 나라에 혐오와 도발의 정치가 유입되기 시작한 것은 이미 꽤 되었다. 이런 나라들에는 공통적으로 '반이민', '반세계화', '반페미'를 내세운 극우 정치세력이 부상했다. 세계화의 결과 뜻밖에도 서구 백인층 기득권이 흔들리게 되었다는 불안과 분노의 심리가 그 배경에 있다. 이러한 세력이 인터넷, 핸드폰, 유튜브 등을 잘 이용하여 적대와 혐오의 온라인 문화전쟁의 첨병이 되었다. 대화가 사라지고 혐오와 도발로 채워진 새 영토에 드디어 '트롤 킹'인 트럼프가 당당하게 군림할 수 있었다.

2.

한국의 정치팬덤을 이상과 같은 트럼프 팬덤 현상과 동일시할 수 있을까? 물론 트럼프 현상을 열심히 학습하고 모방하는 흐름이 지난 2022년 한국 대선에서도 당연히 나타났고 일부 먹히기도 했다. 그러나 그렇듯 베껴서 하는 일은 한국 토양에 뿌리가 약하기 때문에 오래 지속되기 어렵다. 우리가 주목해야 할 점은 한국 토양에서 뿌리내린 정치팬덤 현상이다. 이미 꽤 오래전부터 미국과는 전혀 다른 배경과 논리, 심리 위에서 형성되어 왔다.

정치팬덤을 논한다면 표면의 물결만 봐서는 부족하다. 겉으로 드러난 현상의 정치적 배경, 사회경제적 바탕을 주목해야 마땅하다. 해류를 봐야 한다. 한국에서 나타난 (김대중, 노무현) 정치팬덤은 오늘날 서구 사회에서와 같은 '기득권 상실에 대한 불안과 분노'와는 전혀 무관했다. 평생 기득권에 속해본 적이 없는 사람들의 기득권 혁파의 열망이 핵심 동력이었다. 그러므로 트럼프처럼 금수저로 태어나 승승장구하여 자신도 재벌이 된 사람은 한국형 (김대중, 노무현, 문재인, 이재명) 정치팬덤의 중심에 설 수 없는 일이었다. 반면 미국에서는 트럼프와 같은 사람이 과거 한때 세계 서열에서 우월한 지위에 있었으나 이제 그 지위에서 굴러떨어지고 있다고 생각하는 사람들(주로 백인 중하층)의 대리인, 대표자 코스프레를 할 수 있었다.

현재까지도 한국 정치판에서 최대 팬덤을 형성했다고 할 수 있는 노무현 전 대통령의 경우를 보면 그러한 차이가 분명히 드러난다. 노무현 전 대통령은 고졸의 흙수저 출신이다. 그 후 역경을 딛고 국회의원이 된 후에도 주어진 작은 기득권에 안주하지 않고 지역감정 해소와 정치발전이라는 대의를 위해 낙선을 뻔히 예상하고서도 험지 출마를 반복했다. 이러한 '바보 노무현'에 대한, 한 번도 기득권이었던 적이 없는 힘없는 사람들과 젊은이들의 뜨거운 지지가 노무현 팬덤의 시작이었다.

그러나 노무현 전 대통령에 대한 본격적인 팬덤은 그의 죽음 이후에 만들어졌다. 이 점이 한국 정치팬덤의 또 하나 아주 중요한 특징이다. 기득권에 맞서다가 기득권의 압박에 의해 억울하게 죽었다는 서사가 현대 한국 정치 최대 팬덤을 만들었다. 노무현 전 대통령의 팬덤력은 왜 그렇게 강한가? 죽음의 성격이 강렬했기 때문이다. 그의 죽음 이전의 '노사모' 역시 팬덤이었다. 그러나 그의 죽음 이후 형성된 팬덤과는 그 강도에서 비교가 안 된다.

비록 온라인 팬덤이 본격화되기 이전이기는 하지만, 김대중 전 대통령의 경우도 비슷하다. 기득권에 맞서면서 오랜 시련의 시간을 보냈고 절대 권력자에 의해 죽음의 언저리에 여러 차례 섰다는 사실이 김대중 팬덤의 중심에 있다. 그가 경험했던 '코앞까지 다가왔던' 두 죽음은 모두 처절했다. 그러나 그는 그가 사랑했던 '인동초'처럼 생존했고, 결국 최초의 야당 집권 대통령이 되어, '형식적 민주주의(formal democracy)'를 한국에서 비로소 이뤄내는 영광을 누렸다. 그러나 그 영광으로 인해, 그리고 한국형 정치팬덤의 비극적·역설적 특징으로 인해, 그의 팬덤력의 강도는 다소 감소했다고 할 수 있겠다.

이러한 까닭에 한국 정치의 맥락으로 들어오면 팬덤이라는 언어가 서구 정치권에서와는 확실히 질적으로 다른 문화적·심리적 색채를 띠게 된다. 트럼프는 미친 사람 퍼포먼스로 팬덤을 만들 수 있었지만, 죽음과 관련된 비장미·비극미 따위는 전혀 없다. 정치적 진지성과 팬덤의 연관성도 한국만큼 강하지 않다. 특히 현대 미국 정치에서 그런 모습은 매우 희귀하다. 고작 존, 로버트 케네디 형제 정도일 것이다.

한국 역사에서 죽음서사의 정치팬덤의 연원은 아주 오래된 것으로 보인다. 오늘날까지도 보존되고 있는 모습이 있으니, 바로 무당집, 점집에서 신으로 모셔지고 있는 임경업 장군이다. 그는 힘껏 충의를 다하다 집권 세력에 의해 억울한 죽임을 당했다. 그의 죽음을 숨죽여 울어주던 민초들의 간절한 해원(解冤)의 염력이 임경업 팬덤이었고, 그

팬덤이 오늘날까지 그를 신으로 만들었다.

한국 정치에서 죽음서사의 정치팬덤이 만들어졌던 이유는 가혹한 방법으로 정치 라이벌을 죽음으로 내몰 수 있는 절대 기득권층이 존재했기 때문이다. 이러한 상황은 불행하게도 오늘날까지도 크게 바뀌지 않은 것 같다. 과거 군사독재 시절에는 정보부나 군부대의 폭력을 이용했다. 이제는 그 수단이 특정 정치적 라이벌에 대한 몇 년씩이나 계속되는 검찰 조사와 압수수색으로 바뀌었을 뿐이다. 이러한 방식으로 성공을 거둘 수 없다는 사실은 민주화의 지난 역사가 입증해 주고 있지 않은가? 사정이 그러하니 지탄할 곳은 팬덤 현상이 아니라 무리한 정치 탄압을 통해 한국형 죽음서사의 팬덤 현상을 지속시키고 있는 기득권 독점체제가 아니겠는가? 대화를 불가능하게 하는 원인이 해소되어야 비로소 대화의 정치가 가능하지 않겠는가?

사실 '과도한' 팬덤의 부정적 현상이 우려된다고 하여, '팬덤'이라는 말 자체가 악마화되어야 할 이유는 없다. 정치팬덤도 마찬가지다. fandom이라는 단어는 좋아한다는 fan에 집단적 현상이라는 의미의 dom이 붙은 평이한 말이다. 대중문화 스타가 나오니 stardom이란 말이 나온 것과 같다. 영어에 관한 가장 권위 있는 사전인 《Oxford English Dictionary》는 fandom이라는 말이 이미 백여 년 전부터 사용된 것으로 보고 있다. 그리고 fan의 어원은 열성적 종교 신자를 말하는 fanatic에서 왔다. 광신도라고도 번역한다. 이 말이 세속적 의미에서 fan으로 되었을 때는 말의 무게가 훨씬 가벼워졌다. 대중문화 스타든 정치 스타든 마찬가지다. fanatic에서 fan으로 변한 것은 건강한 가벼움이다. 한국 정치에서 죽음서사적 압박이 사라져 건강한 의미에서 가벼운, 그러면서 더욱 뜻이 크고 긍정적이고 쾌활한 정치팬덤이 출현해 주기를 기대해 본다.

《대산문화》, 2023. 10.

✦

로버트 오펜하이머와 코리아

내가 로버트 오펜하이머의 전기 《아메리칸 프로메테우스》를 처음으로 접하고, 그에 대해 좀 더 깊게 생각해 보게 된 것은 2016년 초 버클리 대학을 잠시 방문하고 있을 때다. 그 전까지는 미국에 원자폭탄을 만들어 준 '국가 영웅'이면서도 매카시즘의 '빨갱이 바람'에 휩쓸려 심하게 명예 손상을 당한 불운했던 과학자 정도로 알고 있었을 뿐이다. 그것은 어디까지나 1950년대 초 한국전쟁 시절, 매카시의 빨갱이 사냥에 미쳐 돌아가던 까마득히 먼 옛날의 이야기쯤으로 생각하고 있었다. 2016년의 자유분방한 버클리에 그런 옛 야만의 흔적이 조금이라도 남아 있으리라고는 꿈에도 짐작하지 못했다.

그때 2016년까지도 오펜하이머에게 씌워졌던 '소련 스파이' 혐의는 벗겨지지 않고 있었다. 무엇보다 버클리 대학이 그것을 입증하고 있었다. 젊은 시절 오펜하이머가 만들다시피 했던 버클리 대학 물리학과의 공식 기록과 기념물에서, 더 나아가 버클리 대학 전체의 공식 기념물에도 오펜하이머의 이름은 전혀 등장하지 않았다. 이는 버클리 대학 교수들 몇몇이 내게 말해준 사실이고, 난 캠퍼스를 돌아다니며 그것을 두 발로 확인했다. 이상하지 않은가? 그렇게 유명한 세계적 학자가 이 대학의 교수였다면 대학 당국이 먼저 앞장서서 그를 기억하고 홍보해야 마땅하지 않은가? 그러나 아니었다. 오히려 오펜하이머의 흔적 자체가 철저히 지워져 있었다. 내가 방문했던 2016년까지는 분명히 그랬다.

이런 모습을 보고 나는 미국이 무섭다는 생각을 했다. 내가 알고 있었던 미국과는 또 다른 얼굴이다. 책《아메리칸 프로메테우스》도 그렇고, 이야기 나누었던 버클리의 몇몇 교수들도 이 점에 대해 분개하고 있었다. 오펜하이머에 대한 공개적인 논의가 어떤 거대한 힘에 오랫동안 금압되어 왔다. 금압의 해제는 그가 사망한 이후로도(1967년) 한참이나 후에야 아주 느릿느릿 이뤄졌다. 우선 끈질기고 방대한 조사를 통해 2005년《아메리칸 프로메테우스》를 출간한 마틴 셔윈, 카이 버드의 헌신적인 노력이 있었다. 잊힐 뻔한 사실을 되살려 낸 데는 이 두 저자의 공이 크다. 이어 2014년 오바마 정부는 오펜하이머의 원자력 비밀 취급 권한을 박탈했던 1954년 비밀청문회의 자료를 공개했다. 공개된 자료를 연구한 학자들은 오펜하이머의 억울함을 확신하게 되었다. 이로써 공식 사과의 첫 단추는 끼워졌다. 이후 크리스토퍼 놀란 감독이 오펜하이머를 영화화하겠다는 생각을 굳힌 것도 이런 배경 위에서 가능했으리라. 미국 정부가 공식적으로 오펜하이머에게 사과한 것은 놀랍게도 영화가 개봉하기 불과 7개월 전인 작년 12월이다. 무려

68년 만이다. 정말 어쩔 수 없이 마지못해서 하게 된 사과로 보이기까지 한다.

내가 버클리 대학 교수들과 만나 오펜하이머에 대해 이야기했던 날은 좀 특별했다. 버클리 교수들이 많이 모여 사는 곳은 바다가 내려다보이는 버클리 북쪽 언덕 기슭이다. '삼나무 언덕(Cedar)'이라는 일종의 교수촌 같은 이 동네에서는 마음 맞는 교수들끼리 정기적으로 가정 모임을 하는 가벼운 행사가 많다. 우리 가족도 그런 모임 하나에 게스트로 초청을 받았다. 가보니 그날 모임은 그저 단순한 친목 모임이 아니었다. 무언가 '미션'이 있었고, 그 미션을 이끌 초청 '발제자'가 있었다. 그윈 커크(Gwyn Kirk)라는 70대 여성이었다. 여자 사도 바울 같은 느낌을 주었다. 그만큼 강한 카리스마가 느껴졌다. 바울은 그렇듯 여러 신자 가족을 한집에 모아놓고 복음을 전했다. 그 전통이 기독교 세계에 수천 년 이어져 내려오는 것이다.

조그만 분이 꼿꼿하게 서서 조용하나 당당하게 발언했다. 확신, 권위, 신념, 사랑 등이 하나가 되어 있었다. 더구나 듣다 보니 이야기의 주제가 다름 아닌 우리 코리아 남북의 평화에 관한 것이 아닌가! 나는 시종 귀를 쫑긋하고 듣지 않을 수 없었다. 정말 사도 바울을 직접 만난 기분이 들었다. 그윈 여사는 2015년 5월, 30명의 국제 여성 활동가들을 이끌고 분단된 한반도의 DMZ를 북에서 남으로 통과하는 'Women Cross DMZ' 행사를 벌인 바 있었다. 부끄럽게도 당시 난 한국에 있으면서도 그때 열린 이벤트를 모르고 있었다. 아마 당시 한국 언론에 거의 보도가 안 되었을 것이다. 어쨌든 그윈 여사는 그 행사에 대해 이야기하면서 아울러 코리아가 남북으로 분단되고 미국이 북한과 적대하

사진 6 J. 로버트 오펜하이머(1946년)

게 된 역사를 친절하게 설명해 주었다.

훌륭한 발표였음에도 미국인들이 보통 그렇듯 한국 문제에는 별 관심이 없어 보였다. 몇 사람의 의례적인 상찬 몇 마디 후 얼마간의 침묵이 이어졌다. 그러다 그날 모임 호스트 교수의 대학 1학년생 아들의 봉창 뜯는 한마디가 이어졌다. "아, 그 로켓맨 말이죠?" 당시는 핵실험을 예고한 김정은의 큰소리와 이에 대한 미국 공화당 대선 후보 트럼프의 조롱이 미국의 주요 뉴스거리였다. 가벼운 웃음에 이어 당혹스러운 침묵이 이어졌다. 진지한 발제에 대한 토론이 좀 이상하게 흘러가고 있었다. 그때 누군가가 내 의견은 어떠냐고 물었다. 어색함을 방향 전환해 줄 무엇인가가 필요했고 유일한 동양인 참석자가 우리 가족이었기 때문이리라. 나는 먼저 그윈 여사의 훌륭한 발표에 깊은 감명을 받았음을 고백하고 말을 이었다. 대략 다음과 같은 이야기였다.

"여러분은 오펜하이머 박사를 잘 알고, 그가 겪은 수난도 잘 알고 있을 것이다. 그 부당한 수난은 아직도 끝나지 않았다. 바로 이곳 버클리 대학에서조차 그렇다. 이곳은 오펜하이머 박사가 10년간 교수로서 큰 역할을 했던 곳임에도 어디에도 그의 이름이 없다. 한국인으로서 나는 오펜하이머 박사가 겪었던 그 수난이 한국전쟁과 깊은 관련이 있음을 말하지 않을 수 없다. 오펜하이머의 수난은 매카시 광풍과 무관할 수 없고, 매카시 광풍은 한국전쟁과 무관하지 않았다. 한반도에서의 전쟁은 미국 시민과 지식인들의 자유를 크게 위축시켰다. 1950년대 오펜하이머 청문회가 분명히 말해준다. 미국 시민의 자유를 위해서라도 한반도에서 전쟁이 벌어질 원인을 없애야 한다. 아까 그윈 여사도 말씀해 주었지만, 지금 북한이 바라는 것은 미국을 위협하자는 것이 아니다. 반대로 미국이 자신을 인정해 달라는 것이다. 미국이 이제는 북한을 인정하고 끌어들이는 길을 생각해 볼 때가 아닌가? 이것은 평화를 바라는 한국인들 역시 바라는 바다. 미국과 북한이 수교하면 남북도 수교하고 북일도 수교할 수 있게 된다. 이로써 동북아에 평화가 정착된다. 이렇듯 동북아에 평화가 확실하게 정착하면 태평양 건너 미국 시민의 자유도 더욱 확고해진다."

이 화법은 성공했던 듯하다. 오펜하이머에 대해 동정적인 교수들이 주로 모였던 자리라 더욱 그랬을 것이다. 분위기는 풀어져 자신들의 한국 경험담들이 이어졌고 내가 언급했던 북미 수교론에 지지도 이어졌다. 앞서 "로켓맨~" 하며 좌중을 웃겼던 학부생 아들은 나중에 슬

그머니 내게 와서 “제가 너무 몰랐습니다. 죄송합니다.”라며 사과를 했다. 이 정도면 된 청년이다.

한국에도 놀란 감독의 〈오펜하이머〉가 개봉되었다. 이 영화를 제대로 이해하려면 역사적 배경을 알아야 한다. 오펜하이머는 과학자적 이성과 철학적 소양을 함께 가진 인물이었고, 그래서 그가 맡은 원자폭탄 개발이라는 과업 속에서 고뇌와 모순을 느꼈다. 그리하여 핵무기를 그 이상 더욱 강력하게 발전시키는 것을 반대했다. 또한 핵무기의 사용을 억제할 수 있는 강력한 초국가적 국제기구의 출현을 염원하기도 하였다. 그로 인하여 개인적으로 견디기 어려운 야만적인 핍박을 받았다. 그러나 역사는 죽은 오펜하이머를 다시 불러내고 있다. 인간 문명의 관점에서 그의 입장이 옳았기 때문이다.

《내일신문》, 2023. 8. 25.

✦

국회는 선거법을 제대로 바꿀 수 있을까?

1.

유구한 속담도 시대에 따라 살짝 달라져야 제맛이다. '중이 제 머리 못 깎는다'는 속담도 그렇다. 오늘날은 면도기가 좋아져서 스님도 제 머리 깎는다고 한다. 그렇다면 이제 이 속담은 '국회의원은 제 선거법 못 바꾼다'로 바뀌어야 할 듯하다.

국회에서 진행 중인 선거법 개정 논의를 보고 든 생각이다. 그 말 많았던 현행 선거법 개정에 대해 지난 3년간 국회의원들이 말만 무성했지 실제로 바꾼 것은 아무것도 없다. 정치개혁위도 국회 전원위원회 토론도 다 실없이 끝났다. 차기 선거 13개월 전까지 선거구획정안을 국회의장에게 제출해야 한다는 공직선거법 24조 11항도 이미 휴지 조각이 됐다.

국회 선거법 개혁의 역사가 왜 없었겠는가. 특히 1987년 이후 선거법은 분명 조금씩 개선되어 왔다. 1987년 민주화의 거대한 힘이 컸다. 특히 과거 박정희, 전두환 시절 집권당이 2/3 또는 절반씩 그냥 가져가던 '전국구'를 점차 '비례대표성'으로 전환해 온 것에 주목한다. 그러다 정당명부식 1인 2표제가 도입된 2004년 총선은 중요한 도약이었다. 2016년 독선에 빠진 박근혜 정부를 흔들었던 국민의당 돌풍도 1인 2표제로 가능했다.

선거법 개혁이란 표의 등가성, 대표성, 비례성을 강화하는 법 개정을 말한다. 정당 비례의석을 확대하고 정당득표율을 한정된 비례의석만이 아닌 전체 의석에 반영하는 연동형 비례대표제가 그러한 원칙과 방향에 부합한다. 이럴 때 득표율과 의석 점유율의 일치도가 높아진다. 여러 나라의 실제 경험에서 합치하는 바다. 촛불혁명 기간 그런 요구가 컸고, 촛불혁명으로 들어선 문재인 정부와 여당인 민주당에 거는 기대도 컸다. 그러나 어느 순간부터 국회 안의 개혁 에너지는 목표와 방향을 잃고 헤매고 있다.

누가 봐도 이상했던 것은 2019년 말 민주당과 군소야당이 합의했던 '준연동제 비례대표제' 선거법이었다. 취지는 소수정당에게 더 많은 의석을 보장해 주겠다는 것이라고 했으나 결과는 정반대였다. 소수정당의 의석이 훨씬 줄었고, 두 거대 양당의 의석 점유율은 훨씬 높아졌다. 등가성, 대표성, 비례성 모두 후퇴했다.

2020년 4.15 총선의 최대 수혜자는 뜻밖에 민주당이었다. 2019년 8월 이후 '조국 사태'로 줄곧 헤매던 민주당에게 2020년 연초에 갑자기 들이닥친 '코로나 정국'은 천운이었다. 재난에 처한 국민의 위기의식과 K-방역에 대한 넓은 지지가 화학작용을 하여 특히 서울, 경기권에서 민주당은 압승을 거두었다. 지역구 전체의 지지율 차이는 8.5%였으나(민주당 49.91%, 통합당 41.45%), 지역구 전체 의석수에서는 민주당 163석, 통합당 84석으로 더블스코어가 되었다. 비례의석에서는 더불어시민당이 17석, 미래한국당은 19석을 거두어 갔다. 두 거대 양당이 지역구에서 얻은 득표율 91.36%와 비례투표에서 얻은 득표율 67.19%를 합산해 나누면 79.27%가 된다. 그러나 전체 의석에서는 300석 중 양당이 286석으로 95.33%를 점하게 되어, 거대 양당의 과잉대표성은 더욱 심화되고 말았다.

합의된 선거법의 허점을 악용한 비례대표 '위성정당' 때문이었다. 비례대표 위성정당 안은 원래 미래통합당(선거법 논의 당시 자유한국당, 현 국민의힘)이 일찍부터 아예 대놓고 선포했던 꼼수였다. 편법이라고 비난만 해봐야 해결되지 않을 문제였다. 민주당도 '선거연합정당'이라는 허울을 내걸었지만 결국 꼭 같은 위성정당을 만들고 말았다.

2.

위성정당은 편법이자 '눈 가리고 아웅'하는 기망이다. 위성정당이 나올 필요도 없고, 나올 수도 없는 선거법을 만들어야 한다. 연동비례제란 전체 의석에서 정당득표율만큼의 의석을 보장해 주는 제도다. 연동비례제가 본래 취지를 이루기 위해서는 비례의석수가 충분히 할당되어 있어야 한다. 그래야 위성정당이 나오지 않는다.

쉽게 지역대표와 비례대표의 비율이 1:1인 경우와 9:1인 경우를 비교해 보자. 계산 편의상 의원 수는 100명으로 하고, 먼저 비례의석수가 충분히 할당된 1:1의 경우부터 보자. 거대정당인 A당이 지역구 선거에서 큰 승리를 거둬 지역구 의석 50석의 절반인 25석을 획득했다고 하자. 그리고 A당의 비례대표 정당득표율은 40%였다. 따라서 전체 의석의 40%인 40석이 A당에 할당되고 여기서 지역구 당선 25석을 뺀 15석을 비례의석으로 추가로 확보하게 된다.

이렇듯 비례대표율이 높은 선거제도에서는 위성정당이라는 발상이 나오기 어렵다. 모든 정당에 득표율에 따라 정의롭고 합당한 보상을 준다. A당처럼 지역구에서 과반을 석권하고서도 비례대표에서 상당수의 의원을 추가로 확보할 수 있다. 제도가 그렇다는 것을 누구나 알게 된다.

그럼에도 A당이 한국 거대 양당이 지난 총선에 그랬던 것처럼 선거 직전에 의원 꿔주고 비슷한 이름 걸고 후보 급모하는 등의 요란한 모습을 보이면서 비례전용 위성정당을 만든다면 어떻게 될까? 상식을 너무나도 위배하는 일이기에 우선 유권자의 철퇴를 맞을 것이고, 혹 비례의원 몇을 더한다고 하여도 헌법재판소와 대법원이 이를 용납하지 않을 것이다. 선거제도의 정의를 농단하는 위헌적 행태이기 때문이다. 그런 짓을 벌인 A당은 헌정질서를 위배한 위헌 정당으로 낙인찍혀 정치판에서 축출될 가능성이 크다.

그렇다면 이번에는 9:1, 즉 지역구 90석, 비례의석 10석으로 비례대표율이 매우 낮은 경우는 어떻게 될까. A당은 마찬가지로 지역구에서 선전하여 지역구 의석 90석의 절반인 45석을 석권하고, 정당득표에서도 마찬가지로 40%를 득표했다고 치자. 이렇게 되면 A당은 비례의석에서 더는 확보할 의석이 없다. 정당득표 40%가 보장하는 의석 40석을 이미 초과 달성했기 때문이다. 이런 제도에서는 거대정당일수록 비례대표 몫이 아쉬울 것이다. 특히 지역구에서 큰 승리가 예상되는 정당일수록 그렇다. 정당한 자기 몫 이상을 더 얻고 싶어 한다.

2020년 한국 총선 '준연동제'의 비율이 정확히 9:1이었다. 국회의원 정원 300명의 10%인 30석에 연동제를 걸었다. 다만 연동률을 깎아 50%로 했다. 여기에다 병립형 비례제로 남겨둔 17석을 합하면 전체 의석의 15%다. 이렇게 하여 누구도 제대로 이해하기 어렵고 셈하기도 어려운 해괴한 선거법이 탄생했다. 그 합의를 거부한 통합당은 '위성정당' 출범을 공공연히 선포했다. 지역구 출마 없이 비례의석만을 노리는 위성정당 득표로 추가의석을 더하겠다는 것이었다.

2019년 연말 '4+1' 준연동제 합의 당시에 2020년 4.15 총선의 결과가 어떻게 되리라고는 아무도 정확히 예측할 수 없었다. 아마 민주당은 고전을 예상했을 것이고, 통합당은 내심 대승을 고대하지만 그게 아니더라도 최소한 낙승은 기대하고 있었을 것이다. 그런 상황에서 민주당 역시 애초부터 위성정당 카드를 준비하는 '두 마음'을 가지고 있지는 않았을 것이라고 믿는다. 지역구 선거의 고전을 비례의석으로 보충할 것으로 보았을 것이다. 그러나 코로나 사태가 국면을 크게 바꿨다. K-방역에 대한 지지율이 높아지는 것을 보면서 마음이 바뀌어, 시종 편법이라 비난해 온 위성정당 카드를 자신도 꺼내게 되었다. 위성정당으로 민주당이 추가 의석을 다수 더할 수 있다고 본 것이다. 지역대 비례 9:1 조건에서는 지역구 선거에서 승리 가능성이 높다고 생각하는 정당일수록 비례전용 위성정당 창당이라는 편법의 유혹이 커지게 마련이다. 국민의힘도 민주당도 마찬가지였다.

3.

연동비례제 선거제도에서 거대정당의 비례전용 위성정당 창당은 위헌적이다. 어느 나라에서도 볼 수 없었던 기괴한 사태였다. 그럼에도 한국 대법원과 헌법재판소가 관련 소송에서 그 위법성과 위헌성에 대해 분명한 적시 판결을 내지 못한 것은, 양대 거대정당이 모두 위헌적 위성정당 창당에 가담해 버림으로써 위헌 판단의 폭을 크게 제한해 버렸기 때문이다.

21대 국회 초반부터 선거법 개정이 운위되었지만 지난 3년간 나온 게 없다. 국회의장은 다시 한번 기한을 늦추어 5월 중순까지는 단일안을 도출해 본회의 표결에 부치겠다고 한다. 그 말을 믿고 싶다. 그 기간 동안 최소한 위성정당 금지에 관해서만이라도 확고한 여야 합의를 이루기 바란다. 그러나 전면적 선거법 개정은 이번에 이뤄지기 어려울 것으로 보인다. 2019년과 같이 국민이 이해할 수 없는 개정은 없는 편이 낫다. 국민의 지혜를 모으는 새로운 획기적 방법이 필요하다.

《내일신문》, 2023. 4. 28.

✦

구멍 뚫린 오존층이 스스로 발언하게 하라

갈수록 답답한 일들이 많아지는 세상이다. 세상일이 답답해지면 늘 하늘을 본다. 그 하늘에서 뜻밖의 희소식이 하나 왔다. 크게 뚫렸던 남북극의 오존층 회복 속도가 빨라지고 있다.

세계기상기구(WMO)가 4년마다 발표하는 〈2022년 오존층 고갈에 대한 과학적 평가 보고서〉에서 알린 소식이다(발표는 2023년 초). 회복 징후의 첫 소식은 〈2018년 보고서〉에서 전했다. 그 회복 속도가 빨라지고 있다는 것이다. 이러한 추세로 나간다면 향후 10~20년 내 1980년대의 수준을 회복할 수 있을 것이라 한다.

이 희소식은 하늘의 일에 국한되지 않을 듯하다. 저 먼 하늘 위의 일도 해결하고 있다는데, 하늘 아래 이곳 세상의 일이라고 해결을 못 할까. 믿음을 가져보자. 이 문제의 발생과 해결 과정을 잘 살펴보면 현재 우리가 봉착하고 있는 세상사의 여러 문제들에 대한 대처에도 중요한 교훈을 줄 수 있을 것 같다. 요즘 만연하는 온갖 비관주의에 대한 해독제를 여기서 찾을 수도 있지 않을까.

비관주의는 우리가 만든 문제를 우리가 해결할 수 없을 것 같다는 자포자기에서 나온다. 자포자기에서 빠져나올 첫걸음은 무엇일까? 우리가 만든 문제는 우리가 해결할 수 있다는 믿음이다. 정치든 경제든 과학이든 마찬가지다. 문제가 워낙 복잡하게 꼬여 도저히 출구를 찾을 수 없는 것처럼 보일 수 있다. 이럴 때 문제 스스로가 발언하게 해야 한다. 오존층 파괴와 회복의 문제가 그 길을 보여준다. 오존층이 발언하게 하면 된다. 구멍 뚫린 오존층이 스스로 말하게 하라.

오존(O3)은 산소(O) 세 개가 결합한 분자로서 지표에는 희박하고 90% 이상이 지상 10~15km 이상의 성층권에 밀도 있게 모여 층(오존층)을 이루고 있다. 오존 자체는 인체에 유해하지만, 저 하늘 높이 성층권의 오존층은 태양 광선의 유해한 자외선을 흡수하는 유익한 역할을 한다. 자외선은 높은 에너지를 가져 생물의 DNA를 파괴하고 변형하여 각종 암과 질환을 유발하는데, 오존층이 자외선을 막아줌으로써 지구의 생명계의 존속에 도움을 주는 것이다. 만일 오존층이 없었다면 현재와 같은 수준의 지구 생명의 진화는 불가능했다. 인간종 역시 존재하기 어려웠다. 지구 생명권 전체가 생명 진화의 장구한 세월 동안 오존층의 보호를 받아왔다.

오존층은 지구 대기에 산소가 많아지면서 만들어졌으니 대략 20억 년 전의 일이다. 그렇듯 생성된 이후 큰 변형이 없었다. 오존층 파괴는 극히 최근에 생긴 문제다. 널리 알려진 바와 같이 '프레온 가스(CFC)'가 만든 문제다. 프레온 가스는 자연에 존재하지 않는다. 1928년 미국 오하이오주의 제너럴 모터스(GM) 연구소 소속의 화학공학자 토머스 미즐리가 만든 인공합성물이다. 당시 냉장고가 상업화되기 시작했는데, 냉매로 쓰던 암모니아의 유해성이 문제였다. GM은 미즐리에게 암모니아를 대체할 유해하지 않은 냉매 개발을 주문했고, 솜씨 좋은 미즐리는 이 요구에 응하여 실험실에서 프레온 가스를 만들어 냈다.

미즐리는 GM에 큰돈을 벌어다 주는 스타 연구원이었다. 이미 1921년 납을 포함한 유연휘발유(상품명 '에틸')를 개발하여 자동차 엔진의 노킹 현상을 해결한 바 있었다. '에틸'은 날개 돋친 듯 팔렸다. 자동차와 석유 산업의 급성장에 큰 역할을 했다. 그러나 이제 그의 이름은 과학기술계의 오명(汚名)이 되었다. 문제는 납중독이었다. 미즐리는 에틸이 납중독을 유발하여 인체에 심각한 해를 미칠 수 있다는 사실을 알고 있었음에도 이를 숨겼다. 미즐리의 사후, 캘리포니아 공과대학(캘텍)의 화학자였던 클레어 패터슨은 유연휘발유 사용이 대규모 납중독을 일으키고 있다는 사실을 끈질기게 입증했다. 이때 석유, 자동차 업계는 그의 연구를 부인하고 패터슨을 협박했다. 연구비를 끊고 대학에서 쫓아내려 했다. 그들 편에 선 과학자들을 동원하여 유연휘발유 사용이 대기 중의 납 성분을 증가시키지 않았다고 주장했다.

전방위 압박 속에서도 패터슨은 굴하지 않았다. 그의 편에 서주었던 대학과 연구지원기관, 그리고 여론의 뒷받침을 받았다. 패터슨은 대기 스스로 말하게 했다. 대기 성분의 변화는 지층처럼 쌓여 땅속에, 빙하 속에 보존된다. 패터슨은 그 성분 변화의 역사가 잘 보존된 극한 지역의 얼음층을 시추하여 대기 중의 납 성분이 유연휘발유의 대량 생산 이후 크게 증가했음을 입증했다. 그는 승리했고, 이제 더 이상 유연휘발유는 사용되지 않는다. 패터슨의 승리 이후 대기 중 그리고 인체 혈중 납 농도는 현저하게 내려갔다.

프레온 가스의 유해성 입증도 마찬가지 경로를 밟았다. 프레온 가스는 염소(Cl)와 불소(F), 탄소(C)의 결합물이다(염화불화탄소, CFC). 프레온 가스의 염소 원자는 오존(O3)의 산소와 결합하여 오존을 파괴한다. 이 사실은 프레온 가스 발명 후 40여 년이 지난 1970년, 네덜란드의 화학자 파울 크뤼천이 밝혔다. 이미 당시에 남극의 오존층에 구멍이 생기고 있다는 사실은 알려져 있었다. 그러나 원인을 몰랐다. 그 단서를 크뤼천이 최초로 제공한 것이다. 이어 미국(UC 어바인)의 두 화학자 마리오 몰리나와 셔우드 롤런드가 증거를 보강하여 학회지와 언론을 통해 널리 알렸다. 고감도 기체 탐지기를 발명하여 CFC가 대기 중에 널리 분포함을 밝힌 제임스 러브록의 기여도 빼놓을 수 없다. CFC의 오존층 파괴를 밝힌 세 사람의 과학자(크뤼천, 몰리나, 롤런드)는 1995년 노벨상을 받았다. 크뤼천은 2000년, 요즘 널리 쓰는 '인류세'라는 용어를 최초로 제안하기도 했다. 러브록은 지구 생태계의 유기적 관련을 밝힌 '가이아 가설'로 주목받고 있다.

유연휘발유가 문제가 되었을 때 그랬던 것처럼 프레온 가스 생산 업체들, 사용 업체들이 완강하게 저항했다. 프레온 가스는 프랑스의 화학업계인 듀폰(DuPont)이 대량 생산했고, 냉동기기를 넘어 플라스틱 제조, 전자산업 분야까지 사용 범위가 넓어졌다. 1970년대에 이르면 매년 백만 톤 이상 생산되는 화학업계의 총아가 되어 있었다. 이들 거대 업체들은 CFC가 오존층 파괴의 주범이라는 사실을 인정하지 않았다. 다른 과학자들을 동원하여 다른 여러 자연적 원인들에 의한 주기적 현상일 뿐이라는 주장을 유포했다. 이 논쟁 속에서 일반인들의 관심은 높아졌고, 많은 토론회와 국제회의가 열렸다. 1985년 비엔나에서 오존층 보호를 위한 122개국 협약이, 1987년에는 몬트리올에서 CFC 사용을 단계적으로 제약하는 의정서가 채택되었다.

그러나 관련 업계의 저항과 거부는 멈추지 않았다. 그럼에도 대기 관측과 대기 분석 정확도는 계속 높아졌고 이윽고 CFC의 오존층 파괴는 움직일 수 없는 사실이 되었다. 파괴된 오존층이 정확하고 분명하게 발언할 수 있게 된 것이다. 듀폰 등 관련 거대 업계도 결국 사실을 인정하고 대체 냉매 개발로 방향을 바꿀 수밖에 없었다. 그리하여 선도 사용국은 몬트리올 의정서의 규제 조항을 강화하여 1996년부터 오존층 파괴 물질의 생산 및 수입을 금지했고, 후발 사용국(한국도 여기에 속한다)은 1997년부터 단계적으로 감축해 2010년부터 사용을 완전 금지할 수 있었다. 구멍 난 오존층이 메워지고 있다는 오늘의 희소식은 그러한 오랜 집단적 노력의 결과다.

구멍 뚫린 민심은 어떻게 발언해야 할까?

그렇듯 납에 오염된 대기와 구멍 뚫린 오존층이 발언할 수 있었다. 인간이 만든 문제였으니 결국 인간이 해결할 수 있었던 것이다. 그러나 눈길을 하늘에서 거둬 오늘날 대한민국의 현실로 돌리면 착잡해진다. 이제 하늘의 구멍이 아니라, 이 나라 민심과 민생에 뻥 뚫린 구멍이 너무나 여실하게 보이기 때문이다. 이 구멍은 어떻게 메우나?

물가와 금리는 끝모르고 오르는데 희한하게도 법정 노동시간은 대폭 늘리겠다고 한다. 그렇지 않아도 줄어들고 있는 실질 소득을 더 줄여놓겠다는 이야기다. 약자는 더 약하게 하고 강자는 더 강해지겠다는 말이다. 힘센 쪽만 갈수록 더 큰소리를 낸다. 민심과 민생에 뻥 뚫린 이 구멍은 줄어들기는커녕 갈수록 더 커져만 가는 것 같다. 안보도 외교도 갈수록 위태롭다. 이렇듯 문제는 겹겹이 쌓여 가는데 국회는 무엇을 하고 있는지 알 수가 없다. 더구나 야당이 한참 다수인 '야대 국회'라는데 말이다.

이럴 때 '구멍 뚫린 오존층이 스스로 발언하게 하라'는 교훈을 다시 생각하게 된다. 이 발상은 오존층 파괴에 대한 우려가 커져가던 1990년대에 나왔다. 이 발상을 일부 과학연구자들은 '사물들의 의회(parliament of things)'라고 불렀다. 파괴되는 오존층과 파괴하는 CFC로 '사물 의회'를 소집하라. 관련된 실험실과 과학자와 자외선에 노출된 환자들과 성층권 대기를 촬영하고 분석한 인공위성 모두 출석하라. 한자리에 앉아 끝장 토론을 하라. 구멍 뚫린 오존층을 메울 방안을 반드시 찾아라. 우리가 만들어 낸 문제이니 우리가 해결해야 하지 않겠는가? 반드시 그래야 하지 않겠는가? 이제 우리는 이 문제를 해결하고 있다. 그 성공 소식에 희망을 갖게 된다. 그렇다면 오늘 이 나라 대한민국에서 민심과 민생의 뻥 뚫린 구멍을 메워줄 민심의회, 민생의회는 어디서 어떻게 열어야 할까?

《내일신문》, 2023. 3. 30.

✦

‘신기후체제’와 영화 〈아바타〉

2009년 개봉한 〈아바타1〉은 생태주의의 메시지를 선명하고 아름답게 전했던 수작이었다. 상업적으로도 크게 성공하여 수많은 〈아바타〉 팬이 생겼다. 이 영화의 한편에는 생명과 자연이 서로 의지하고 보호하며 살아가는 ‘생명의 그물(Web of life)’의 세계가 있고, 다른 한편에는 그러한 세계를 파괴하고 빼앗아 독차지하려는 거대한 힘이 있다. 〈아바타1〉은 생명 세력이 파괴 세력을 몰아내는 것으로 끝난다.

그러나 올 12월, 13년 만에 개봉한 속편 〈아바타2〉는 아주 다르다. 돌아온 약탈 세력의 파괴력은 훨씬 막강해졌다. 반면 ‘판도라 행성’의 ‘생명의 그물’의 힘은 그 가공할 만한 파괴력 앞에 너무나 왜소하고 무력해 보인다. 〈아바타2〉는 미약한 생명 세력이 막강한 파괴 세력의 압도적인 위력과 위협과 추격에 시종 쫓겨 다니는 이야기다. 3시간의 상영시간 내내 그렇다. 영화가 다 끝나갈 무렵에야 먼바다의 작은 섬까지 쫓아온 추격대를 겨우 물리치게 되지만, 그 추격대란 배후의 거대한 파괴 세력의 일부일 뿐임을 누가 모르랴.

〈아바타〉의 생명 세력과 파괴 세력 간의 결전은 오늘날 기후위기의 세계에 대한 알레고리, 우화다. 올여름 더위는 많은 숲을 태우고 남북극의 빙하를 녹였다. 이제 이 겨울은 북극의 극한기류를 중간 위도대까지 밀어내고 있다. 냉기를 막는 제트기류가 풀린 탓이다. 동서가 혹한에 몸살이다. 이제 이런 극서와 극한의 널뛰기가 더 이상 '이상기온'이 아니라 기후위기 시대의 뉴노멀, 새로운 정상상태가 되고 말았다. 이러한 사태에 대응하기 위한 국제 협의 체제를 '신기후체제'라 한다. '신기후체제'는 기후위기의 가속화 추세를 완화하고 궁극적으로 멈추게 하는 것을 목표로 한다.

〈아바타2〉는 이 '신기후체제'가 형편없이 비틀거리고 있음을 보여주는 것만 같다. 격랑 속의 일엽편주 신세다. 이 일엽편주 속에서 〈아바타2〉의 생명 세력은 모두가 내 가족과 내 종족의 보존만을 생각하고 머리를 좁다란 뱃바닥에 처박는다. 그러나 기후위기의 가속화를 막지 못하면 내 가족, 내 민족, 더 나아가 인간만이 아니라 지구 생명권 전체의 미래까지 암울하다. 지금 인류는 지구 역사에서 존재했던 다섯 번의 '대멸종'에 이은 '여섯 번째의 대멸종'의 벼랑 끝으로 달려가고 있다고 과학계는 경고하고 있다. 지구과학에서 '대멸종'이란 지구 생물 종의 75% 이상이 멸종하는 현상을 말한다. 생물계의 멸종 현상은 이미 심각한 수준에서 진행 중이다.

핵심은 인간 문명이 대량으로 대기에 방출하고 있는 탄소의 양이다. 대기 중 탄소 입자가 늘수록 기온은 올라간다. 주로 석유와 석탄의 대량 연소 때문이다. 급속한 온난화, 기후위기로 인하여 이상기온이 일상화되고, 숲이 타고 바다가 죽는다. 이런 현상은 양의 되먹임을 통해 무서운 속도로 대멸종을 향해 달린다. 이 '여섯 번째 대멸종'에 대항하는 전투에서 인류 문명은 형편없이 밀리는 듯 보인다. 〈아바타2〉는 그렇듯 풍전등화가 된 인류의 가여운 운명을 보여주는 것만 같다.

한국의 상황은 더 암울하다. 젊은 세대를 중심으로 기후위기에 대항하는 '기후활동가'들이 여러 현장에서 헌신적인 운동을 벌이고 있지만, 기성 주류 사회는 귀를 꽉 틀어막고 있다. 지난 대선에서 '기후위기' 문제는 제대로 언급조차 되지 못했다. 기후위기의 분명한 파생물이었던 코로나19 사태를 겪었음에도 그러했다. 더구나 새 정부는 한국 정부가 엄연한 일원이 되어 있는 '신기후체제'의 탄소배출 감소 약속을 부인하려 한다. 기왕의 녹색 재생에너지 사업의 성과들을 정쟁거리로 삼아 부정하고 공격하기에 바쁘다. 안에서는 그렇게 부정하면서 밖으로 나가서는 그렇듯 차마 공개적으로 부정하지는 못하고 그 약속을 지키겠노라고 마음에 없는 말을 한다. 지난 11월 제27차 유엔기후변화협약 당사국 총회(COP27)에서 나경원 기후환경 대사의 발언이 그러했다. 기후위기를 대놓고 부정하고 기후협약에서 탈퇴해 버렸던 트럼프의 어처구니없는 뻔뻔함이 이 대목에서는 오히려 정직해 보인다.

경고는 일찍 시작되었다. 1972년 발표된 《성장의 한계(The Limits to Growth)》라는 의미심장한 보고서다. 이제 저무는 2022년은 《성장의 한계》 출간 50주년이었다. 당시 MIT의 세 젊은 학자들은 컴퓨터 시뮬레이션 기법을 활용하여 세계 인구, 1인당 산업생산물, 1인당 서비스

등의 지표가 2030년 즈음부터 하락하기 시작할 것이라고 예측했다. 경제성장이 한계에 이르러 하강하기 시작한다는 것이다. 주요 이유로 지구 가용 자원의 한계를 들었다.

빛나는 예지력을 보여준 이 경고는 그러나 오랫동안 칭송보다는 엄청난 반발과 비난을 더욱 많이 받았다. 과학기술과 경제성장의 무한한 잠재력을 이해하지 못했다는 것이었다. 실제로《성장의 한계》출간 이후 오늘날까지 지구촌의 산업생산 지표는 과거보다 더욱 가파른 상승곡선을 그려왔다. 그리하여《성장의 한계》에 대한 비난은 한동안 승리한 것처럼 보였다. 석유 매장량의 한계가 보이자 셰일 가스 채취 기술을 개발한 것처럼 한 자원이 한계에 이르면 다른 대체 광물을 개발하여 무한히 지속해 갈 수 있는 것처럼 보였다.

그러나 이제 달라졌다.《성장의 한계》의 메시지에 다시금 강한 힘을 불어넣었던 것이 21세기 들어 점차 뚜렷해진 기후위기였다. 세계 경제성장률의 성장 추세 역시 뚜렷이 꺾이고 있다. 경제 규모가 커질수록 경제성장이 요구하는 자원과 에너지의 양은 복리 이자처럼 이자가 이자를 낳아 눈덩이처럼 커진다. 문제의 초점은 지구자원의 물리적 한계가 아니었다. 한계 없는 복률 성장이 쏟아놓는 엄청난 화석연료 배출물, 폐기물, 자연 파괴가 문제였다. 그렇듯 한계를 넘은 성장이 낳은 부정적 결과들이 모여 기후위기라는 새로운 자연현상을 만들고, 그렇듯 만들어진 '신기후'라는 '신자연'이 성장에 자연적 한계를 긋고 있다.

그사이 성장과 행복이 비례하지 않음이 밝혀졌다. 성장지상주의는 오히려 불평등과 양극화를 심화시켰다. 풍요를 위해 무한한 성장이 필요하지 않음도 밝혀졌다. 코로나19 사태는 성장이 멈추고도 풍요를 나눌 수 있는 길이 있음을 알려주었다. 오히려 무한성장주의가 나눔의 풍요를 질식시킨다.

그럼에도 〈아바타〉의 파괴 세력처럼 자연을 끝없이 약탈하면서 무한성장을 추구하는 세력은 여전히 존재할 것이다. '대멸종'이 다가오더라도 지구 밖으로 탈출해서 새로운 우주 자연을 정복하면 된다고 꿈꾸는 사람들도 있다. 자연과 우주가, 그리고 생명과 인간까지도, 오직 그들과 그들의 욕망 충족을 위해 존재한다고 믿는 괴이한 부류다. 영원히 지배자요 정복자로 살고 싶은 1%의 또 다른 인류다. 그들이 바로 〈아바타〉의 침략자, 파괴 세력이다.

〈아바타3〉이 2025년 개봉 예정이라 한다. 〈아바타2〉를 보고서야 알았다. 그 내용에 대한 예고는 없지만, 막강한 파괴 세력을 피해 숨어다니기에 급급했던 생명 세력이 대반전을 이루는 내용일 것임은 누구나 짐작할 수 있다. 아바타란 힌두교에서 신의 화신(化身)을 말한다. 영화 〈아바타〉에서는 지구 인간이 '판도라 행성'의 나비족의 몸으로 화한 존재다. 나비족은 '생명의 그물' 속의 삶을 살아간다. 영화 속 아바타는 두 얼굴을 하고 있다. 하나는 자연과 생명을 파괴하기 위해 나비족으로 위장한 파괴 아바타의 얼굴이다. 다른 하나는 '생명의 그물'과 하나가 된 생명 아바타다. 〈아바타1〉을 보면 주인공은 파괴 아바타로 시작하나, 이후 생명 아바타로 의식과 존재를 바꾼다. 따라서 〈아바타〉 시리즈는 생명 세력과 파괴 세력 간의 문명적 결전의 영화이자, 인간 내부의 생명과 파괴의 투쟁에 관한 이야기이기도 하다. 〈아바타2〉에서 보았듯 파괴 세력의 힘은 막강하다. 이 결전에서 이기기 위해서는 파괴 세력이 가진 힘을 생명화해야 한다. 인간의 권력, 부, 과학, 종교가

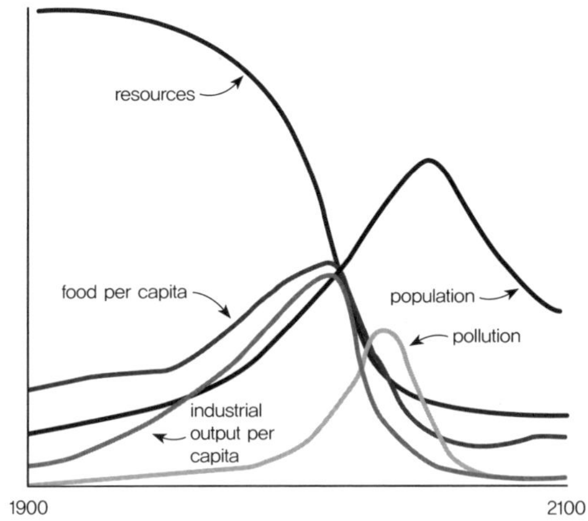

그림 1 MIT 시스템 다이내믹스 팀은 1970년대 초, 1900년부터 2100년까지 세계 인구, 산업 생산, 자원 소비, 식량 생산, 오염 수준 등을 포함한 '세계 모델(World3)'을 바탕으로 컴퓨터 시뮬레이션을 수행하였다. 그 결과를 나타낸 이 그래프는 자원의 한계와 환경 수용력의 초과가 초래할 수 있는 사회 붕괴 가능성을 경고하며, 지구 용량의 한계 개념과 지속가능성의 중요성을 전 세계에 확산시키는 계기가 되었다. (출처: Meadows et al., *The Limits to Growth*, New York: Universe Books, 1972, p.124.)

생명화되어야 한다. 생명화란 '생명의 그물망' 속의 그물코가 됨이고, 그 그물은 나눔과 공존의 그물이다. 그동안 실망스러웠던 '신기후체제'가 힘을 내기 바란다. 모두가 힘을 낼 때다. 그렇게 모두 힘찬 새해를 맞이하자.

《내일신문》, 2022. 12. 30.

✦

새 대통령의 화두, '자유'란 무엇인가?

자유가 화두다. 윤석열 대통령은 2020년 5월 10일의 취임사에서 원고지 20매 분량의 원고에 자유를 35회 언급한 바 있다. 8.15 경축사에서도, 이어 9월 20일 유엔 연설에서도 거의 같은 비중으로 자유를 말했다. 그뿐만 아니라 어디서나 기회 되는 대로 자유를 강조해 왔다. 이 정도면 자유가 새 정부의 핵심 화두가 되었다고 확실하게 말할 수 있겠다.

누가 뭐래도 자유란 크고 고귀하다. 우리가 부처를 '대자유인'이라 부르는 것은 당신 홀로의 고행과 해탈에서 멈추지 않고 중생구제에 나섰기 때문이다. 노자(老子) 사상의 높은 경지를 표현한 '和光同塵(화광동진)' 역시 마찬가지 뜻이다. '홀로 높은 빛을 깨닫는 것(화광)'만으로 그 자유는 완전하지 않다. '세상의 낮은 곳과 함께할 때(동진)' 비로소 높은 자유라 할 수 있다. 이런 생각은 물론 동양에 한정되지 않는다.

서양철학의 자유 개념을 가장 폭넓게 종합했다는 현대 자유주의 사상가 존 롤스는 '모두가 평등하게 누리는 자유'를 그의 명저《정의론》의 제1조로 내건 바 있다.

이처럼 고귀한 언어를 이 나라 온 국민이 새 대통령의 임기 내내 한마음으로 잡고 화두선에 용맹정진할 수 있다면 얼마나 아름다운 일인가. 화두선이란 그 화두를 잡고 자신의 궁극적 한계를 찾아 이를 타파하는 치열한 수행이다. 그리하여 온 국민이 자유의 참된 의미를 깨치게 된다면 어찌 실로 커다란 덕이라 하지 않을 수 있겠는가.

그러나 모든 화두가 그렇듯 '자유'라는 화두에도 반드시 넘어서야 할 곤경과 난관이 있다. 큰 산에는 큰 고개가 있기 마련이다. 자유를 그저 '제 마음대로 할 수 있는 상태'를 말하는 것이라고 막연하게 생각하면, 바로 여기가 타파하고 나가야 할 '자유 화두'의 맥점이 된다. 큰 자유에 이르기 위해 반드시 벗어나고 넘어서야 할 것은 작은 자유, 나만의, 나의 집단만의, 나의 파당만을 위한 자유다.

이를 결코 잊어버릴 수 없는 방식으로 아주 드라마틱하게 밝혀준 이는 서양철학의 태두인 플라톤이었다. 이제 세계인의 고전이 된 그의 주저《국가》는 '어느 특정 집단만 행복한 것이 아니라, 시민 전체가 최대한으로 행복해지는 나라'를 이뤄나갈 길에 대해 논한다. 여기서 플라톤은 그러한 목표에 이르기 위해 넘어서야 할 가장 근본적인 장애물로 '(강자의) 제멋대로 할 수 있는 자유(exousia)'를 지목하였다. 그러한 자유란 '바르지 않은 일을 감쪽같이 하여 체포되지 않는 자'의 자유이고, 설혹 '바르지 못한 일이 발각되더라도 사람들을 능히 납득시킬 말을 하고, 부와 권력을 가진 친구들을 동원하여 강제력을 행사할 수 있는 자'의 자유이며, 그리하여 '올바르지 않으면서 올바른 듯이 보이는 자'의 자유라 했다.

이를 보다 알기 쉽게 설명하기 위해 플라톤은 '기게스의 반지'라는 우화를 끌어온다. 영화 〈반지의 제왕〉에서 문제의 그 반지가 바로 '기게스의 반지'를 원형으로 했다. 이 반지를 끼면 제 모습이 사라지고, 무엇이든 할 수 있는 마법의 힘을 얻는다. 그리하여, 그 힘을 통해 "제멋대로 할 수 있는 자유"를 얻은 자는, "시장에서 자기가 갖고 싶은 것은 무엇이든지 두려움 없이 가질 수 있고, 또 어느 집에든지 들어가서 자기가 원하는 사람이면 누구와도 교접할 수 있으며, 자기가 원하면 누구든 죽이거나 속박에서 풀어줄 수 있고, 또한 그 밖의 여러 가지에 있어서 인간들 사이에서 신과도 같은 존재로서 행세할 수 있게" 된다.

이렇듯 '기게스의 반지'의 마력으로 "제멋대로 할 수 있는 자유"를 행사할 수 있게 된 자는 세속적 의미에서 누구보다 강한 권력을 가진 자가 아닐 수 없겠다. 결국 '기게스의 반지'는 무소불위의 힘을 행사하는 '강자의 자유'를 상징한다. 플라톤은 이 우화를 가볍게 보지 않았다. 큰 도둑이 '신과 같은 존재'가 되어 정의와 불의가 180도 뒤집히는 일이, 단지 황당한 우화가 아니라 오히려 당시 그의 현실에서 비일비재하게 벌어지는 일임을 플라톤은 잘 알고 있었기 때문이다.

그래서 플라톤은 강자의 편에서 강자의 자유를 옹호하는 한 변론가(트라시마코스)를 일부러 등장시켜 그가 말하는 정의와 자유란 무엇인지 끈질기게 묻는다. 트라시마코스는 정의란 국가 권력을 장악한 강자의 정의일 뿐이며, 따라서 정의란 '강자의 편익'에 불과한 것이라고 웅변한다. 따라서 그에게는 '강자의 편익', '강자의 자유'야말로 정의로운 것이 된다.

궤변이다. 강자의 편익이 정의라면, 그 편익으로 인한 약자의 고초 역시 정의일 것이고, 강자의 자유가 정의라면, 그가 약탈한 약자의 비참 역시 정의일 것이다. 이러한 궤변의 논리적 자가당착을 플라톤은 상세히 논파하는데, 여기서 그 논의를 구구이 추적할 필요는 없다. 그가 구상한 이상적 국가상이 오늘날의 상황에 모두 적절한 것도 아니다. 논점은 우리가 자유를 화두로 잡을 때, 어떤 점을 가장 주의하여 타파해야 하는지 플라톤이 아주 박진감 있고 선명하게 밝혀주었다는 데 있다.

자유의 가장 큰 장애물은 자유 안에 있다. 자유를 나만을 위한 무제약적 자유로 이해할 때, 모두를 위한 대자유는 빛을 잃는다. 특히 '제멋대로 할 수 있는 자유'가 강자의 전유물이 될 때, 플라톤이 강조한 '시민 전체의 자유'는 최대가 아니라 극소가 되고 만다. 가짜 자유가 참자유를 죽이고, 작은 자유가 큰 자유를 죽인다.

파업한 대우조선 하청 노동조합 집행부 5인에게 떨어진 470억 원짜리 손해배상 청구소송과 같은 일이 그렇고, 장애인 단체의 지하철 시위를 '비문명적'이라고 매도하는 행태가 그렇다. 서민은 상상하기도 어려운 거액의 손해배상 폭탄을 투하할 강자의 자유는 약자의 파업의 자유와 생존권을 짓뭉개고, 공공장소에서 뇌성마비 장애인의 절규를 불쾌하게만 보고 들을 자유는 장애인과 함께할 삶의 자유와 장애인 예산이 오리무중인 사정을 잊어버리고 지워버린다. 그러는 어느 사이 다수의 종편, 유튜브, 인터넷 갤러리는 강자의 자유를 숭배하고 약자의 자유를 멸시하는 헤이트 스피치와 혐오 산업이 창궐하는 곳이 되어버렸다. 온 국민이 참자유의 화두를 잡고 깊이 참구해야 할 절박한 이유가 있다.

자유는 사람들 사이의 관계에 있고, 그 자유는 하나가 아니라 둘이다. 하나는 존 롤스가 강조했던 모두에게 평등한 자유이고, 또 하나는 플라톤이 우려했던 강자만을 위한 자유다. 모두에게 평등한 자유는 사람들 사이의 권력과 부의 높낮이를 좁혀가는 자유이고, 강자만을 위한 자유란 그 높낮이를 키워가는 자유다. 낙폭을 줄여가는 자유는 대화와 협력을 에너지로 삼고, 낙폭을 키워가는 자유는 배제와 강압을 무기로 삼는다. 부처와 노자가 세상 속에서 설했던 자유가 어떤 쪽의 자유인지는 굳이 지적할 필요도 없을 일이다.

끝으로, 모두가 함께 누리는 대자유는 반드시 평화를 부르고, 강자만을 위한 자유는 반드시 분쟁을 부른다는 점을 덧붙이고 싶다. 사람 간의 관계만 아니라 국가 간의 관계에서는 더욱 그러하다. 국가 간 분쟁은 치명적인 전쟁으로 이어질 수 있다. 현대 냉전사를 보면 미국과 소련 양대 강국 간의 전쟁은 벌어지지 않았지만, 양대 세력을 대리하는 위성 국가들 간의 전쟁은 빈발하였음을 알 수 있다. 강자는 멀쩡하고 약자는 망가진다. '강자만을 위한 자유'의 전형적인 냉전적 관철 방식이었다. 이렇듯 강자만의 자유를 위한 분쟁에 휘말려 자국을 전쟁터로 내어주는 것은 가장 어리석은 일이다. 1950~1953년 남북 코리아 전쟁이 바로 그러했다.

오늘날의 세계 상황에서는 '신냉전'의 논리가 바로 '강자만을 위한 자유'를 대표한다. 우리가 다시금 '강자만을 위한 자유'의 대리인이 되어 한반도를 전쟁터로 만드는 어리석은 일을 반복할 것인가. 자유란 적을 만드는 언어가 아니다. 작은 자유가 큰 자유를 죽인다고 하였다. 참자유, 대자유는 공존과 공영을 약속한다. 국제관계에서 적을 설정하는 자유란 항상 '강자만을 위한 자유'의 언어였음을 잊지 말아야 한다. 그 강자에게 적이란 범하고 싶은 약자를 칭할 뿐이다. 작은 자유는 적을 만든다. 큰 자유에는 적이 없다.

《내일신문》, 2022. 10. 14.

✦

신냉전은 누가 이길까?

승자가 어느 쪽인지 확실해 보인다면, 승자 쪽에 서는 것이 평범한 사람들이 세상을 살아가는 방식일 것이다. 당장 승패가 분명해 보이지 않더라도 결국 "승패는 갈리게 되어 있다."는 확신이 서면, 승률이 높을 것으로 보이는 편에 은근슬쩍이든지, 아예 투기하는 셈 치고 앞장서 적극적으로든지, 줄을 서게 되는 것이 또한 세상인심이겠다. 이런 인심에 대해 이 자리에서 왈가왈부할 생각은 없다. 다만 이번 '신냉전'은 세상사의 그러한 이치대로 흘러갈 것 같지 않다. 승자는 없고, 양편 모두 패자가 될 가능성이 매우 높아 보인다. 지금까지와는 전혀 다른 방식으로, 완전히 다르게 생각하고 대응할 필요가 있다.

우선 '신냉전'이란 말부터 풀어보자. 러시아와 우크라이나 전쟁 이후 각종 기사와 웹에 '신냉전'이란 말이 부쩍 자주 눈에 띈다. 새로운 말은 아니다. 세계의 내놓으라는 국제 문제 전문가들이 가장 많이 읽는다는 《포린 어페어스(foreign affairs)》에서 지난 10년간의 최대 화두가 바로 '신냉전(new cold war)'이었다 할 수 있다. 이 언어와 발상의 진원지, 주창자는 짐작하듯 미국이다. 2011년 미국 대통령 버락 오바마의 '아시아로의 회귀(pivot to Asia)' 전략이 바로 미국의 중국에 대한 '약한 신냉전'이 시작되었다는 신호였다. G2로 커오는 중국을 미리 꺾어놓겠다는 것이 핵심이었다.

오바마에서 트럼프, 지금의 바이든에 이르는 10여 년 동안 신냉전은 점차 그 수위를 높여 왔다. 외교에서 경제로, 그리고 이제는 이윽고 군사 문제로까지. 러시아-우크라이나 전쟁과 대만 해협을 둘러싼 군사적 대치 기류의 형성은 이제 신냉전이 외교나 경제 문제만이 아니라 군사적 힘겨루기에 도달하였음을 보여준다. 미국이 중국을 대상으로 시작했던 '약한 신냉전'은 이제 중국과 러시아에 대한 '강한 신냉전'으로 변모하고 있다. 이 신냉전 전선에 유럽연합(EU)이 끌려들어왔고, 한국에 대한 압박도 커지고 있다.

현재의 '신냉전'이 아니라, 과거의 '냉전'에서는 승자와 패자가 분명했다. 미국이 승자고, 소련이 패자였다. 미국 편에 선 쪽은 얻었고, 소련 편에 선 쪽은 잃었다. 그러나 이번 '신냉전'이 과거 '냉전'의 단순 반복일 것이라고 믿는 것은 커다란 오산이다. 세계가 크게 달라졌다.

과거 냉전의 최대 수혜자는 서유럽과 독일, 일본이었다. 소련에 맞서기 위해 미국은 유럽과 일본에 큰 지원과 혜택을 주었다. 2차대전의 전승국이자 산업 능력이 최고조에 올라 있던 당시 미국이었기에 가능했다. 그리하여 전후 30년 미국, 유럽, 일본은 냉전을 통해 절정의 번영을 구가할 수 있었다. 영국 역사가 에릭 홉스봄이 '황금기(golden age)'라 불렸던 시대다. 지금 미국이 '신냉전'을 주도하면서 유럽과 일본을 최우선 동맹국으로 소환하는 데는 그런 과거가 있다. 그러나 지금의 미국은 유럽과 일본에 과거 냉전기와 같은 큰 지원과 혜택을 줄 수가 없다. 오히려 큰 부담과 고통을 분담해야 한다.

과거 냉전기에 미국과 그 동맹국들은 소련 동구권과 관계를 끊음으로써 큰 부담과 고통을 질 이유가 없었다. 양자 간 경제적 의존관계가 거의 존재하지 않았기 때문이다. 그러나 이제 '신냉전'이 운위되는 오늘날 미국과 유럽, 일본이 러시아, 중국과 관계를 끊게 되면 커다란 부담과 고통을 지게 된다. 트럼프 정부 시기, 중국과 무리한 무역-관세 전쟁을 벌여서 더 큰 부담과 고통을 받았던 쪽은 오히려 미국이었다. 우크라이나 전쟁의 장기화로 인해 현재 유럽이 받고 있는 일상생활의 압박과 고통은 러시아에 못지않다. 굳이 여러 외신 보도를 듣지 않더라도, 지인을 미국과 유럽에 두고 있는 분들은 누구나 듣게 되는 말이다.

미소 간 냉전은 근 50년 지속되었다(1946~1991년). 모든 교류를 틀어막고 죽기살기로 버텼다. 이제 정말로 그 냉전을 다시 한번 해볼 생각이라면, 상대가 무너질 때까지 몇십 년, 최소한 십수 년은 버틸 각오가 서 있어야 한다. 그러나 그렇게 모든 것을 걸기에 예상되는 이익은 너무나 적고 당장 입게 될 피해는 너무나 크다. 십수 년은커녕 단 몇 년이나 버틸 수 있을지, 아니 당장 올겨울을 추위에 떨지 않고 무사히 견뎌낼 수 있을지가 오늘날 미국과 유럽 서민들의 걱정거리다. 과거처럼, 냉전과 봉쇄에 따른 혜택과 번영이란 전혀 기대할 수 없는 엉뚱한 이야기가 되었다.

고통스러울 장기전을 끝까지 견뎌낼 이유와 의지 역시 분명하지 않다. 과거 냉전기에는 미소 양 진영이 서로 불구대천의 이념적 적으로 철저히 맞섰다. 이념만이 아니라, 정치, 경제, 군사적으로 그랬다. 네가 죽지 않으면 내가 죽는다는 절박함이 있었다. 상대가 거꾸러질 때까지 싸운다는 이유와 의지가 분명했다. 그러나 이번 신냉전에는 그렇듯 필사적으로 싸워야 할 확고한 이유와 의지가 분명하지 않다. 러시아, 중국에 대해 과거와 같은 이념적 적대가 존재하는 것도 아니고, 정치, 경제, 사회적 교류와 상호의존은 이미 매우 커졌다. 모든 점에서 과거 냉전과 상황이 너무나 다르다. 서방 주류 담론을 펴는《포린 어페어스》조차 '신냉전'에 대한 찬반은 반반이다. 공정하게 말해, 회의론이 우세다.

미국과 유럽은 그렇다 치자. 그렇다면 우리에게 신냉전은 무엇인가? 한국에게만은 여전히 신냉전이 다시 한번 풍요의 큰 기회를 열어줄까? 이 나라는 과거 냉전의 틈바구니에서 산업화를 잘 일구어 내지 않았던가? 시련에 강한 우리 민족이 다시 한번 잘 해내지 못하리라는 법이 있겠는가? 그러나 번영의 조건이 완전히 달라졌다. 과거 냉전기 한국의 경제부흥은 미국, 일본, 유럽의 대부흥과 지원에 의해 가능했다. 오늘날은 사정이 완전히 다르다. 미국, 일본, 유럽은 정체 중이다. 중국, 인도, 동남아 등 아시아권이 부흥하고 남미권, 중동권, 러시아, 중앙아시아권의 비중이 커지고 있다. 이제 한국의 번영은 서구권만이 아니라 이 지역과의 관계에 크게 의지하게 되었다.

이 지역의 대부분 국가들은 '신냉전'의 어느 한편에 서기를 회피하고 있다. 모든 것이 불투명한 신냉전의 한편에 서서 자신의 기회를 스스로 잘라먹기보다는, 양편에 다 열린 입장에 서서 어느 쪽이든 자국에 이익이 되는 기회를 놓치지 않겠다는 것이다. 한국 역시 마찬가지다. 왜 어느 한편에 서서 스스로 입지를 좁히고 부담과 고통을 자초해야 할까?

여러모로 억지스럽게 진행되고 있는 '신냉전' 판도에 특히 한국이 거리를 두어야 할 가장 중요한 이유는 따로 있다. 한국이 과거 냉전의 수혜자였던 것만은 아니다. 그 냉전으로 인해 코리아의 남과 북은 엄청나게 파괴적인 전쟁을 했다. 가장 큰 피해자이기도 했던 것이다. 아직도 여전히 코리아의 남과 북은 그 전쟁으로 인한 적대를 풀지 못하고 있다. 이런 상황에서 신냉전은 코리아에 전쟁 위기를 다시금 높이지 않을 수 없다. 신냉전에 남북이 깊이 개입할수록 그렇다. 그래 좋다. 또 한 번 전쟁을 하고, 그다음에 또 한 번 번영을 이루자라고 할 것인가? 아무리 황당한 이야기가 횡행하는 세상이라고 하지만, 아직까지 이런 주장이 정면으로 제기되지 못하고 있는 것을 보면, 건강한 상식이 완전히 망가지지는 않았나 보다.

"신냉전은 누가 이길까?"라는 질문은 '신냉전은 누가'에서 끊고, '이길까?'는 말꼬리를 올려 읽어야 한다. 이 신냉전에는 승자가 있을 수 없다. 옛 냉전의 종식은 지난 30년 동안 세계를 평평하게(flat) 만들어 왔다. 1극이 지배하는 수직적 세계가 아니라, 다극이 공존하는 수평적 세계로 가고 있다. 이 도도한 흐름에 역행하는 신냉전은 아무리 봐도 억지스럽다. 순천자(順天者)는 흥하고, 역천자(逆天者)는 망한다고 했다. 순리에 따라야 한다. 공존과 평화 안에서, 자연의 한계 안에서, 현대 문명이 이룬 풍요를 어느 한쪽이 독점하는 세상이 아니라, 독점을 풀어 풍족을 나눌 줄 아는 세상으로.

《내일신문》, 2022. 8. 5.

✦

집권 민주당이 위기에 빠진 근본 원인[1]

2019년 2월 하노이 회담 불발로 북미교섭이 교착상태에 빠졌다. 그러나 그렇다고 하여 2018년 남북정상이 이루었던 중요한 합의들 역시 교착상태에 빠져야 할 이유가 있겠는가? 오히려 남북 간 합의와 접촉의 밀도를 높여 교착상태를 타개하는 돌파력으로 만들어야 하지 않겠는가? 공세는 최선의 방어라 하지 않는가? 남북 간 종전협정과 평화협정의 체결, 그리고 그 후속 조치로서의 남북 수교(한조 수교)로 가야 하지 않는가? 나는 그렇게 생각한다. 한조 수교는 국제사회에 매우 크고 긍정적인 임팩트가 될 수 있다. 코리아 남북 간 협력의 강화만이 아니라, 북에 대한 국제사회의 규제도 크게 풀 수 있는 역사적 계기가 된다. 이 교착 기간, 코리아 남북은 과연 그러한 방향으로 움직여 왔는

1 이 글은《한반도 평화 신 로드맵》(나남출판, 2022) 3장에 실린 글의 일부다.

가? 지난 2019～2021년을 돌아보면 크게 아쉽다.

먼저 한국의 상황은 어떠했는가. 문재인 정부 출범 이후 세 차례의 남북정상회담, 두 차례의 북미정상회담과 한 차례의 남북미 정상 회동이 있었고, 이를 통해 남북미 간 파국적 대결이 일단 저지되었으니 취임 시 표방했던 '한반도 운전자론'이 절반은 성공했다고 볼 수 있다. 그러나 아직 절반이 남아 있다.

2017년 8월의 한 칼럼에서 나는 문재인 정부가 성공한 운전자가 되기 위해서는 무엇보다 우선 "운전의 방향과 목표가 확고하게 설정되어 있어야 일시적 장애물이 나타나거나 예상치 못한 길 막힘이 있어 잠시 우회하더라도 결코 길을 잃지 않고 최적의 경로를 통해 목표 지점에 도달할 수 있다."고 했다(《코리아 양국체제》, 163쪽). 그리고 그 목표는 '코리아 분단체제'를 '코리아 양국체제'로 전환하는 데 있다고 썼다. 이렇게 보면 지금까지 '절반의 성공'을 이루기는 했지만, 과연 그 성공이 처음부터 그 운전의 방향과 목표가 확고하게 설정되어 있어서 가능했던 것인지, 아니면 특별한 운과 조정 기술로 거둔 일시적 성공이었는지, 이제는 회의적인 느낌이다.

하노이 회담 이후야말로 장애물 또는 길 막힘이 있고, 잠시 우회를 해야 하는 상황이라 할 수 있다. 2019년 2월 하노이 북미정상회담이 성과 없이 끝난 이후 북미교섭, 남북교섭은 모두 교착상태에 빠졌다. 2020년에 들어서는 북측에서 〈남북공동선언〉 합의 이행이 지지부진하다고 비난하면서 개성의 남북연락사무소를 폭파한다거나(6월 16일), 실종 월경 공무원이 사살되는(9월 21일) 등의 돌발 사태가 벌어졌다. 어렵사리 이룬 남북미 간 평화무드가 다시 풍전등화 신세가 되는 것 아닌가 하는 우려가 생겼다. 왜 이런 일이 생겼는가? 이런 때야말로 목표가 어디인지 다시금 분명히 해두어야 한다. 그래야 돌발 사태 속에서 길을 잃고 엉뚱한 곳으로 빠져버리는 일 없이 굳게 제 길을 지켜 목표에 이를 수 있다.

1. 남북합의는 국회 비준 동의를 받아야

내가 현 정부의 '한반도 운전자론'이 표방한 방향과 목표에 대해 '아직 미지수'라는 생각을 하게 된 계기는 2018년 10월 24일 '(남북관계는) 국가 간의 관계가 아니'라는 청와대 대변인의 논평이었다. 당시 문재인 대통령은 10월 23일 〈판문점-평양 공동선언의 군사 분야 이행합의서〉를 국무회의 의결을 비준하였는데, 여기에 대해 야당인 자유한국당이 그 비준이 '국가 간 조약 체결·비준의 국회 동의'를 규정한 헌법 60조를 위반한 것이라고 '위헌논쟁'을 걸고 나온 것이 시발이었다. 여기에 대해 청와대 대변인이 '(남북관계는) 국가 간의 관계가 아닌 특수관계'라는 〈남북관계발전법〉 조문을 들고 나와(이는 1991년의 〈남북기본합의서〉의 구절을 준용한 것이다) 우리는 헌법과 법률상 북을 국가로 간주하고 있지 않으므로 야당의 '위헌' 시비는 근거가 없다고 반박했던 일이다. 당시 보도에 따르면, 청와대와 여당의 일부 중요 보직자들도 헌법 3조와 대법원, 헌재 판례 등을 들어 대변인의 논평을 지원·두둔했다고 한다. 〈남북기본합의서〉의 '특수관계' 조항의 한계성을 분명히 인식하고 있지 못함을 보여준 것이다. (이 책 2부 〈다시 돌아온 한반도 전쟁 위기〉 참고)

그러나 이 문제는 이론 이전에 실천 문제였다. 급박한 문제였다. 당장의 국무회의-대통령 비준을 변호하고자, 장차 국회 비준의 당위성을 망각해 버린 명백한 실착이었다. 남북이 서로를 국가로서 인정하지 못하고 있는 상황은 〈국가보안법〉 등을 통해 남북의 적대적 대치가 지속되게 하는 근거이기도 하다. 따라서 이런 대응은 새 정부의 기조가 이러한 적대적 대치를 뒷받침해 온 각종 법과 제도를 혁파해 가는 데 있을 것이라는 일반 인식을 혼란스럽게 했다. 더구나 평양회담 직전 문재인 대통령은 〈판문점 선언〉에 대한 비준 동의를 국회에 요청한 바 있으나, 야당의 반발에 부딪혀 상임위 안건으로조차 상정할 수 없었다. 여당이 여전히 국회에서 소수당의 위치에 있었기 때문이다.

이미 대통령은 대선 전 자신의 자서전을 통해 '남북 정상 간 합의'는 사실상 '국가 간 조약의 성격'이므로 국회의 비준 동의를 받자고 한 바 있다. 그의 재임 중의 〈판문점 선언〉에 대한 국회 비준 동의 시도도 그러한 소신의 연장이었음이 분명하다. 그런데 대통령의 뜻을 대변해야 하는 보좌진들 속에서 대통령의 입장과 배리되는 혼란스러운 발언들이 돌출했던 것이다. 자유한국당의 입장은 더욱 자가당착이었다. 대통령의 〈판문점 선언〉에 대한 국회 비준 동의 요청은 거부하다가, 그 〈후속합의서〉의 국무회의-대통령 비준에 대해서는 국회 비준 동의를 거치지 않았다고 문제삼았다.

2018년의 4월의 〈판문점 공동선언〉, 9월의 〈평양 공동선언〉과 그 〈이행합의서〉는 일괄하여 모두 국회비준을 받아야 마땅한 일이었다. 그래야 이 선언이 확실한 법적·제도적 뒷받침을 받게 된다. 촛불 이후의 압도적 민의 역시 이러한 조치를 지지하고 있었다. 그러나 당시 여당은 국회에서 열세였고, 자유한국당 등 주요 야당은 정부의 일에 사사건건 반대하고 있었다. 〈판문점 선언〉 국회 동의 요청이 거부당하니, 그 〈부속합의문〉이라도 궁여지책으로 대통령 비준했던 것이다. 그런 전후 사정을 솔직하게 설명하고 국민의 이해를 구했어야 했다. 그런데 엉뚱한 발언들이 나왔다.

큰 정치는 원칙을 따라 큰길을 걸어야 한다. 원칙과 목표가 분명하고, 일관되고 정직해야 한다. 꼼수를 부리면 안 된다. 남북미 관계와 같은 큰 문제에 대해서는 더더욱 그러하다. 야당이 국무회의-대통령 비준에 대한 위헌 시비를 걸고 나왔을 때, 당시의 상황을 그렇게 솔직하게 말했어야 했다. 그러나 그렇게 하지 못했다. 현행법이 북을 국가로서 인정하지 않고 있으니, 국회 동의가 필요하지 않다고 꼼수를 썼다. 아니다. 국회 동의가 필요했다. 그리고 여전히 필요하다.

더욱 문제는 2020년 4.15 총선 이후의 정부와 여당의 모습이다. 이 총선에서 여당은 183석을 얻어 개헌선에 육박하는 다수당이 되었다. 그렇다면 두 선언과 〈이행합의서〉에 대한 과반수 국회 동의의 걸림돌은 더는 존재하지 않게 되었다. 이렇듯 여당 단독 다수가 된 의회에서 정부 여당이 관철해 갔어야 할 '제1의제'가 무엇이었겠는가. 너무나 당연하다. 코리아 평화체제의 정착을 담보해 줄 〈2018 남북정상합의〉 국회 비준 동의였다. 여당 지도부는 총선 이후 시나리오에서 당연히 그러한 가능성을 철저히 준비하고 있어야 마땅했다. 그러나 총선 승리 이후 여당 집행부에서는 이 문제에 대한 언급조차 없었다. 5월 30일의 21대 국회 개원 이후에도 정부와 여당은 이 중차대한 문제를 의제에 올리지 않았다. 도대체 무슨 생각을 하고 있었던 것일까? 어디에 정신이 팔려 있던 것일까? 마음은 뽕밭에 가 있고 제사보다 젯밥에 마음을 두고 있었던 꼴이다. 너무나 큰 실망이었다. '제1의제'는 그렇게 묻혀 버렸다. 그러고도 민주당이 한국을 이끌어 갈 주류정당, 제1정당이라고 할 수 있을까?

만일 총선 직후부터 (준비된 시나리오에 따라) 정부 여당이 총력으로 이 의제를 들고 나왔다면 과반수 통과는 당연한 일이고 더 나아가 야당을 설득하여 초당적 합의에 이를 가능성도 존재했다. 압도적인 의석을 점하게 되었으니만큼 야당에게 여러 가지 양보와 타협을 해줄 수 있는 여유가 생겼기 때문이다. 그러나 이 중요한 시기에 정부 여당은 '제1의제'를 망실하는 모습을 보여주었다. 두고두고 아쉬운 지점이다. 그때 정부 여당이 너무나 당연한 방향으로 움직였다면 합의사항 이행의 부족과 지체에 대한 북측의 불만에 대한 일정한 응답이 되었을 것이고, 그랬더라면 6월 16일에 벌어진 개성 남북연락사무소 폭발이라는 어처구니없는 일도 충분히 미연에 방지할 수 있었을 것이다. 연락사무소 폭발 사건 이후 남북 소통 창구는 굳게 닫혔고, 실종 월경 공무원 사건에서도 조율된 대응을 할 수 없었다(그나마 김정은의 신속한 사과 표현이 있었던 점은 다행이다). 이러한 돌발 사태가 이어지면서 북에 대한 여론 온도도 낮아지는 추세가 되었다. 정부 여당(민주당)의 전망 부재, 사려 부족, 준비 부족과 그로 인한 실기(失期)가 너무나 두드러져 보인다.

2019년은 한일관계에 중요한 변곡점이 생긴 해다. 이해 7월 아베 내각은 화이트 리스트(주요 수출품 혜택국가 리스트)에서 한국을 제외했다. 한국으로 간 주요 전략 물품이 북으로 갈 가능성과 징용배상 문제에 한국 대법원이 일본 기업에 불리한 판결을 했다는 이유를 들었다. 어느 것도 그렇듯 이례적인 경제보복 조치를 취할 이유가 되지 못한다. 전자는 무근거하고, 이웃 나라의 대법원 판결을 그런 방식으로 대응한다는 것은 너무나 엉뚱하다. 그러한 충격적 조치의 배경에는 급성장한 한국경제가 일본을 우위를 위협할 수 있다는 해묵은 경계심과 함께 2018년 남북미가 보조를 맞추어 한반도 평화 프로세스를 진행 중인 상황에 대한 긴박한 견제 의도가 있다. 그동안의 '북조선 때리기'에 더하여 이제 '한국 때리기'를 정치적 기반 확장의 소재로 본격적으로 끌어들인 셈이다. 하노이 이후 북미협상이 교착상태에 빠진 상황을 예의 주시한 준비된 행동이 아닐 수 없다. 아베 정부는 미국의 '아시아로의 회귀'에 이어 중국 포위를 위한 '인도-태평양 전략' 수립에 로비를 통해 깊이 관계하면서 동아시아에 새로운 대결구도를 세우는 데 부심하고 있다. 인도와 동남아를 반중전선으로 결집하고, 촛불 이후의 한국을 고립시키겠다는 의도가 엿보인다. 그런 방식으로 다시 냉전을 부를 수 있을까? 인도와 동남아는 물론이거니와 일본과 미국조차 중국과의 상호의존 관계를 끊을 이유가 없다. 자신의 국익에 해가 되기 때문이다. 현재의 '미중갈등'이란 과거 '미소대결'과 본질적으로 다르다. 상대를 절멸시켜야 할 이유가 없다. 상호의존하되 전략적 주요 지점에서의 관계형식에 대한 이견을 놓고 갈등할 뿐이다. 그런 갈등은 수평적 다극관계에서 'normal'한 것이다. 수평적 다극관계인가 수직적 양극관계인가. 어느 편이 현실적이고 아울러 미래적인가. 일본의 아베 정부는 분명 후자의 입장에 섰다. 부산한 로비를 통해 미국을 그 방향으로 한 뼘이라도 더 끌어오기 위해 노심초사하는 것으로 보인다.

2. 양극적 수직관계에서 다극적 수평관계로

21세기에 들어 다극적 수평관계는 공존공영의 미래를 약속하지만, 양극적 수직관계는 재앙의 먹구름을 불러들인다. 어느 나라든 재앙을 불러들이는 정치세력과 여론 향배를 경계해야 마땅하다. 비단 21세기만의 이야기는 아닐 것이다. 파국적 적대는 항상 '혐오'를 앞장세워 들어온다. 코리아 양국체제의 길은 성숙과 지혜를 요청한다. 남북과 국제를 넓고 깊게 봐야 한다. 일본 역시 혐한의 일본만이 아니라 파국으로 몰고 가는 혐오와 대결의 기조에 반대하는 평화적 여론을 봐야 할 일이다. 그런 시각을 한국 내부에도 투사해 보면, 최근 심상치 않게 부상하는 '반중정서'에 대해서도 살펴볼 필요가 있다. 아래 두 그림에서 중국에 대한 지표에 주목해 보기로 한다.

두 그림은 조사 시기와 조사 주체가 달라 지표의 수치가 연결되지

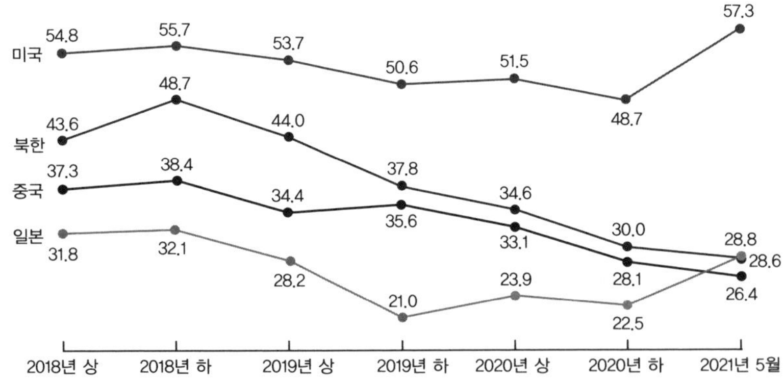

그림 2 북·중·미·일에 대해 느끼는 감정 온도 추이 (출처: 2018~2020년은 한국리서치 정기조사, 2021년 5월은 《시사IN》 조사. 0=매우 부정적, 100=매우 긍정적)

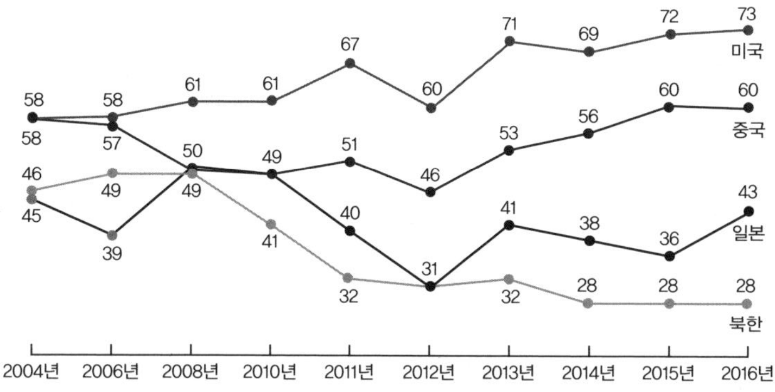

그림 3 과거 북·중·미·일 감정 온도 추이 (출처: 동아시아연구원)

는 않는다. 그렇지만 변화의 추이는 분명히 보여준다. 한국에서 중국에 대한 감정온도(높을수록 우호적)는 2008년 이래 2016년까지 지속적으로 높아진다(그림 2). 그러다 2019년 이후 특히 2020년 이래 상당히 빠르게 낮아지는 추세다. 2015~2016년간 사드배치를 둘러싼 갈등에도 별로 흔들리지 않았던 우호적 기조는 (그림에는 빠져 있지만) 대략 2017년경부터 하강 추세가 시작된 것으로 보인다. 2017년의 북미갈등 고조와 트럼프 정부의 '중국 때리기' 정책이 여론에 영향을 미친 것으로 보인다. 2018년 남북미 간 협상 호조기에는 다시 약간 상승하지만, 하노이 이후 교착 국면이 되며 다시 하강하였고[2019년에는 '미중무역전쟁(2019. 4. 대중국 보복관세부과, 2018년부터 시작)'과 '홍콩사태(2019. 6.~12.)'가 진행되었다], 2020년의 코로나 팬데믹 상황에서 더욱 빠르게 저하하는 상태다. 이 기간 중국 관련 기사들에 대한 한국 네티즌들의 댓글 기조를 보면 가히 '혐중'이라 부를 만한 비하와 멸시, 조롱의 표현들이 크게 증가하고 있다. 이러한 혐중 댓글에 열중하는 층은 아직 일본의 넷우익만큼 조직화되어 있지 않다. 한국의 중국 관련 기사들의 다수가 편향적 기사 쓰기로 혐중 반응을 유도하고 있다는 점이 더욱 문제일 것이다.

역사적으로 조선(朝鮮) 문제를 조선을 배제하고 자신들의 입맛대로 처리하려 하였던 두 가지 주요한 사례는 임진왜란 때의 일본(도요토미 히데요시)과 명, 그리고 2차대전 후 미국과 소련의 조선분할 사례다. 오늘날에도 코리아 문제를 놓고 주변 강대국들이 당사자를 패싱해 놓고(bypass) 자신들 입맛대로 좌지우지하려는 경향을 항상 경계하고 방지해야 한다. 우리가 일본의 혐한 조류 형성에서 주목하는 바는 일본 우익이 코리아 문제에서 코리아를 배제하고 코리아에 대한 우월적 지배를 확보하려는 전략을 미국을 등에 업고 추진하려는 의도를 품고 있다는 사실이다. 코리아 문제에 대한 일본의 대미 로비는 한국이 점해온 당사자 지위를 밀어내고 일본이 주도적 역할을 점하려는 의도를 엿볼 수 있다. 반면 최근 한국 내 '반중정서'는 한국이 코리아 평화 문제에서 중국에 마련하고 있던 레버리지를 스스로 삭감하는 역할을 하고 있다. 이 역시 한국의 외교적 주도권을 약화하는 결과를 낳게 한다. 한국의 '반중정서'의 성격이 일본 우익의 '염한정서'와 상당히 닮은 꼴을 보인다는 사실은 우연하지 않다.

코리아의 미래를 결정하는 당사자는 코리아 남북일 수밖에 없다. 주변국들은 자신들의 이해에 따라 움직인다. 코리아 문제의 당사자들인 남북이 우선적으로 안정적인 공통의 이해관계 틀을 구축해야 하는 이유다. 그래야 상변하는 주변 상황에 대한 안정적 대응이 가능하다. 우선 코리아 남북이 2018년 판문점 회담 이후 이루었던 합의와 신뢰를 유지하고 발전시키는 일이 대단히 중요하다. 2019년 초 성과 없이 끝난 하노이 북미회담 이후 코리아 평화 프로세스는 잠시 교착기에 접어들었다. 2020년 한국 총선 직후 새로운 돌파구를 열어갈 기회를 놓쳤던 것은 대단히 아쉽다. 그러나 그 과정에서도 전향적 변화는 지속되었다. 2018년 한미 군사훈련이 중단되고, 2019년과 2020년 매우 축소된 형태로 진행되었던 것은 결코 작은 변화가 아니다. 2021년의 군사훈련은 실기동 훈련 없이 시뮬레이션 위주로 진행할 예정이라 보도된 바 있다. 중단을 요구했던 북은 이러한 축소 진행에 대해 항의 수준을 크게 낮춘 모습을 보여주고 있다. 군사적 대치의 수준을 이렇듯 분명히 낮추어 가는 것은 평화 프로세스의 매우 중요한 고리다.

코리아 남북은 미국과 중국 사이에서 어떤 입장을 견지해야 하는가? 기본원칙은 무엇이어야 할까? 기본원칙이란 것이 한국 입장에서 있을 수나 있나? 회의나 비관이 있고, 이런 태도를 현실주의라고 포장하는 경향도 있다. 그러나 그저 양자의 힘 사이에서 그때그때 물리적 균형을 맞추려 하거나, 또는 그 사이에서 '전략적 모호성'을 유지하는 것이 한국이 취할 수 있는 최적의(optimal) 태도라고 주장하는 것은 짧은 생각이다. 이런 방식의 처신은 기회주의를 넘지 못한다. 미중에 의해 오히려 휘둘릴 뿐이다.

2021년 출판한《붕새의 날개, 문명의 진로》에서 내가 제안한 '내장(內張)적 가치'가 코리아가 견지해야 할 자기중심, 자기입장, 자기위상이라고 생각한다. 국제관계에서 내장성은 다원공존이고, 평화공존이며, 대소공존이다. 노자와 맹자에서부터 뚜렷이 표명된 '작은 나라를 존중해야 큰 나라가 존중받는다(事小事大)'는 원리이기도 하다. 오랫동안 중국만큼 중국을 잘 알았기 때문에, 문자와 문화의 수준이 그만큼 높았기 때문에, 특별한 '事小'의 대우를 받아왔던 나라가 고려와 조선이었다. 오늘날 한국은 미국을 미국만큼 잘 아는 나라다. 그쪽 당국자가 그때그때 제시하는 가치에 끌려만 다녀서는 안 된다. 미국 건국의 핵심가치에 대해, 국제관계에서 미국의 호혜적 전통에 대해 우리는 충분히 잘 알고 있다. 노래 가사에도 나오는 '전쟁을 좋아하는 아메리카'는 2차대전 이후의 한 모습일 뿐이다. 내장적 가치를 존중했던 훌륭한 아메리카의 전통도 우리는 잘 알고 있다. 이 점을 끌어내 강조하고 한미공조를 이러한 흐름으로 조율해 나가는 '작으나 결코 무시할 수 없는 주도성'을 발휘해야 한다. 훌륭한 외교란 그러한 것이다. 중국의 훌륭한 내장적 가치에 대해서는 두말할 나위가 없다. 우리가 이미 아주 잘 알고 있는 것이다.

3. 북한(조선) 역시 변화하고 있다

한국의 경우 평화 프로세스에는 여야가 없다는 공통의 합의를 공고히 해야 할 것이다. 대선 국면으로 접어들고 있는 지금, 평화 문제를 놓고 남남갈등을 벌이는 행태는 특히 경계되어야 할 것이다. 끝으로 2021년 1월의 조선노동당 8차 당대회에서 코리아 양국의 공존 인정으로 풀이될 수 있는 중요한 규약 변화가 있었음을 확인할 수 있었다.

> 북한은 새 당 규약을 채택하며 "조선노동당의 당면 목적"을 "전국적

> 범위에서 민족해방 민주주의혁명 과업 수행"에서 "전국적 범위에서 사회의 자주적이며 민주적인 발전 실현"으로 대체했을 뿐만 아니라, '북 주도 혁명 통일론'을 뜻하는 기존 규약의 여러 문구를 대폭 삭제·대체·조정했다. 기존 노동당 규약 서문의 "조선노동당은 사회의 민주화와 생존의 권리를 위한 남조선 인민들의 투쟁을 적극 지지·성원"한다는 문구가 사라졌고, "민족의 공동 번영을 이룩"이라는 내용이 새로 들어갔다. 노동당 규약 본문의 "당원의 의무"(4조)에서 "조국통일을 앞당기기 위하여 적극 투쟁하여야 한다"는 문구는 대체 표현 없이 삭제됐다.[2]

북조선형의 흡수통일론이 기각된 것이다. 북은 변화하지 않을 것이라는 우리 사회 일각의 고정관념은 편견일 뿐이다. 북체제의 성격으로 볼 때 당 규약 개정의 규정력은 크다. 한국(ROK)이 촛불혁명 이후 크게 변화하고 있는 것처럼, 조선(DPRK) 역시 그러하다. 그토록 고통스러웠던 내전적 적대는 지난 70여 년으로 이미 족하고도 남는다. 코리아에 새로운 역사의 장이 열리고 있음을 놓쳐서는 안 된다.

2021. 7.

2 《한겨레》, 2021. 6. 1.

✦

자유한국당은 북한을 국가로 인정할 것인가?

이상한 일이 벌어졌다. 자유한국당이 북한을 국가로서 인정해야 할 판이다. 문재인 정부 청와대 대변인이 낸 이상한 퍼즐 때문이다. 2018년 10월 24일 자《한겨레》신문에 따르면 대변인은〈판문점 선언〉이행을 위한〈남북군사합의서〉국무회의 비준이 위헌이라고 한 '일부 야당'의 주장에 대해 "위헌이라고 주장하는 자체가 위헌"이라며 반박했다. (앞의 글 195~197쪽 참고)

이유가 뭔가. 대변인은 "일부 언론과 야당이〈남북군사합의서〉가 국회 동의를 받지 않은 것이 위헌이라고 주장하는데 이는 근본적인 법리 오해에서 비롯된 것"이라 역공했다. 그는 야당이 "이 주장의 근거로 든 헌법 60조는 국가 안전보장에 대한 조약을 언급하고 있는데 여기서 언급한 조약은 국가 간의 문서에 의한 합의를 말하는 것으로 그 주체가 국가"라며 "하지만 북한은 헌법과 우리 법률 체계에서 국가가 아니다. 따라서 북한과 맺은 어떤 합의나 약속은 조약의 대상이 아니다"라고 했다. 그래서 "헌법이 적용될 수 없고, 위헌이라는 말 자체가 성립되지 않는다"고 했다. 그런데 '일부 야당'이 오히려 북한을 우리 헌법상 국가로 (위헌적으로) 전제하면서 그에 걸맞은 법적 절차의 준수를 요구하고 있다는 말이다. 북한은 엄연한 국가이므로, 국가 간 조약은 당연히 국회의 비준을 받아야 한다, 라고.

'일부 야당'이라 해봐야 결국 수로 하면 자유한국당이다. 압도적인 국민적 지지를 받았던 2018년 4월 27일의 〈판문점 선언〉, 6월 12일의 〈싱가포르 선언〉, 그리고 9월 18~20일의 남북 평양회담에 대해 사사건건 외계인 노릇을 하며 반대했던 자유한국당이다. 이 당이 현재 국회 의석수 112석, 의석 분포 37%를 점하고 있다. 청와대 대변인은 이 정당에 대해 어려운 퍼즐을 던진 셈이다. 그렇다면 당신들은 북한을 국가로 인정하자는 것입니까?

남북 간 합의는 국가 간 합의인가, 아닌가? 자유한국당은 생각이나 해보았는지? 청와대 대변인은 공부를 많이 한 것 같다. 그는 2014년 국회에서 통과된 〈남북관계 발전에 관한 법률〉을 보면 남북의 관계는 '국가 대 국가 간의 관계가 아니라 통일을 지향하는 과정에서 잠정적으로 형성된 특수관계'로 정의한다고 했다. 정확하다. 이 구절은 1991년 노태우 정부와 김일성 체제가 합의한 〈남북기본합의서〉의 서문에 나왔고, 이후 〈남북관계 발전에 관한 법률〉에서 그대로 인용한 것이다. 대변인의 말이 전적으로 맞다. 현재 우리 헌법이나 법률, 어느 조항을 보아도 대한민국이 북한을 국가로 인정한다는 조항이 없다. 북한은 국가가 아니다! 따라서 국가가 아닌 북한과 맺은 합의에 대해 국가 간 관계의 합의나 조약에서 요구하는 국회 비준을 해야만 한다고 자유한국당처럼 생떼를 쓸 근거가 없다.

그러나 그렇다고 청와대가 지금 이 중요한 남북합의들을 국회가 아니라 국무회의에서 비준하고 가야 하는 상황이 반드시 바람직하다고 생각하는 것은 아닌 것으로 안다. 국회가 비준해 주어야 제대로 된 힘을 받고 오래간다. 다만 자유한국당이 남북합의에 대해서 무엇이든 반대하고 나서니까 불가피하게 그러고 있을 뿐인 것 아닌가? 군사조항이 포함된 부속합의는 물론이고 국민이 압도적으로 지지했던 〈판문점 선언〉 자체의 비준부터 국회에서 막혀 있다. 그러나 민주당, 국평당, 정의당, 민중당, 그리고 바른미래당 일부가 뜻을 모아준다면, 국회에서 '단순 다수'로 비준할 수도 있다. 더 나아가 그렇듯 중대할 뿐 아니라, 이미 국민의 압도적 지지를 확인한 사안은 국회에서 초당파적인 지지를 통해 가결해 주어야 마땅하다. 어렵게 보이더라도 그렇게 주장하고 그런 방향으로 밀고 나갔어야 했다. 그것이 정치의 정도(正道)다. 그러나 그런 경로가 쉽지 않을 것 같으니까 우선은 '할 수 없이' 국무회의 비준 방식을 택했던 것 아닌가?

이제 청와대 대변인이 던진 퍼즐로 다시 돌아가 자유한국당에 다시 묻자. 그렇다면 당신들은 북한을 국가로 인정하자는 것입니까? 국가를 대상으로 한 국가 간 조약에 대해서 그 대상이 현재 우리의 법으로 국가가 아직 아니기 때문에 국무회의 비준을 한 것을 문제 삼는다면 결국 북을 법적으로 국가로 인정해야 한다는 것 아닙니까? 과연 자유한국당은 어떻게 답할까? 문제가 묘하다. 멸공의 보루 자유한국당이 북한을 국가로 인정해 줄 수가 있을까? 그러나 그렇다고 하면 청와대의 함정에 빠진다. 그러면 왜 국무회의 비준에 반대하느냐고. 곤란하다. 어떻게 해야 하나.

자유한국당은 이 어려운 퍼즐을 푸느라 진땀을 흘릴 필요가 없다. 모든 문제에 대한 정답을 항상 가르쳐줘 왔던 《조선일보》에서 일찍이 지난 (2018년) 3월 10일 사설을 통해 이런 곤경을 미리 꿰뚫어 보고 명쾌한 정답을 제시한 바 있다.

> 가장 바람직한 것은 북한과 미국·일본의 수교로 북이 국제사회의 정상적 일원으로 나서고 북한 체제 안전은 유엔과 한·미·북·중·러 등 동북아 관련국이 모두 참여하는 안전보장 체제로 푸는 것이다.

북미, 북일 수교를 하라는 것이다. 북미, 북일 수교란 미국, 일본이 북한을 국가로서 인정한다는 것이다. 《조선일보》에서 북한더러 미국, 일본과 수교하라고 분명히 밝혔다. 북한이 지금 미국에게 수교하자고 공개 구애를 하고 있으니, 이미 《조선일보》의 교시를 받들어 모시고 있는 것인지도 모른다. 《조선일보》의 위력은 북한에 국한되지 않는다. 미국 트럼프 대통령 역시 북한과의 수교가 목전에 왔다고 큰소리치고 있다. 일본의 아베 수상 역시 혹시 뒤차 타는 것 아닌지 몸이 달아 있다. 역시 《조선일보》가 맞다.

그렇게 《조선일보》가 교시하고, 이제 미국, 일본도 북한을 국가로서 인정하겠다는데 어떻게 해야 할까? 자유한국당은 죽어도 못한다? 차마 그럴 수는 없을 것이다. 그렇게 받드는 미국과 일본이고, 또 그렇듯 모시는 《조선일보》 아닌가. 인간은 예의가 있어야 한다. 윗사람 뜻을 받들어 모셔야 한다. 이것 역시 진짜 보수, 자유한국당의 모토 아닌가?

《조선일보》가 맞다. 이제 자유한국당도 북한을 당연히 국가로서 인정해야 한다. 과연 《조선일보》다. 항상 곤경에 빠진 자유한국당을 구출해 준다. 청와대 대변인이 판 수상한 함정에 우리가 꼼짝없이 빠질 뻔했는데 말이다. 자, 여기 우리의 답이 있소. 우리는 북한을 국가로 인정하기로 했습니다. 당신의 궤변은 이것으로 끝이오. 우리가 북한을 엄연히 국가로서 인정하는 이상, 국무회의 비준은 불법이오!

《프레시안》, 2018. 10. 24.

3부

2016~2017년 촛불혁명과 시민의회

✦

희열과 희망의 시간이었다. 끝나지 않을 긴 어둠의 끝에 아무도 몰랐던 하늘의 끝이 열리고 빛이 쏟아졌다. 87년 민주화의 소망이 소멸할 수도 있다는 절망이 지배했던 시간의 끝이었다. 이렇듯 주권자의 새로운 시간이 열릴 것을 아무도 예상하지 못했다. 시민의회가 그 빛 속에서 소생했다. 과연 그 빛 속에서 탄생한 새로운 힘은 자신을 완성할 수 있을까. 많은 새로운 과제가 탄생했던 시간이기도 하다.

✦

국민참여개헌의 구체적 경로

이미 한국의 촛불은 꺼지지 않는 혁명이 되었다. 2016년 12월 14일 독일 일간지 《디 차이트(Die Zeit)》가 "유럽과 미국은 이제 한국에서 민주주의를 배워야 한다"고 보도한 이래, 영국, 프랑스, 독일, 미국 등 민주주의의 선진국이자 종주국을 자처해 온 나라의 언론들이 앞다투어 한국의 촛불혁명을 칭송하고 있다. 촛불의 힘으로 국회와 헌법재판소의 대통령 탄핵 결정을 이끌어 냈으니 분명 혁명이다. 그것도 100% 평화적인 힘으로 이루어 낸 일이니 혁명 중에서도 위대한 혁명, 특별한 혁명이 아닐 수 없다.

그 요란했던 막말, 친박 탄핵 반대 소동에도 대통령 탄핵 여론은 75~80%의 요지부동을 굳게 지켰고, 탄핵된 전 대통령의 구속 수사에 대해서도 72%가 지지했다. 놀라운 일이다. 촛불혁명은 이렇듯 국민 절대다수의 뜻을 단단하게 결집시켰다. "이게 나라냐?"는 질타는 이제 "이런 나라", "새로운 나라"에 대한 요구로 모아지고 있다. 무릇 모든 구체제 청산, 신체제 수립의 상징은 새로운 헌법, 새로운 법률로 나타난다. 이는 지난 3월 21일의 '주권자 전국회의'가 천명했던바, "국민주권을 강화하고 국민참정권을 확대하며 한반도에 평화를 정착시키고 민생을 되살리는" 헌법과 법률로 표현되어야 한다.

과연 한국의 촛불혁명은 완성될 수 있을까? 그리하여 세계 민주주의 역사의 진정한 등불, 모범으로 영원히 기억될 수 있을까? 먼저 촛불혁명의 입헌화, 입법화에 앞장서 주어야 할 국회의 상태는 어떠한가? 촛불 정국에서 제안된 그 많은 개혁법안 중 지금까지 국회에서 입법된 것은 하나도 없다. 더 나아가 구체제의 본당, 자유한국당이 오히려 거꾸로 가는 졸속 개헌을 하자고 나선다. 바른정당, 국민의당 일부도 여기에 동조하고 있다 한다. 구체제의 머리는 탄핵됐지만, 머리 잃은 구체제의 몸통은 여전히 개혁에 완강히 저항하고 있다. 되지도 않을 밀실 야합이다. 그러나 개혁의 앞길을 가로막고 훼방 놓기에는 충분하다. 과연 촛불혁명은 여기에 막혀 주저앉을 것인가? 고작 대통령 하나 바꾸자는 촛불이었던가? 대통령이 바뀌었다 해서, 지금껏 시시콜콜 개혁의 앞길을 막았던 국회가 달라질 것인가? 국민의 개혁 요구는 비상히 높은 반면, 그 요구를 실현할 국회의 힘과 의지는 너무나 허약하다. 이러한 상황에서 촛불혁명을 완성할 길이 있는가?

바로 이런 상황에 꼭 적합한 길이 있다. '시민의회' 소집을 통한 촛불개헌의 길이다. 이를 통해 개혁 입법의 길도 열린다. 시민의회는 차기 대통령이 소집한다. 시민의회를 통한 개헌을 공약한 후보가 대통령에 당선된 후 헌법 제75조에 의거하여 대통령령으로 소집하면 된다. 대통령령의 시행은 국무회의의 동의 절차만 거치면 된다. '개헌 시민의회'의 회기는 1년으로 한다. 대선일이 5월 9일이고 다음 지방선거가 내년 6월이니 정확히 1년의 기간이 주어져 있다. 시민의회는 유권자 중 지역·성별·연령을 반영한 무작위 선발 방식으로 국회의원과 동수인 300명을 뽑는다. 시민의회는 대통령, 정당, 시민단체들이 제안한 개헌안을 심의하여 합의에 이르고, 그 안을 국회 본회의에 상정하여 심의·가결하면 된다. 시민의회가 합의에 도달한 안을 국회가 거부하기 어렵다.

시민의회 심의와 국회 가결을 통해 시민의회는 국회를 보완한다. 국회를 돕고 살리는 길이다. 지난 12월 9일 국회 탄핵안 가결 때와 같이, 땅에 떨어졌던 국회에 대한 국민의 신뢰가 오히려 되살아난다. 원내 정당들이 반대할 이유가 없다. 국회에서 가결된 개헌안을 최종적으로 내년 지방선거일 국민투표에 부치면 된다.

지금까지 캐나다, 아일랜드 등에서 소집된 시민의회(Citizens' Assembly)도 모두 동일한 경로를 밟았다. 모두 의회주의와 정당체제가 잘 발달된 나라들이다. 총선에서 시민의회 소집 공약을 내건 정당이 집권당이 된 후, 새 정부의 수상이 시민의회를 소집했다. 여태껏 시민의회에서 합의한 안을 의회가 거부한 사례는 없다. 시민의회는 의회가 꼭 해결해야 할 문제를 교착상태에 빠진 의회가 해결하지 못하여 의회와 정당에 대한 신뢰가 떨어졌을 때 소집되었다. 헌법과 선거법 개정이 주요 의제였다. 촛불혁명이 진행 중인 한국의 상황은 이러한 문제가 더욱 심각하다. 변화에 대한 국민의 열망은 비상하게 뜨겁지만 국회는 이러한 열망을 전혀 담아주지 못하고 있다. 정확히 시민의회가 소집되어야 할 타이밍이다. 시민의회와 국회, 정당, 시민사회가 협력하여 새 헌법을 먼저 만들어야 한다. 제대로 된 새 헌법을 만들면, 구체제의 여러 악법들은 위헌적 법률이 되고, 이후 개혁 입법은 훨씬 순조로워진다. 이번 대선에서 개혁적 대통령이 당선될 가능성은 매우 크다. 이미 야권의 가장 유력한 대선주자들인 문재인, 안철수 씨는 지난 4월 12일 대선 이후 '국민참여개헌', '국민공론수렴개헌'을 약속했다. 시기에 대해서도 2018년 6월 지방선거 때 개헌안을 국민투표에 부치겠다고 구체화했다. 그러나 만일 그들이 약속한 대선 후 '국민참여개헌', '공론수렴개헌'이 결국 국회'만'을 염두에 둔 것이라면, 그 약속의 신빙성은 크게 떨어진다. 진심이 있더라도 지킬 수 없을 약속이다. 이제는 자신들이 약속해 온 '국민참여개헌', '국민공론수렴개헌'의 구체적 방법을 반드시 밝혀주어야 할 때다. 당선자가 반드시 지킬 수 있는 약속, 구체적이고 확실한 길을 제시해야 한다. 새 대통령이 소집하는 시민의회를 통한 촛불개헌이 그것이다.

기존 시민의회가 보여준 합의 수준은 매우 높다. 2/3를 훌쩍 넘어 보통 4/5 이상의 초다수(super majority) 합의를 이룬다. 시민의회는 어떠한 과정을 통해 이렇듯 안정된 합의를 이룰 수 있을까. 심의 민주주의 이론가들은 진정한 심의(deliberation)는 '선호변경(preference change)'이 가능할 때 이루어짐을 확인해 왔다. 토론을 통해 자신의 의견을 기꺼이 바꿀 수 있는 상황이 심의 민주주의가 작동하는 기본조건이다. 이미 편이 갈라진 상태에서 서로 지지 않으려고 하는 토론에서는 이러한 선호변경이 거의 발생하지 않는다. 국회의 쟁점토론이 대부분 그러하고, TV의 시사토론 방식도 마찬가지다. 거꾸로 시민의회에서는 토론이 진행될수록 선호변경이 오히려 매우 자연스럽게 이루어진다. 기존의 사례에서 공통적으로 확인된 사실이다. 공정할 수밖에 없다. 어떤 특정 입장에 대한 미리 고정된 유불리가 없기에, 어느 정당이든 세력이든 이 방법에 반대할 이유가 없다.

그것이 가능한 것은 시민의원의 선발 원리(무작위 선발) 자체가 미리 결정되어 있는 입장이나 소속을 전제로 하는 것이 아니기 때문이다. 이 점에서 선거와 원리상 반대다. 선거는 통상 피선거 대상이 어떤 특정한 정당이나 조직의 소속이거나, 또는 특정한 입장을 확고하게 가지고 있다는 것을 전제로 행해진다. 반면 무작위 선발에서는 그러한 전제를 지운다. 특정 사안에 연관된 특정 소속이나 위치에 묶여 있지 않을 때 일반인이 해당 사안에 대해 갖게 되는 견해와 입장이란 느슨한 느낌 또는 판단 이전의 유동적인 의견인 경우가 대부분이다. 충분한 정보가 제공되고 공정한 토론이 보장되면 얼마든지 바뀔 수 있는, 숙고된 판단 이전의 초벌적 견해인 것이다. 시민의회에 추첨 선발되어 모인 일반 시민들은 자신만 아니라 모두가 그러한 상태에 있을 것이라고 간주하고 있기 때문에 상대의 의견이 자신과 다를 때 오히려 이를 흥미롭게 생각하고 주의 깊게 듣는 모습을 보여준다.

이렇듯 선호변경이 이루어지는 토론 과정을 통해 시민의회는 안정된 초다수에 도달하게 되며, 이 점이 시민의회의 큰 강점이다. 대선 이후 시민의회가 소집되어 개헌안을 논의하게 된다면 국민들의 관심은 대단히 클 것이고, 여러 지상파, 종편, 인터넷 미디어가 이를 중계하게 될 것이다. 촛불혁명이 진행 중인 한국의 시민의회는 지금까지 소집된 어느 나라의 시민의회보다 국민의 관심과 참여가 뜨거운 시민의회가 될 것이다. 정당과 시민단체는 여기에 적극 참여하여 자신의 입장을 개진할 기회를 놓치지 않을 것이다. 이렇듯 공개된 과정을 통해 높은 관심 속에서 도달한 시민의회의 초다수 결정을 국회에서 부결하기는 대단히 어려울 것이다. 이 안에 반대했을 때 져야 할 정치적 부담이 너무 클 것이기 때문이다. 작년 12월 9일의 국회 탄핵안 가결과 매우 흡사한 표결 상황, 표결 결과가 재연될 것이다. 촛불개헌안이 원내 2/3 이상의 개헌선 합의에 이를 수 있는 유일한 경로다. 이렇게 국회에서 가결된 헌법개정안을 최종적으로 내년 지방의회 선거 때 국민투표에 부치면 된다. 국회에서 가결된 개헌안은 국민적 환영을 받을 것이고, 개헌안 국민투표는 축제적 분위기에서 이루어질 것이다.

구체제 세력은 야권 대선 후보들의 대선 후 개헌 약속은 거짓이라고 역공하고 있다. 대통령이 되고 나면 개헌을 할 리가 없다는 것이다. 자신들이 막고 있으면서 이유를 거꾸로 돌린다. 이런 적반하장을 보기 좋게 뒤집어 놓기 위해서도 대선 후보들은 대선 후 시민의회 소집을 통한 개헌을 반드시 약속해야 한다. 그래야 국민은 그 진심을 믿고 안심한다. 그렇게 당선된 차기 대통령이 소집한 시민의회는 국회, 정당, 시민사회와의 협력을 통해 촛불혁명을 완성할 것이다.

《시사인》, 2017. 4. 16.

✦

세 대통령 후보자가 약속한 국민참여개헌

문재인, 안철수 후보 양강 구도가 형성됐다. 1987년 대선에서 양김 구도를 연상케 한다. 그러나 물론 이번은 30년 전과 아주 다르다. 노태우, 김종필은 피라미가 되고 양김이 압도적 선두를 이루고 있는 모양새다. 놀랍게도 12월 9일 국회 대통령 탄핵 의결, 3월 10일 헌재 대통령 파면 선고, 3월 31일 전(前) 대통령 구속수감에 이르기까지 한 치도 흔들리지 않았던 촛불 민의의 거대한 힘이 만든 결과다. 87년 대선에 비해 훨씬 행복한 상황임이 분명하다. 자, 이렇게 되었으니 이제 누가 되든 느긋이 관전하고 있으면 될까? 아니다. 기억을, 지난 30년의 역사를 다시금 들추어 볼 필요가 있다. 우리가 지금 결코 안심할 수 없는 이유가 여기에 감추어져 있다.

87년 양김 분열의 폐해는 그해의 대선 패배에 그치지 않았다. 대선 이후 오히려 눈덩이처럼 커졌다. 노태우 정부 시절 한소 수교, 한중 수교, 남북유엔가입 등 해빙기류가 급격히 흐르는 역사적 상황에서 양김은 서로 상처 주기에 바빴다. 어느 쪽도 대국적으로 세계사적 상황 변화를 이끌지 못했다. 급기야 이 구도에서 상대적 열세에 몰렸다고 판단한 YS는 노태우, 김종필과 삼당합당을 감행했다. 이후 YS는 92년 대선에서 전대미문의 '대통령 훈령조작' 사건을 일으켜 노태우의 남북화해 정책에 펑크를 내기에까지 이른다. 이유는 오직 하나, 남북화해 정책이 그해 겨울의 대선에서 그의 경쟁자인 DJ에게 유리할 것이라는 우려 때문이었다.

물 건너간 구민주화 세력, 구야당 세력이 이제 철 지난 냉전체제의 주공격수가 되어 민주화 세력을 앞장서 저격하는 판도가 여기서 형성되기 시작했다. 분열의 상처, 패배의 앙갚음을 엉뚱한 데 해댄 셈이다. 그 결과 세계의 냉전은 해체되었는데, 한반도의 냉전은 오히려 더욱 강화되는 괴이한 상황이 이어졌다. 민주화 세력의 절반이 냉전 세력으로 넘어갔으니, 판은 냉전 세력(구세력) 대 탈냉전 세력(신세력)이 2 대 1로 되었다. 훗날 '기울어진 운동장'이라 했던 구조적 상황의 기원은 바로 여기다. 그 아래 우연과 행운으로 간신히 집권할 수 있었던 두 차례의 '민주정부'는 이 판 자체를 결코 바꾸어 놓을 수 없었다. 거꾸로 이 시기 충격을 받은 구체제 세력, 냉전 세력은 오히려 더 강고하게 결집했다. 그 결과 2 대 1의 상황, '기울어진 운동장'이 더욱 굳어졌다. 그 결과가 이명박, 박근혜 정부였다.

이제 간신히 그 2 대 1의 상황을 뒤집어 놓았다. 순전히 촛불혁명의 놀랍고 위대한 힘으로 이룬 기적과 같은 일이다. 실은 87년에 이미 이루었어야 할, '탈냉전시대의 정상상태(normal state)'이기도 하다. 탈냉전 세력이 안정적 다수, 헌정적 다수파가 되는 상태다. 지금 대선 상황에서는 이 비율이 거의 2 대 2 대 1의 모습을 보이고 있다. 탈냉전시대의 정상상태가 4 대 1의 안정적 우세를 유지하는 것. 이것이 촛불혁명이 낳은 한국 사회의 새로운 풍경이 되어야 한다.

이 순간 초점은 물론 87년과 같은 민주진영 양 후보의 단일화가 아니다. 훨씬 크고 넓게 보아야 할 일이다. 2 대 1, 더 나아가 4 대 1의 구도를 헌정적 토대로 확고히 굳혀야 한다. 냉전, 독재, 독점의 시대를 이읏고 마감하고, 평화, 민주, 공생의 시대로 나아가는 헌법적 질서를 굳건하게 세워야 한다. 안철수, 문재인 양 후보는 이 과업을 완수하기 위해 협력해야 마땅하다.

물론 선거 역학상 표 다툼을 할 수밖에 없는 국면이다. 어쩔 수 없는 바가 있을 것이다. 그러나 품격과 정책, 원대한 비전으로 경쟁해 주기 바란다. 지금 오가는 양 후보 쌍방의 '네거티브' 공세에는 진실이 별로 없다. 양 후보 모두 충분한 자격과 경륜을 가지고 있다. 이를 전제하고 페어플레이를 해주기 바란다. 지지자들 역시 자중해야 한다. 87년 대선 시 양자, 양 진영의 상호 상처 주기와 배척 심리가 이후 역사의 크나큰 걸림돌이 되었음을 기억해야 한다. 남에게 가한 상처는 반드시 자신을 해치는 상처로 되돌아온다. 그것이 87 이후 30년의 복기(復碁)가 가르쳐 주는 뼈아픈 진실이다.

문재인, 안철수 양 후보가 현재의 상황에 이르게 된 것은 압도적으로 촛불혁명의 힘이다. 양 씨, 양당 모두 촛불혁명에 충심을 가지고 한편에 섰었음을 잊지 말아야 한다. 그 둘 중 한 사람이 대통령이 될 것은 확실하다. 그러나 대선 이후 대한민국 2.0을 만드는 역사적 과업은 그렇듯 당선된 새 대통령과 그의 소속 정당의 일만은 아니다. 무엇보다 우선 박빙의 1, 2위가 될 양 후보와 정당의 대국적 협력이 필수다.

대한민국 2.0이란 '탈냉전시대의 정상상태'가 새로운 대한민국의 헌정 체제로 안정되는 것을 말한다. 이 일은 결국 촛불혁명이 촛불헌법으로 완성됨으로써 이루어진다. 세계가 경탄했던 대한민국 촛불혁명의 장전(章典)이 될 촛불헌법을 만드는 것은 단순히 '개헌'으로 불릴 일 이상의 의미가 있다. 새로운 헌법 만들기, 대한민국을 한 단계 업그레이드시키는 '헌정사적 Year One'을 여는 역사적 사건이 되어야 마땅하다.

촛불광장에서 '우리는 대통령 하나 바꾸려고 촛불을 든 것이 아니라'라고 외쳤던 목소리를 기억해야 한다. 87 민주화를 결국 박근혜 신유신 독재가 회수하고, '서울의 봄'을 5.18이 회수하며, 4.19를 5.16이 회수하고 말았던, '독재가 민주를 회수하는', 그 지긋지긋했던 60년 '마(魔)의 순환고리'를 이번 기회에 확실히 끊어야 한다. 동서냉전이 종식된 마당에 전쟁의 공포가 오히려 증폭되고 있는 오늘의 기막힌 상황에 분명히 마침표를 찍는 헌정적 조치가 있어야 한다. 심화되기만 해왔던 양극화를 확실히 역진·감쇄시킬 장치를 헌법 안에 내장해야 한다.

이 무거운 책무가 누구보다 우선 이번 대선에서 선출될 새 대통령의 어깨 위에 놓여 있다. 현재 양 후보 역시 심중에 촛불혁명을 촛불헌법으로 완성시키고자 할 나름의 복안이 있을 것이다. 우리는 작년 촛불이 시작된 직후부터 그 가장 확실하고 실현 가능하며 또한 가장 공정한 방법으로 '헌법개정 시민의회'를 소집하는 길을 대선 후보와 국회

각 정당에 제안해 왔다. 그러나 국회와 정당들은 지금까지 이 제안을 수용하고 실현하는 데 시종 무기력·무관심했다. 자신들의 정략적 이해를 넘어설 국량을 전혀 보여주지 못했다. 반대로 일부 정당과 국회의원들은 촛불혁명의 대의와 거꾸로 가는 자기들만의 기득권 강화 밀실 졸속 개헌을 도모하기도 하였다.

우리가 그동안 확인한 것은 이렇듯 서로 이해가 크게 갈리는 5개의 정당이 촛불민의가 제대로 반영된 개헌안을 만들어 2/3 이상의 합의에 이를 가능성이 사실상 전무하다는 사실이다. 그렇다고 그렇듯 이해가 갈린 국회가 자신의 이해를 내려놓고 시민의회를 소집할 가능성 역시 (현재의 국회 구성으로는) 극히 희박하다. 이러한 상황은 대선 이후라고 하여 전혀 달라질 바 없다. 결국 촛불개헌은 없는 것으로 된다. 다시 한 번 혁명은 유산되고 마는 것인가. 대통령 하나 바꿔놓고 끝나는 것인가.

그러나 여전히 '촛불헌법제정을 위한 시민의회'의 소집, 그리고 이를 통한 촛불혁명의 완성은 가능하다. '여전히'가 아니라, 실은 가장 확실한, 가장 가능성이 높은 경로가 하나 남아 있다. 오는 대선에서 당선된 새 대통령이 개헌을 위한 시민의회를 직접 소집하는 길이다. 이 길은 오로지 새 대통령의 결단만으로 가능하다.

새 대통령이 개헌 문제에 관해 '이제 대통령으로 선출된 제 개인의 정치적 이해관계를 겸허하게 내려놓고, 국민이 주인이 되어 가장 민주적이고 공정한 방법으로 논의하여 합의해 준 개헌안을 대통령인 저의 것으로 받아 대통령의 개헌 발의안으로 국회에 제출할 것입니다.'라고 선언하는 것이다. 대통령의 이러한 결단은 신임 대통령에 대한 국민의

지지와 믿음을 한층 더 넓히고, 새 대통령이 국정을 이끌어 갈 정치적 주도권과 권능 역시 크게 높일 것이다.

새 대통령이 헌법개정을 위한 시민의회를 소집할 헌법상의 권한과 근거는 명확하다. 현행 헌법상 헌법개정을 발의할 수 있는 권한은 국회와 대통령에게만 있다(헌법 제128조). 촛불혁명을 촛불헌법으로 완성해야 함에도 국회가 그 역할을 완수할 것을 기대할 수 없는 상황에서, 그 임무를 촛불혁명의 적통자(嫡統子)가 될 새 대통령이 지는 것은 너무나도 의당한 일이다.

문제는 대통령의 헌법개정 발의안을 어떻게 마련할 것인가이다. 지금껏 9차례의 개헌에서 대통령이 발의한 개헌안은 모두 대통령 독재권의 강화, 대통령의 임기 연장을 위한 것이었다. 이렇듯 대통령 자신이 밀실에서 준비해 내놓는 개헌안이라면 국민들이 환영할 리가 없다. 오히려 큰 반발에 부딪칠 것이다.

시민의회를 통한 개헌 합의안 도출은 이러한 방식과 정반대다. 철저히 민주적·개방적·중립적이다. 그동안 나왔던 각 정당과 시민사회의 주요 개헌안들을 시민의회에서 공정하게 심의하여 합의에 이르는 방식이다(시민의회 소집과 진행 방법에 관해서는 나의 이전 칼럼들 참고). 이렇듯 도출된 합의안을 대통령 자신의 개헌 발의안으로 받겠다고 신임 대통령이 선언하는 것이다. 자신의 정치적 이해를 촛불혁명의 완성을 위해 대승적으로 내려놓겠다고, 국민 앞에 자신을 겸허히 비우겠다고 하는 대통령의 선언은 진실의 결단일 수밖에 없다. 현재 개헌 문제는 새 대통령의 임기와도 연관되어 있는 문제이기 때문에 더욱 그러하다. 이러한 문제를 국민의 뜻에 맡기겠다고 할 때, 국민들은 감동하고 뜨겁게 지지할 것이다. 새 대통령의 이러한 뜻을 구현하기 위한 '헌법개정 시민의회'를 헌법 제75조에 의거하여 대통령령으로 소집하면 된다. 회기는 1년이 적절하다. 양 후보 모두 내년 6월의 지방의회 선거일에 개헌안 국민투표를 실시하겠다고 이야기해 왔다. 꼭 1년의 시간이 주어진다.

개헌 문제에 대한 새 대통령의 이렇듯 대국적이고 자기희생적인 결단은, 대선 이후 정치 국면에서 경쟁 후보들, 야당들, 그리고 시민사회와의 활발한 협력 구축에도 큰 역할을 할 수 있다. 우선 여야 각 정당들은 시민의회에 제안할 개헌안의 지지를 넓히기 위해 활발하게 접촉하고 협력하게 된다. 이러한 논의틀은 동시에 여러 개혁 입법안에 대한 정당 간 협의 통로로도 기능하게 된다. 시민사회에서 개혁 입법과 촛불개헌에 대해 적극적인 의견을 내왔던 시민사회단체들의 경우는 어떠한가. 우선 시민의회의 심의 과정에 제안자로서 적극 참여함으로써 촛불헌법 제정의 주체로 나서는 기회를 충분히 얻게 된다. 이러한 방식은 새 대통령, 새 정부의 결단에 대해 시민사회가 주변 눈치 보지 않고 주저 없이 적극적으로 나설 수 있게 한다. 시민사회가 '새로운 권력'인 대통령과 여당의 '친위부대', '2중대'로 나섰다는 야당과 국민의 사시와 의혹을 받을 이유가 전혀 없기 때문이다.

2017. 4. 9.

추기: 4월 10일 정의당 심상정 대통령 후보는 기자회견을 통해 자신이 대통령에 당선된다면 "성별, 세대별, 지역별, 계층별로 국민들이 골고

루 참여하는, '헌법개정을 위한 시민의회'를 구성해 대한민국의 새 헌법을 함께 논의하겠습니다."라고 약속했다. 지난 4월 7일 (사)다른백년을 포함한 주권자 전국회의 등 23개 시민단체가 국회 정론관에서 각 당 대표와 대선 후보에게 '시민의회 소집을 통한 촛불개헌'을 요구했던 데 대한 첫 번째 반응이었다. 심상정 후보의 혜안과 결단에 큰 갈채를 보낸다. 심 후보가 촛불혁명의 완성으로 가는 큰길의 첫걸음을 떼어주었다. 이어 4월 12일 문재인 더불어민주당 대통령 후보와 안철수 국민의당 대통령 후보가 각각 대선 후 '국민참여 개헌기구', '국민참여 개헌기관'을 통한 개헌을 약속했다.

다른백년, 2017. 4. 12.

개혁 입법, 개헌, 그리고 시민의회

1. 현재까지 개혁 입법 및 개헌 논의의 진행 상황

촛불광장에서 나온 '이게 나라냐?'라는 질책은 국가와 국정의 총체적 변화(reset)를 바라는 강력한 요구의 표현이기도 하였다. 이러한 지향은 우선 시민사회 여러 분야에서 광범하게 제기된 개혁 입법 요구로 나타났고, 야당들 역시 최소한 겉모습으로는 이를 적극 수용하는 모습이었다. 그렇지만 제스처와 실제는 크게 다르다. 헌법재판소에서 탄핵 선고가 난 2017년 3월 10일까지 실제로 국회에 본회의에서 통과된 개혁법안은 사실상 전무했다. 입법안들이 탄탄하게 준비되어 올라오지도 않고 있고, 선거 연령을 18세로 낮추자는 입법안과 같은 간단한 원포인트 변경 사항조차 상임위 합의라는 입법 과정의 첫 문턱을 넘지 못했다. 개혁에 저항하는 원내 수구파의 문제만으로 다 이해될 일은 아니다. 야당들 역시 개혁법안보다는 대선에 관심이 가 있기 때문이기도 하다. 그렇다고 과연 대선이 끝나면 그동안 제기되어 온 개혁법안들을 국회가 확실하게 입법화해 줄 수 있을 것인지도 매우 불확실하다.

이러한 상황에서 국회에서 그나마 비교적 활발하게 활동하는 모습을 보여준 것은 신년 들어 구성된 헌법개정특별위원회(개헌특위)였다. 개헌특위의 구성은 1987년 이래 30년 만이라는 점에서 역사적인 의미가 있다. 그러나 국회 밖에서 이번 개헌특위를 바라보는 눈은 그리 우호적이지 못했다. 우선 과거 87년의 개헌이 당시 개헌특위 여야의원 8인의 밀실 타협으로 졸속 마무리된 것에 대한 비판과 자성(自省)이 강하다. 당시에는 '대통령 직선제' 하나로 타협할 수 있었지만, 지금은 전혀 그렇지 않다. 2016~2017 촛불혁명이 바라는 개헌은 국민의 기본권이 대폭 강화되는 개헌이자, 개헌과정에 적극적인 국민참여가 보장되는 총체적 개헌이다. 과연 국회나 개헌특위가 이러한 여망을 잘 반영할 수 있을지 회의적인 시각이 많다. 가장 큰 문제는 촛불혁명의 총체적 요구를 담아주어야 할 개헌 논의에 막상 국민들 자신은 쏙 빠져 있다는 사실이다. 개헌특위의 주요 논의는 여전히 밀실에서 진행되고 자문위의 논의조차 언론에 충분히 공개되지 못했다. 개혁법안들의 경우에는 각계 시민사회의 요구를 어쨌거나 적극적으로 수용하는 모습을 보여주었던 야당들도 개헌 문제에 대해서는 국민을 논의 과정에 참여시키는 적극적인 방안을 내놓지 못했다. 주요 대선 예비주자들도 이 문제에 대해서는 침묵하고 있는 상태다.

이러던 중 3월 15일 자유한국당, 바른정당, 국민의당 원내대표가 모여 3월 말까지 단일 개헌안을 발의하고 본회의 가결을 거쳐 대선과 개헌안 국민투표를 동시에 진행하도록 하겠다고 발표한 것은 시민사회의 우려를 크게 증폭시키고 있다. 87년과 같은 또 하나의 밀실 야합이 아니냐는 의혹이다. 더욱이 그 3당 중 최대 의석 정당인 자유한국당은 박근혜 구체제를 여전히 옹위하고 있는 적폐청산 대상의 정당인데, 그러한 정당이 대통령이 탄핵된 마당에 개헌을 주도한다는 것이 어불성설이라는 지적이 많다. 흥미로운 것은 개혁법안 합의 처리에 반대하거나 소극적인 정당과 의원들일수록 개헌에 대해서는 오히려 더 적극적이고 조속한 합의 처리를 주장해 왔다는 사실이다. 거의 정확한 역비례 관계를 보여주고 있다.

이러한 식의 자기들만의 조기 개헌론은 촛불 민의와는 전혀 동떨어져 있다. 여러 보도가 지적하듯 대선에서 유력 야권 후보에 맞서기 위한 정략적 이합집산의 산물에 불과하며, 그들이 합의하자는 개헌안도 국회의원의 자기 기득권 확대에만 치중할 공산이 크다. 더구나 대선 전 조기 개헌이 실현될 가능성은 매우 희박하다. 원내 제1당인 민주당 그리고 정의당이 동의하지 않고, 국민의당 내부에도 회의적인 의견이 있으며, 무엇보다 우선 시민사회에서 이렇듯 수상한 개헌론에 대해 강력하게 반대하고 나설 것이기 때문이다. 그래서 그 실제 목표는 개헌이 아니라 실은 대선용 세 결집, 즉 성동격서(聲東擊西)의 전술로 비쳐진다. 그러나 대선 전 개헌이 이렇듯 사실상 불가능할 것이라고 하여, 과연 대선이 끝나고 나면 국회가 국민이 원하는 제대로 된 개헌안을 만들어 내고 여기서 2/3 이상의 개헌선 합의를 이루어 낼 수 있을 것인가? 여기에 대한 전망 역시 매우 불투명하다.

2. 시민의회의 소집 경로와 논의 방법

제대로 된 개헌과정이란 어떤 것일까? 우선 현재 이 나라에 꼭 필요한 개헌 조항들이 공정하고 충분한 심의를 통해 선별·확정될 수 있어야 할 것이고, 그렇게 정리된 최종 개헌안이 압도적인 초다수의 합의에 이를 수 있어야 할 것이다. 앞서 살펴보았듯이, 대선 전이든 대선 후든, 현재의 국회에서 그러한 합의를 이루어 낼 수 있을 것이라고 보기 어렵다. 사정이 이러하므로 몇 유력 대선주자들이 대선 전 개헌의 불가능함을 지적하고 내년 지방선거에 개헌안을 국민투표에 붙이겠다고 약속하고 있다. 그러나 그 뜻이 현재의 국회만으로 그 목표를 이루겠다는 것이라면, 그 약속의 신빙성은 크게 떨어질 수밖에 없다. 진정 국민이 바라는 개헌안이 국회에서 만들어지고 합의될 가능성이 희박하기 때문이다. 이것을 의식해서인지 같은 대선주자들은 '국민이 참여하는 개헌' 또는 '국민 공론수렴을 통한 개헌'을 함께 언급하고 있다. 그러나 그 구체적인 방법이 무엇인지에 대해서는 언급이 없다. 나는 현재 한국의 상황에서 '국민이 참여하는 개헌' 또는 '국민의 공론수렴을 통한 개헌'의 가장 효과적이고, 공정하며, 중립적인 방법으로서 '개헌안 심의를 위한 시민의회 소집'을 제안한다.

'시민의회(Citizens' Assembly)'는 내가 2000년대 초반 한국 사회에서 빈발했던 대형 사회갈등을 보면서 그 해결방안으로 제안해 온 것이다. 당시 사회갈등이 심각했던 의약분업이나 새만금 개발 문제에 대해 정부와 국회는 시종 무기력한 모습을 보여주었다. 이러한 이슈들에 관해 적정 수의 시민의원을 무작위 선발하여 공정한 조건에서 논의하게 하면 다수의 국민이 동의할 수 있는 안정적 합의에 이를 수 있다는 제안이었다. 이후 캐나다, 네덜란드에서 내가 구상했던 것과 매우 흡사한 형태의 시민의회가 소집되어 선거법 개정을 논의했다. 최근에는 아일랜드에서 시민의회가 2016년 10월, 1년 기한으로 소집되어 헌법의 몇 개 조항 수정을 논의 중이다. 이곳에서는 2012~2013년에도 시민의회가 소집되어 헌법의 몇 조항을 수정한 바 있다. 따라서 이제 '시민의회'는 더 이상 이론적 구상이 아니고, 이미 현실에서 여러 차례 실행되고 검증된 바 있는 기존 제도다.

'시민의회'를 처음 듣는 일반인들이 보통 가장 궁금하게 생각하는 것은 국회와 시민의회의 관계다. 내가 제안하는 것은 '국회를 대체하는 시민의회'가 아니라 '국회를 보완하는 시민의회'다. 실제 외국에서 소집된 시민의회들도 마찬가지였다. 시민의회는 선거법이나 헌법 조항 수정을 최적의 조건에서 논의하여 합의를 이루어 주는 단위이지, 그렇게 도달한 합의 내용을 직접 입법화하는 단위는 아니다. 시민의회에서 합의된 내용은 국회 본회의에 회부되어 심의와 표결 절차를 거쳐 입법화된다. 그동안 시민의회에서 논의된 선거법 개정과 개헌 문제는 모두 의회 내에서는 원만한 합의에 이르기 어려운 문제들이었다. 문제는 제기되는데 의회에서 해결하지 못했기 때문에 의회와 정당에 대한 불신은 높아지기 마련이었다. 이에 따라 시민사회 조직들과 진취적인 정당들이 이러한 교착상태를 타개하기 위해 시민사회의 동력을 입법 과정에 포함시키는 방안을 강구하기 시작했고 이것이 시민의회의 소집으로 이어졌다. 보다 구체적으로 보면, 그동안 시민의회는 총선에서 시민의회 소집을 공약한 정당이 선거에 이겨 집권당이 되었을 때 그 공약을 이행하여 소집하는 경로를 밟아 출범하였다. 정당과 의회의 입장에서는 이러한 방식으로 정당과 의회에 대한 신뢰를 높이고, 시민사회의 입장에서는 민의의 제도화 통로를 확장하는 윈윈의 선택이었다고 할 수 있다.

현재 한국에서의 개헌 시민의회 소집 역시 마찬가지 경로를 생각해 볼 수 있다. 조만간 확정될 각 정당의 대선 후보들이 '국민 참여를 통한 개헌', '국민 공론수렴을 통한 개헌'의 구체적 방법으로서 '시민의회 소집을 통한 개헌'을 공약하고 그 공약 사항을 당선 이후 실행하는 경로다. 대선 일자가 2017년 5월 9일로 확정되었으니 이미 제안된 개헌안 국민투표일인 내년 지방선거일(2018년 6월)까지 1여 년의 시간이 있다. 시민의회가 소집되어 개헌안을 논의하기에 적절한 시간이 주어지는 셈이다.

시민의회는 과연 어떠한 개헌안을 놓고 심의할 것인가. 무작위로 선발된 시민의원들이 백지 위에서 스스로 개헌조항을 하나하나 만들어 가는 것이 아니다(시민의회에 대한 여러 오해 중 하나다). 시민의회란 의견이 갈리고 있는 사안에 대해 각 당사자의 입장을 충분히 전달받은 후 시민의원들 간의 충분한 토론을 통해 점차적으로 합의에 도달하는 합의 기구다. 따라서 앞으로 한국에서 시민의회가 소집된다고 가정하면 현재 소집되어 활동 중인 국회 개헌특위는 시민의회에 개진할 개헌안들을 준비하는 역할을 하는 것으로 볼 수 있다. 지금까지 개헌특위와 개헌특위가 선정한 자문위는 2개 분과 6개 소위로 나뉘어 개정 대상인 헌법의 각 분야를 검토해 왔다. 주요 개헌 사항을 통해 기본적인 골격을 갖추게 될 것이다. 현재까지 개헌특위와 자문위의 각 분과 및 소위 논의 과정에서도 드러났지만 개헌안은 몇 개의 안이 병립하게 된다. 이렇듯 병립하는 안들이 시민의회에 개진되어 경합하게 될 것이다.

따라서 시민의회가 소집되는 상황에서도 개헌특위, 자문위 그리고 국회 전체의 의견은 매우 중요하다. 그렇지만 시민의회가 심의 과정에서 고려할 개헌안이 국회에서 제출되는 것에 국한할 이유는 없다. 그동안의 사례들에서도 의회의 의견들이 중요하게 청취되지만 시민사회 주요 의견집단과 관련 전문가들 역시 적극적인 역할을 한다. 회기 중 시민의회 홈페이지에 시민들의 의견 제시가 매우 활발하게 이루어지는 모습도 보여주었다. 촛불혁명을 배경으로 소집될 한국의 시민의회는 기존의 모든 외국 사례들에서 보았던 것보다 훨씬 강한 시민 참여와 지지를 받게 될 것이다.

다른백년, 2017. 3. 17.

✦

촛불은 맹자다

1. 제2의 1979년 10.26

대폭풍 전에는 이상한 침묵이 지배한다. 언제였을까. 지난 두 달간 벌어졌던 폭풍과 같은 사태의 그림자가 예감처럼 얼핏 스쳐갔던 것이. 이 세상이 이제 가다 못해 끝내 막장, 막판으로 가는 게 아닌가, 이런 생각이 문득 엄습한 순간이 있었다.

2016년 9월 25일 백남기 씨 사망 이후 경찰과 서울대병원이 하는 꼴을 보면서부터였다. 도대체 어떻게 아비 죽은 이유를 자식들, 가족들에게 덮어씌우려고 하나. 그래도 한국이고, 한국 사람이고, 한국 사람들에게 아주 근본적인 부모 자식 간의 인륜이라는 게 있는데, 이걸 어떻게 이렇게 건드릴 수 있는가. 경찰의 물대포를 머리에 직격으로 맞고 아스팔트 바닥에 머리를 세게 부딪혀 뇌출혈과 의식불명이 되었고, 그로 인해 사망하게 된 것을 온 국민이 다 알고 있는데, 이제 와서 '병사'라니…. 거기다 그 사망 책임이 '연명 치료'를 거부한 가족에게 있다니, 그래서 그렇게 사람 죽여 놓은 경찰이 오히려 칼을 들고 사체를 다시 갈라 봐야겠다니…. 그 시커먼 영장을, 흉악무도한 심보를 기어코 '집행'하겠다고, 시신을 강탈해 가겠다고, 영안실을 포위하고 있다니…. 도대체 세상이 어떻게 이렇게까지 미쳐 돌아갈 수가 있다는 말인가. 이렇게까지 뻔뻔할 수가 있다는 말인가. 아무래도 무슨 일이 터지고야 말 것만 같았다.

무슨 공포영화의 말도 안 되는 좀비들같이 웃기지도 않게 집요했던 경찰의 부검 영장 청구가 딱 끊긴 건, 10월 28일이었다. 그 소식을 듣고 뭔가가 '탁!' 하고 끊어진 것을 느낄 수 있었다. 개는 당장 아는구나. 제 주인이 죽은 것을. 이제 끝났다는 것을. 악의 탑이 무너지고 좀비 주술이 끝났다는 것을. 〈반지의 제왕〉의 마지막 장면에서 봤던 그 모습 그대로다.

2016년 10월 26일, JTBC의 2차 태블릿 폭로가 있었던 날은 '제2의 10.26'이었다. 그날 박근혜 대통령은 정치적으로 사망했다. 그 37년 전인 1979년 10월 26일, 그녀의 아버지 박정희 대통령이 의학적으로 사망했던 것처럼. 백남기 씨의 시신을 그토록 집요하게 탈취하려 했던, 집요하게 물어뜯으려 했던 그 '개'들은 그들에게 '싸인'을 보내는 권력자의, 권력 핵심 집단의 '사망'을 바로 알아챈 것이다. 얼마나 영리한 개들인가. 물론 이 종류의 개들은 머리가 영리하다기보다는 코가 영리하다. (참고로 내가 여기서 말하는 그 '개'들은 결코 우리가 사랑하는 반려견들을 지칭하는 것이 결코 아니니 이 점을 너그러이 양해해 주시기를 간곡히 바란다. 살인용·

공격용으로 훈련된 사냥개들, 투견들만을 말한다.)

경찰이 부검 영장 청구를 철회했던 날 바로 다음 날인 10월 29일, 제1차 촛불집회가 청계광장에서 시작되었다. 마침 몇 주 전부터 토론 모임 하나가 광화문 토즈에 잡혀 있었다. 모인 우리는 들떠 있었고, 바로 그날 바로 그 자리에 모임을 몇 주 전에 미리 잡아 놓은 모임 총무의 역사적 투시력, '신의 한 수'를 한껏 찬양하였다. 감격스러웠다. 모임을 서둘러 파하고 우리는 집회 군중 속을 이리저리 헤집고 다니면서 2만이다, 3만이다 나름 모인 사람들의 수를 가늠해 보았다. 그날 우리의 소감은 '2008년과 뭔가 다르다', '더 젊어졌다', '더 집중력이 있다'로 모아졌다. 집회가 파한 이후 우리는 따로 모여 술잔을 기울이며 밤 깊도록 이야기했다. 이 나라는 이제 어디로 가야 하는가.

2. 제2의 12.12 사태, 촛불 폭풍에 날아가다

10.26 하면 바로 자동으로 떠오르는 게 '12.12 사태'다. 전두환을 두목으로 하는 신군부 일당이 탱크를 앞세워서 온건파인 정승화 계엄사령관을 체포하고 하극상으로 권력을 강탈했던 그 쿠데타, 역시 37년 전 그날 밤의 그 사건 말이다. 따라서 우선 제2의 12.12를 모의하는 자들, 그럴 가능성이 있는 자들과 그룹을 미리 파악해 두는 것이 중요했다. 이들의 동향을 낱낱이 어항 속의 물고기처럼 손안에 넣고 감시할 수 있어야 한다. 다시 12.12와 비슷한 일이 벌어져서는 절대로 안 된다! 물론 당시와 같은 군사 쿠데타는 이미 생각하기 어렵게 되었다. 그

러나 그와 유사한 정치 공작적 역습, 반격은 얼마든지 가능하다.

우선 김기춘, 최병렬, 김용갑, 김용환 등의 '친박 원로 7인회' 같은 그룹, 서청원, 최경환 등의 새누리당 '친박 9인회' 등이 그런 모의를 벌일 수 있는 대상자들이었다. 이들의 면면은 70년대 유신 시절 김지하가 그토록 통쾌하게 풍자했던 '5적'과 너무나 닮았다. 검찰, 경찰, 군의 공안통들, 재벌과 그 끄나풀들, 그에 붙어사는 경제관료들, 고위 공무원들, 국회의원, 장차관들…. 아니 그중 일부는 바로 유신 시대의 장본인들, JP(김종필)의 말을 빌리면 자칭 '유신 본당'들이기도 했다.

최순실이란 이름을 캐면 캘수록 그 뿌리, 본체가 바로 정확히 유신 권력의 핵심에 닿아 있었다. 최태민, 이 요승(妖僧)의 술수는 결국 박정희 유신체제를 호위·선전하고 앞장서 궂은일을 처리해 주는 사이비 기독교 유신행동부대, 청년 유신행동부대를 만들어 박정희에게 갖다 바친다는 것이었다. 이름하여 '구국선교회', '구국봉사단', '새마음봉사단'이었다. 우선 죽은 엄마(육영수)의 목소리를 빙의하여 딸(박근혜)의 영혼을 홀리고, 다음은 그 딸을 방호막으로 앞세워 그 아비(박정희)의 동정심과 환심을 샀다. 그토록 희한하고 의심스러운 최태민과 박근혜의 관계를 박정희는 끊지 않았다. 최태민은 절대 권력자 박정희가 내심 원하는 것을 정확히 알고 있었던 것이다.

'친박 원로 7인회'의 대표격인 김기춘은 자신의 입신출세의 뿌리를 바로 유신체제의 탄생 순간에 두고 있다. 유신과 김기춘은 정치적 출생일이 정확히 같다. 1972년 당시 유신헌법 기안 임무가 신직수 법무장관에게 떨어졌고, 이 작업을 위해 신직수가 중용했던 젊은 검사가 바로 김기춘이었다. 대통령에게 히틀러와 같은 절대적 비상대권을 주고, 통일주체국민회의라는 세계 헌정사상 희대의 괴물을 고안하는 데 김기춘은 그 영리하다는 (이번엔 코가 아니라) 머리를 바쳤다. 김기춘은 이후 청와대로 들어가 박정희에게 '똘똘이' 소리를 들어가며 독재자의 사랑을 넘치도록 듬뿍 받았었다고 한다. 이렇게 위세를 떨치게 된 김기춘은 그 후 오랜 세월 동안 얼마나 많은 무고한 사람들을 간첩으로 몰았고, 얼마나 많은 사람들을 블랙리스트에 올렸던가. 김기춘과 그가 애호했던 우병우 라인의 뿌리는 1972년 만들어진 유신 독재체제에 있다. '막후의 알부자'라는 우병우의 장인, 그리고 그 장모가 이미 유신 시절부터 최태민과 가까운 사이로 밝혀졌다. 최태민과 김기춘도 그러했을 것이다. 박정희-김기춘-박근혜-최태민은 이렇게 뿌리에서부터 얽혀 있다. 그 뿌리에서 최순실이 나오고 우병우도 나왔다.

정의를 유린하고 나라 살림을 말아먹는 수법은 대를 이어 전승되었다. 기기묘묘 화려하기까지 한 국정농단·세금 빼먹기·재벌과 짜고 치기의 신종 수법들도 선보였다. 그 수법이 이제는 부정입학, 부정학사 관리에까지 가지를 쳤던 것이 밝혀지면서 이제 중고생만이 아니라 어린 초등생들까지 최순실, 정유라의 이름을 알고 주목하게 되는 희한한 지경에 이르게 되었다. 막 나가는 대학기업화에 제동을 걸었던 이대생들의 신선했던 분투가 정유라 부정입학 건과 바로 연결되면서 전국 대학생들의 결집과 진출로 증폭되기도 하였다.

그 순간 다른 한구석에서는 소위 '친박 9인회'가 맹활약 중이었다. 서청원, 최경환, 조원진, 윤상현, 홍문종, 이장우, 원유철, 김진태, 정갑윤, 유기준 등(이 중 몇몇 사람의 참여는 들쭉날쭉했다). 여기서 모인 결론은 이정현을 통해 청와대에 전달되었다고 한다. 이들은 10월 25일 박근

사진 7 2016년 12월, 박근혜 대통령 퇴진을 요구하는 시민들이 서울 광화문 광장을 가득 채우고 있다. (출처: 연합뉴스)

혜 대통령 1차 '대국민 담화' 이후 결집하여 거의 매일 모임을 가지면서 '반격'을 모의해 왔다는데, 교묘한 '꼼수'로 평가된 대통령의 3차 담화도 이들의 작품으로 알려졌다. 그러나 꼼수는 어차피 꼼수다. 꼼수가 교묘할수록 촛불은 더욱 커져만 갔다. 국회와 야당은 헷갈렸는지 모르지만, 촛불 민의는 3차 담화 이후인 12월 3일의 5차 집회에서 오히려 더욱 단호하고 분명해졌다. 최대 인파인 232만이 모여 대통령 탄핵을 요구했다. 12월 9일, 국회는 결국 이 요구에 순응했다. 예상보다 훨씬 늘어난 '동요하는 비박'이 탄핵 찬성에 표를 던졌다. 그 유명한 '우주의 기운—1(불참), 234(찬성), 56(반대), 7(무효)'이었다.

민의의 엄청난 태풍은 7인회든 9인회든, 또는 무엇이든, 제2의 12.12를 도모했던 모든 세력들의 모든 모의와 작당을 야속하게도 지붕·창문·세간살이 할 것 없이 몽땅 다 날려버렸다. 나날이 새로 밝혀지는 박근혜-최순실 국정농단의 정도와 범위는 상상을 초월했다. JTBC가 태블릿 피시에 대한 내용을 공개하기 시작한 이후, 먼저 종편 내부에서부터 동종 업계 간 폭로의 경쟁 논리가 맹렬하게 작용하기 시작했다. 종편의 위력은 대단했다. 이들은 서로 질세라 최순실 국정농단의 '팩트'들을 파헤쳐 대기 시작했다. 밤낮없이 모든 종편들이 최순실, 정유라, 차은택, 장시호, 김종, 고영태 등 끝도 없이 이어지는 국정농단의 세부 사항을 터트리고 규탄했다. 과연 한 달 전까지 정반대의 이야기를 밤낮없이 늘어놓던 그 사람들, 그 진행자, 그 패널, 그 종편이 맞는지 많은 사람들이 어리둥절해할 정도였다. 심지어 TV조선까지 이 대열에 낙오되지 않으려고 한껏 비판의 볼륨을 높였다(최소한 11월 30일경까지는 그러했다). 방송으로서의 최소한의 자정능력조차 잃어

버린, 망가질 대로 망가진 MBC, KBS는 보도 경쟁, 시청률 경쟁의 대열에서 까마득하게 멀어졌다. 일간지들도 (역시 《조선일보》까지도) 한동안 맹활약했다. 이쪽 업계에서는 유난히 깜깜하게 뒤떨어졌던 게 《동아일보》였다. 인터넷 신문들도 그간 쌓아온 막강한 화력을 자랑했다.

이 기간 촛불은 거침없이 커져갔다. 대통령이 연이은 '대국민 담화'를 통해, 되지도 않는 변명과 회피를 늘어놓을수록, 김진태 등 막장형 막말로 저명해지신 새누리당 국회의원들이 '촛불은 바람이 불면 꺼진다'고 주문을 외면 욀수록 촛불은 보라는 듯 더욱 커졌다. 아무리 바람이 불어도 절대로 꺼지지 않는 신상품 'LED 촛불'이 광장에 다양한 모델로 출시되어 불티나게 팔려나갔다. 실로 '창조경제'가 아닐 수 없었다. 바람에 꺼지는 촛불이 아니라, 촛불이 바로 바람, 그것도 가장 억세고 무서운 태풍이라는 사실을 김진태는 정말 몰랐던 것일까? 그걸 꺼보겠다고 부채질하면 10배, 100배로 커지는 들불이었다는 사실을 정말 몰랐던 것일까? 그깟 '친박 집회'라는 것이 오히려 그 집단의 그로테스크한 기괴함, 기형성, 후진성을 만천하에 한껏 선양할 뿐이라는 사실을 그들은 정말 모르는 것일까? 한 게 고시 공부밖에 없고, 아는 게 공안 업무밖에 없는 자들, 한국 사회를 지배해 왔던 소위 공안통 '엘리트'들의 한없이 빈곤하고 비루한 교양 수준의 현주소다.

3만(1차-10월 29일), 20만(2차-11월 5일), 100만(3차-11월 12일), 95만(4차-11월 19일), 190만(5차-11월 26일), 235만(6차-12월 3일)… 이 엄청난 힘은 7인회든, 9인회든, 또 다른 어떤 모의 세력이든, 그 모두를 한꺼번에 날려버렸다. 11월 4일, 2차 촛불 하루 전에 5%로 역대 최대의 바닥으로 가라앉은 대통령의 국정지지율은 이후 영영 회복되지 못했다.

이 속에서 제2의 12.12 모의는 영구 실종되었다. 12.12, 야심 찬 대반격은커녕, 이제는 각자 모두 제 한목숨 보존해 보겠다고 발버둥 치지 않으면 안 되는 처량한 처지가 되었다.

3. 촛불은 맹자다

2016년 11월 26일 190만이 모인 5차 집회가 있던 광화문, 한 달 전 첫 촛불집회 때 모였던 '토론모임'이 한 달 만에 다시 정기 모임을 가졌다. 마음들은 이미 뽕밭에 있었던 만큼, 공부와 토론은 대충대충 마치고 민의의 바다에 서둘러 몸들을 실었다. 청운동 청와대 근처까지 행진을 따라가, 아니 인파에 떠밀려가, 오랜만에 한껏 목청을 푼 후, 비교적 연식들이 노후한 까닭에 쉬이 피곤해진 몸뚱이들을 추슬러 슬슬 후진, 다시 종로통 인사동 입구 막걸리집에 모였다. 과연 공부하는 학자들이요 먹물들이었다. 정세 흐름에 대한 간단한 검토 후, 이야기는 사뭇 형이상학적으로 흘러갔다. 과연 우리 눈앞의 이 촛불이란 무엇인가? 이렇게 수백만이 모인 이 거대한 인간의 흐름, 그 흐름을 잇는 인간의 마음은 과연 어떠한 것인가? 그 실체는 과연 무엇인가? 과연 무엇이 이렇듯 거대한 실체를 만드는가? 유독 독일 박사가 많았다. 다 쓰러지는 막걸리집(황지우 시인의 시에서는 '흐린 주점')에 끝까지 남은 7명 중 셋이 독일에서 철학 학위를 받았다. 과연 독일 철학박사들답게, 이야기를 높고도 높게 철학적으로 끌고 올라갔다.

우리 자신이 일부가 되었던 이 거대한 인간의 흐름 속에서 우리는 모종의 강한 동질감, 공통성을 느꼈다. 모두에게 하나같은 경험이었다. 즐겁고 고결한 감전이랄까. 너무나 익숙한 무엇. 어찌 이리도 많고 다양한 사람들 속에서 이렇듯 높은 수준의 '공통감(sensus communis)'이 생길 수 있다는 말인가. 공론장(Öffentlichkeit)이니, 공동체(Gemeinschaft)니 하는 독일적 개념으로는 잘 설명이 되지 않는다 했다. 그 개념들이 전제하는 독일의 개인과 오늘 바로 여기 이 거대한 군중을 구성하고 있는 한국의 개인들은 다르다, 뭔가 동아시아적인 것, 한국적인 것이 작동하고 있지 않느냐 했다. 가족 공동체, 이런 것이 아닐까. 동아시아인들, 한국인들이 공유하고 있는 가족적 공통감과 같은 무엇이지 않겠는가.

좋은 말씀을 잘 듣고 조용히 마음에 꾹꾹 담아 두지 못하고, 꼭 중간에 끼어서 이야기를 이상한 방향으로 끌고 가곤 했던 젊은 시절의 악덕을 아직도 완전히 버리지 못하고 있는 내가 "그렇기는 합니다마는…" 하며 한마디 더하는 순간이 이윽고 오고야 말았다. 비교란 가까운 것끼리 해야 재미있는 디테일이 나온다. 한국과 독일의 비교는 좀 멀어서 그런 디테일이 잘 안 나온다. 구체적인 차이를 추출하기 힘들다. 오히려 동아시아 내부, 이를테면 한국과 중국, 일본을 비교해 보는 것이 어떨까. 지금 우리 눈앞의 거대한 촛불 인파, 그 안에 모아지는 멘탈리티에는 이웃 국가인 중국에서도 일본에서도 찾아보기 어려운 독특성이 있지 않나.

주권자의 권력남용이나 잘못된 통치에 대해 정면으로 맞서서 직격탄을 날리는 전통은 동아시아, 공히 맹자에서 유래한다. 옛 시절의 주권자란 왕이고, 왕 앞에 감연히 나서 목숨을 걸고 직언하였던 이가 맹자였다. 동아시아에서는 모두 알고 있는 전통이기는 한데, 우선 일본은 그런 맹자 전통이 정치세력화된 적이 없다. A급 일본 학자들도 가만 이야기해 보면 결국 맹자를 이해하지 못한다. 문인통치가 아닌 무인통치 국가였기 때문이다. 중국은 물론 맹자를 이해는 한다. 그러나 현실에서, 역사 속에서, 황제의 힘이 너무나도 강했기 때문에 맹자의 전통은 항상 주변화되었다. 그래서 민심에서 맹자를 그렇게 무겁게 받아들이지 않는다. 핵심 전통이라 할 수 없다. 맹자 전통이 역사의 중심이 되기에 항상 부족했다. 맹자가 정말 민심을 만나고 민심이 맹자를 받아들였던 곳, 맹자가 민심 안의 주류 전통이 되었던 곳은 오직 조선밖에 없다.

여기 이 '흐린 주점' 밖의 저 거대한 촛불은 정확히 이 나라의 최고 권력자, 대통령의 권력농단, 주권농단을 겨누고 있다. 국가권력의 핵심문제, 최고주권의 소재와 정당성 문제를 거론하고 있는 것이다. 지극히 평화롭고 축제적이나 그 태도는 엄정하고 단호하다. 아니 경건하기조차 하였다. 저 촛불의 모습은 바로 맹자의 모습, 맹자의 전통 아닌가. 2백만, 아니 지금 이 순간 온 나라 국민의 마음을 묶어주고 있는 그 '공통감'을 한마디로 말한다면 맹자가 아니겠는가. 지금 이 순간 형성된 이 놀라운 주권적 대중, 주권적 국민의 의지란 결국 맹자의 마음 아니겠는가. '맹자의 땀'이고 '성왕(聖王)의 피' 아닌가. 이미 여러 잔 순배가 돌아 긴장이 풀리고 너그러워진 까닭인지, 갑자기 자다가 봉창 뜯는 소리를 늘어놓은 셈이었건만, 웬일인지 모두 끄덕끄덕 진지하게 동조해 주는 듯만 하였다. 이 역시 틀림없이 술기운이 오른 나의 착각일 뿐이었겠지만 말이다. 어쨌거나 나로서는 오래전 던져두었던 화두를 현실 속에서, 뜨거운 현장 안에서, 다시 확인해 보는 순간이었다.

4. Year One

11월 중반 이후, 대통령 국정지지율이 5%로 고착되고 광화문에는 100만, 200만 촛불이 연이어 모여든 즈음부터, 더 이상 문제는 12.12가 아니었다. 제2의 12.12는 이미 분쇄되었다. 흐름은 이제 87년 6월의 상황에 돌입하고 있었다. 6.29란 이미 12.12와 같은 군사적 반동을 포기한 상태에서 '직선제'라는 개헌 조항을 가지고 6월 민주화 대항쟁을 중도에서 끊어 무력화시켜 보겠다는 전두환 일당의 야심 찬 기획이었다. 대통령 직선제는 물론 6월 항쟁이 승리한 결과였다. 그러나 냉전 보수 세력은 노회했다. 민주화 요구에 굴복하는(즉 민의를 받드는) 듯한 모양새를 보이고, 야당의 분열을 유도한다면 대선에서 충분히 승리할 수 있다는 계산을 하고 있던 것이다. 반면 민주화 진영과 야권은 이미 게임은 끝났다고 자만하고 있었다. 6월의 압도적 열기를 볼 때 대선에서의 승리는 이미 자명한 것이라고 확신했다. 심지어 야권이 분열된 상황에서도 어떻게 되든 야권이 이긴다는 '필승론'의 기세가 꺾이지 않았다. 그 결과가 어떠했는지 이제 우리는 너무나 잘 알고 있다.

87년을 결코 반복할 수 없다. 반복되지 않을 것이다. 87년엔 6.29 이후 모든 것이 끝났다고 생각(착각)했지만, 지금은 아무도 그렇게 생각하지 않는다. 오히려 이제 시작이라는 것을 알고 있다. 이 점에서 2016년의 촛불민의는 1987년의 민주항쟁보다 각성되어 있다. 제발

이제 꺼져 주기를 바라는 이들이 있겠지만, 결코 그렇게 되지 않는다. 만일 헌재가 탄핵을 기각하면 또다시 (새로 경신된) 최대 규모의 촛불이 광장에 들이닥칠 것이다. 헌재를 뒤집어 엎는다. 현재 민의가 이렇다는 것을 누구나 안다. 그래서 헌재가 그런 만용을 부릴 가능성은 지극히 낮다. 이렇듯 거대하고 깊으며 동시에 높은 민의란 세계사적으로도 진실로 특이한 것이다.

이렇듯 크고 높은 민의가 말하는 것, 원하는 것이 과연 무엇일까. 한마디로 집약해 보면, 'Year One'이 아닐까. 원년, 새로운 시작. 여기서 영문자 Y와 O는 반드시 대문자로 써야 한다. 특별한 시간, 절대적으로 고유한 순간—역사적 새 출발, 새 지평, 헌정사적 원년(元年)을 뜻하는 말이기 때문이다.

87년과 또 하나 크게 다른 사실은 이번에는 그 Year One을 국민들 자신이 스스로 열겠다는 분명한 의지를 보인다는 점이다. 87년에는 6.29 이후 그 일을 국회의 여야 개헌특위에 넘기고 그걸로 그만이었다. 그저 '직선제'만 되면 그걸로 끝이라고 생각했다. 그것이 큰 실책이었음을 이제 국민들이 안다. 87년 이후 30년 만에 다시 국회에서 개헌특위가 구성되었다. 실로 역사적인 순간이 아닐 수 없다. 이제 어떠한 개혁법안 논의, 개헌 논의도 결코 국회 여야의 독점물이 되지 못하게 되었다. 어떤 개혁법안인가, 어떤 개헌인가. 국민은 두 눈 부릅뜨고 주시하고 있다. 이미 경향 각지의 수많은 시민단체들, 주민모임들 속에서 다양한 의견이 활발히 형성되고 있다. 태반이 지난 두 달 동안 새로이 만들어진 모임들이다.

다음 정부의 할 일은 크고 높다. Year One을 바라는 국민의 뜻을 충심으로 이행하려는 모든 정치세력이 한마음으로 힘을 모아야 한다. 과거 87년 DJ, YS를 훌쩍 넘어서는 비전과 포부를 가져야 한다. 나만이 된다, 나만이 할 수 있다는 작은 생각을 버려야 한다. 큰 정치, 높은 정치를 해야 한다. 이것이 그토록 놀랍고 거대했던 주권적 국민의 뜻에 충직한 모습일 것이다. 그러한 모습을 보여줄 때 국민은 믿는다. 안심한다. Year One은 그렇게 시작될 것이다.

다른백년, 2017. 1. 10.

✦

촛불혁명과 민주연합정부

1.

2017년이 밝았다. 두 번째 87년이다. 첫 번째 87년에 비해 6개월 정도 시간이 빨리 가고 있다. 이번 두 번째 87년의 새해는 이미 절반은 승리한 채 시작되었다. 현 상황은 87년 6.29 직후와 매우 흡사하다. 절반의 승리에 결코 안심할 수 없는 형국이다. 그러나 30년 전에 비해 유리하다. 이유는 역설적이다. 30년 전, 첫 번째 87년의 실패의 기억이 아직도 뼈저리게 아프기 때문이다.

그렇게 아파서, 올해의 귀결에 대해 기본적으로 낙관한다. 물론 87년 패배의 이유에 대한 철저한 반성, 그 패배로 인해 고통스러웠던 지난 30년에 대한 철저한 반성을 전제하는 것이다. 지난 30년을 철저히 복기해야 한다. 이 복기는 이세돌-알파고 5국 복기보다 훨씬 중요하다.

첫 87년에 그렇게 어이없이 패배하지 않았다면, 오늘날 대한민국의 수준, 위상과 국격은 크게 달랐을 것이다. 박근혜 제2유신 정권도 '헬조선'도 없었을 것이다. 30년 지각했다. 이번에도 제대로 시작하지 못한다면, 그 패배감은 아마도 좀처럼 극복하기 어려울 것이다. 대한민국은 자기쇄신의 동력을 잃고 장기침체에 빠질 가능성이 크다.

기본적으로 낙관한다고 했다. 왜 그런가. 길이 보이기 때문이다. 한 번 가본 길이다. 30년 전의 상황과 비슷한 국면이 되풀이되고 있기 때문에 우리는 어렵지 않게 지키려는 쪽(여권)이 어떻게 나오리라는 것을 예측할 수 있다. 바꾸려는 쪽(야권)의 대응에 무엇이 문제인지도 쉽게 짚어볼 수 있다. 차례로 살펴보자.

2.

먼저 천만 촛불의 위력으로 제2의 12.12(노골적인 친위 쿠데타)의 가능성이 영영 소멸된 이상, 기득권 세력에게 남은 방법은 빤하다. 그들의 선생은 노태우다. 노태우가 했던 것처럼 혁신적인 〈7.7선언〉까지도 필요하다면 불사할 것이다. 그들은 무슨 짓이든 할 수 있다. 잠시 죽어(죽은 척하고) 영원히 살자는 것이다.

지금 그들에게 부활을 위한 최선의 길은 박근혜 때리기, 박근혜 버리기다. 그럴수록 점수가 올라간다. 신분세탁이다. 그 제1진은 소위 '개혁보수신당'이었다. 그들은 끝까지 망설였다. 탄핵, 찬성할 것인가, 말 것인가. 그러나 천만 촛불의 위력 앞에서 그들은 지극히 현실적으로 움직였다. 그로써 루비콘강을 건넜다. 이제 그 길, 박근혜 끊어내기로 일로매진이다. 이들이 창당도 하기 전에 이미 정당 지지율 2위로 올라선 것에 주목해야 한다. 민심에 항복한 시늉을 한 탓이다.

그것이 다는 아니다. 제2진이 있다. 새누리당이다. 지금 욕먹고 있다고 얕보면 안 된다. 다 죽지 않았다. 내부 '개혁' 소동으로 한동안 언론의 이목을 잡아끌 것이다. 내부 '친박 끊어내기'를 길게 끌수록, 요란스럽게 할수록 최후의 극적 효과는 그만큼 높아진다. 9회 말 만루 홈런을 치는 드라마를 연출하는 것이 이들의 목표다. 온갖 소동 속에서 결국 그들은 친박 핵심 몇을 축출하는 데 성공할 것이다, 그리고 감동적으로 선언할 것이다. 국민 여러분! 이제 우리도 국민 앞에 항복했습니다. 이제 우리도 '친박'이 아닙니다. '탈박'입니다! 라고. 이로써 그들도 '박근혜 끊고 신분세탁'하는 대열에 의기양양 합류한다. 소동을 일으킨 만큼, 주목을 끈만큼, 이들의 지지율도 조금은 더 올라갔을 것이다. 남은 것은 위장 이혼했던 신분세탁 제1진, 제2진이 재결합하는 것이다. 그리되면 서로 다를 게 없으니 재결합 안 할 이유도 없다. 그쯤 되면 꽤 덩치를 불린 후일 것이고, 반기문 등 꽤 쓸만한 후보군도 확보한 상태일 것이다. 이쯤 되면 재결합한 신새누리당의 지지율은 제1야당을 위협하거나 혹은 능가할 수도 있다. 이것이 그들이 바라는 바다.

3.

야권은 어떨까. 우리의 선생은 당연히 87년의 YS, DJ다, 라고 생각한다. 그들처럼 행세하려 한다. 그들의 이름을 불러 그들의 후광과 권위를 뒤집어쓰려고 한다. DJ, YS는 카리스마적 리더였다. 둘을 허용하지 않았다. 오직 하나, 나뿐이다, 나만을 따라라! 라고 외치던 지도자들이었다. 이제 30년 후 야권 후보들도 모두 그들을 흉내 내려 한다.

그러나 야권의 이 따라하기에는 두 가지 치명적인 착오가 있다. 첫째, 87년 6.29 이후 노태우는 성공했던 반면, YS, DJ는 실패했다. 기득권이 '노태우 따라하기' 한다고, 야권도 양김 따라하다가는 필패다. 둘째, 양김 씨는 87년 민주항쟁 과정에서 커다란 역할을 했다. 명실공히 항쟁의 지도자들이었다고 할 수 있다. 민심의 거대한 파도를 일으키고 이끌었다. 반면 작년 촛불혁명에서 야당들과 그 지도자들은 거의 한 일이 없다. 천만 촛불이 앞장섰고 야당은 민의의 뒤를 따랐을 뿐이다. 오히려 야당과 그 지도자들이 헷갈리고 망설일 때마다 촛불이 방향을 제시했다. 대중과 지도자의 관계, 이 점에서 첫 87년과 두 번째 87년은 완전히 거꾸로 뒤집혀 있다. 이런 마당에 YS, DJ 흉내 내다가는 망신만 당한다.

이 두 가지 차이점, 착오가 말해주는 바는 간단하다. 제2의 87년, 특히 제2의 6.29 이후의 상황에서 야권은 DJ, YS 따라하기를 하면 안 된다. 반드시 실패한다. 30년 전 야권의 대선 전략을 지배했던 DJ-민통련 플랜이든, YS-단일화 플랜이든, 그런 방식은 더 이상 야권이 배울 모델이 못 된다. 버려야 한다.

4.

DJ, YS를 훌쩍 넘어서는 큰 전망을 품어야 한다. 다음 정부는 역사 앞에 큰일을 하게 된다. 30년 지각을 만회하고, 한국 현대사 최초로 압도적인 다수의 진정한 민의 위에서 새로운 나라를 세우는 일이다. 헌정사에서 원년(元年), 'Year One'이라 부르는 역사적 시간을 열어야 한다. 이것이 지난해 천만 촛불 민의, 그 거대했던 주권적 국민의 의지였다.

다음 정부의 역할이 그만큼 크고 중요하다. 어느 정당 하나가, 어느 대선 후보 한 사람이 홀로 이룰 수 있는 과제가 아니다. 천만 촛불의 힘을 굳게 믿고, 야3당이 힘을 합쳐야 한다. 속 좁은 당리당략, 대선 캠프 정치를 버려야 한다. 이런 합의 위에 세워진 정부를 무어라 부르는가? 연합정부다. 어려울 것 없는 말이다. 87년 YS와 DJ가 손을 맞잡고 공동정부를 구성했다면, 그것이 바로 연합정부였다. 87년 대선으로 그런 연합정부가 들어섰더라면 그동안 우리 역사는 얼마나 달라져 있을 것인가.

'Year One'의 핵심은 나라의 등뼈를 확실히 세우는 일이다. 헌법 조항 속의 문자만이 아니라, 실제로 국민이 주권자가 되는 것이다. 이미 천만 촛불은 스스로 모여 스스로를 조직하기 시작했다. 경향 각지에서 주민들이, 시민들이, 직장동료들이, 오프라인에서, 온라인에서 스스로 모여 Year One의 모습, Year One으로 가는 길에 대해 토론하기 시작했다. 민주주의 국민주권의 최신 버전, 시민사회 4.0의 나라다. 시민의회에 대한 논의도 그중 하나다.

앞으로 혹시라도 만일 헌재가, 또는 새누리 잔당이, 혹은 또 무엇이 Year One으로 가는 이 길을 틀어막고 나선다면, 천만 촛불은 다시금 주저 없이 그 거대한 몸체를 광장에 드러낼 것이다. 작년에 보았던 어떤 모습보다 더 거대할 것이다. 단죄할 것이다. 역사의 쟁기는 더욱더 깊게 들어가 갈아엎을 것이다. 이렇듯 놀랍고 역동적인 주권적 시민, 주권적 국민이 현존하고 있는 나라는 지금 이 순간 지구상에 오직 하나, 대한민국밖에 없다. 야권은 오직 이 힘을 절대적으로 믿고 나가야 한다.

5.

기득권 측의 노회한 '노태우 따라하기'에 대해서 야권은 소심하게 움찔거리지 말고 대범하고 자신 있게 대응해야 한다. 노태우 따라하기, 그리하여 제2의 87년에 다시 한 번 승리하기, 이 목표의 달성을 위한 기득권 측의 2017년 판 작전명은 '개헌론'이다. 국민의 뜻을 따르는 척하면서, 그 뜻을 소매치기하겠다는 수법이다. 야권은 이들의 기만적 개헌론에 신경질적으로, 피동적으로, 피해의식적으로 반응할 필요가 없다. 여론조사를 보면 국민의 다수가 개헌을 바라고 있다. 동시에 현재 여권의 개헌론이 기만적이라는 것도 알고 있다. 그래서 다음 정부에서 개헌하자고 한다. 그렇다. 개헌은 임시변통으로 하는 게 아니다. 초세대적이고, 시대정초적인 일이다. 철저히 준비해서 가장 공정한 방법으로 해야 한다.

기득권 측 개헌론의 목표는 개헌 자체가 아니다. 산술적으로 개헌 정족수를 채울 수 없다는 것을 그들 자신이 잘 안다. 그들의 목표 역시 연합정부의 창출이다. '보수연합정부'다(결국 '수구재탕정부'다). 그들은 개헌론을 '박근혜 끊기'의 연장으로 활용하려 한다. 내각제든, 이원집정제든, 여러 카드를 흔들면서 이 길이 제2의 박근혜, 제2의 제왕적 대통령, 제2의 국정농단을 막는 방법이라고, 지상파에서, 종편에서, 신문지상에서, SNS에서 쉴 새 없이 떠들어 댈 것이다. 경제민주화도 하고, 복지국가도 하고, 헬조선도 없애고, 금수저도 없애고…. 모든 달콤한 약속을 다 할 것이다. 민심을 훔치려 할 것이다. 그러면서 국민의당 보수파를 끌어당기고, 김종인, 손학규, 정운찬을 끌어당길 것이다. 진정한 보수, 건강한 보수가 결집해야 한다고 호소할 것이다. 반기문도 곧

합류할 것이다.

야3당은 팔짱 끼고 바라보고 있을 것인가. 연초 임시국회에서부터 개헌특위가 가동된다. 특위위원 36인(민주 14, 새누리 12, 국민 5, 개혁보수 4, 정의 1) 중 야3당 20인은 어떻게 대응할 것인가? 그저 기만적 개헌 논의를 중단하자, 대선 이후 논의하자, 라고 버틸 것인가? 여러 안이 나오고 논의가 진행될 수밖에 없다.

개헌특위를 다음 정부에서 제대로 된 개헌을 위한 중간역으로 삼아야 한다. 개헌특위의 역할을 차기 정부에서 제대로 된 개헌을 위한 의제 정리로 보면 된다. 우선 다음 정부에서 반드시 제대로 된 개헌을 하겠다는 확실하고 분명한 경로와 방법을 제시하라. 시민의회를 통한 길이 바로 그것이다. 이 역시 야3당이 함께해 주어야 할 일이다. 그때 국민은 안심한다. 믿는다.

야3당은 공동행동을 시작해야 한다. 결선투표제 합의는 좋은 출발이다. 야3당이 합심한다면, 개혁보수신당도 같이 갈 수 있다. 명분이 분명하기 때문이다. 차기 민주연합정부는 그러한 작은 공동행동으로부터 시작된다. 야3당이 이미 제안해 놓은 여러 개혁법안들이 있다. 그 입법화를 위해 공동행동하라. 그중 중요한 몇 개 법안부터 반드시 입법화시켜 국민의 믿음을 확실하게 얻어라. 민주연합정부의 기획이 보수연합정부의 기획을 이끌어야 한다. 지금 위대한 주권적 국민이 그 뜻을 신탁해 준 쪽은 민주연합정부 쪽이다. 네 점을 깔아주었는데도 진다면 국민은 야권을 영영 외면할 것이다.

다른백년, 2017. 1. 4.

✦

촛불혁명과 시민의회

1. 시민의회의 히스토리

시민의회란 국회 밖 또 하나의 국민적 합의기구다. 시민의회는 국회가 해결해야 함에도 자신의 힘으로 해결하지 못하는 국가의 주요 쟁점 사안들을 대안적 방법으로 해결할 수 있는 법적 제도다. 시민의회는 이러한 방식으로 국회의 기능을 보완한다.

촛불의 시작 이후 최근 한 달 열흘간, 역동하는 현실이 시민의회에 대한 나의 생각을 다시 불러냈다. 내가 시민의회와 같은 기구의 필요성을 처음 생각하기 시작한 것은 2003년부터였다. 부안 방폐장 문제로 해당 지역이 소위 '민란' 수준으로 뒤집힌 즈음이었다. 그 이전 김대중 정부 시절 의약분업 사태와 새만금 개발을 둘러싼 갈등도 아주 심각했다. 시민의회의 필요성에 대한 나의 주장은 시작부터 지금까지 현실에 대한 문제의식과 뗄 수 없다. 김대중, 노무현 정부에 대한 기득권층의 흔들기는 대단했다. 이런 상태에서 봉합되지 않는 대형 사회갈등은 오히려 심각해지고 있었다. 이러한 사태에 민주정부는 무력했다. 국회는 더 심각했다. 사실상 대응이 부재(不在)했다. 자기 당의, 또는 국회의원 각자의, 정치적 이익을 위한 정략적 립서비스 외에는 아무 일도 하지 않았다. 국회의원 누구도 팔 걷고, 공적·정치적 소명, 생명을 걸고 나서지 않았다.

새로운 대응 방식에 대한 고민의 시작은 의약분업(2000) 사태 이후였던 것으로 기억한다. 내가 2001년 경희대 NGO대학원에 부임했던 때와 거의 겹친다. 나의 첫 논문은 '시민사회 공공성'을 강조한 글이었다(2003). 시민사회의 민주적 동력을 강화시켜야 한다는 뜻이었다. 이어 2004년 "성찰적 합의체제"가 나왔고, 2005년에는 이를 발전시켜 "시민의회"라는 법적 제도를 제안하게 되었다. 2004년에 썼던 대목은 아래와 같다.

> 새만금 개발, 의약분업 문제, 위도 핵폐기물 처리장 문제, 대통령 탄핵 문제, 광우병 관련 촛불집회 등의 경과는 현재 우리 사회 공공정책과 정치적 결정 과정에 많은 문제가 잠재할 뿐 아니라, 이들 문제가 충격적이고 돌발적인 방식으로 터져 나옴을 말해준다. 잠재한 문제들은 일상적 시기에는 어떠한 표현의 통로도 없다가 일단 문제가 제기되면 예기치 못한 방식과 경로를 통해 한꺼번에 분출하고, 이렇듯 분출한 흐름들은 상황의 압력 아래 잠정적으로 무마되거나 고형화한다. 하지만 그 귀결에 대해서는 문제의 당사자 어느 쪽도—'진' 쪽만

> 이 아니라 '이긴' 쪽도—진심으로 승복하지 못하는 상황이 되풀이되고 있다. 진정한 토론도, 합의도, 승복도 찾을 수 없다. 법에 의한 강제적 합의나 결정은 승복이 아니라 오히려 원한의 무거운 찌꺼기들을 더 깊이 침전시키기만 하는 것으로 보인다. 이러한 문제들의 발생, 진행, 귀결을 돌이켜 볼 때, 사회 운영의 양대 축이라 할 효율과 정의 모두 우리 사회에서 심각하게 위협받는 상황이라 하지 않을 수 없다.[3]

2004~2005년 새로운 제도 구상을 고심하면서 가장 큰 참고가 되었던 선례는 '덴마크 시민과학회의(Danish Board of Technology)'였다. 주로 과학기술이 공공생활에 가져다 주는 예상치 못한 결과(위험)에 대해 시민들이 주체가 되어 미리 검토하고 그 결과(관련 분야 예비법안)를 의회에 제안하는 법적 기구였다.

내가 구상했던 시민의회의 핵심 원리인 '무작위 추첨 선발'은 주로 이 제도에 대한 연구를 통해서 나왔다. 민주주의 정당성의 두 기초는 선거와 추첨, 양 축에 있음을 정치사상사와 철학 공부를 통해 확인할 수 있었다. 국회는 선거에, 시민의회는 추첨에, 그 정당성의 근거를 두고 있다. 국회와 시민의회는 두 정당성에 기초해 병립·보완할 수 있다.

그 당시 한국에서도 유사한 소규모의 실험이 있었다. 1998, 1999년 유네스코 한국위원회는 '유전자 조작 식품의 안전과 생명윤리에 관한 합의회의'와 '생명 복제 기술에 관한 합의회의'를 열었다. 2001년 주요 시민단체들은 '개인 유전 정보 데이터베이스의 유용성에 대한 합의

3 〈성찰적 합의체제와 국가-시장-시민사회 관계의 재구성〉, 《NGO연구》 2권 2호, 7쪽, 2004.

회의'를 개최한 바 있다. 덴마크 시민과학회의와 한국의 합의회의들을 연구하면서 나는 같은 방법과 원리를 정치 분야, 즉 공공정책과 정치 개혁에도 확장 적용할 수 있다고, 아니, 해야만 한다고 확신하게 되었다. 그래서 2005년 시민의회는 헌법기구의 하나가 되어야 한다고 주장하게 되었다.

내가 생각했던 형태의 시민의회(Citizens' Assembly)가 실제로 이후 여러 나라에서 법제화되어 소집되었다. 이들 시민의회가 다루었던 의제는 크게 둘이다. 하나는 선거법 개정이고(캐나다, 네덜란드), 다른 하나는 개헌이다(아이슬란드, 아일랜드).

현실적으로 이 두 문제 모두 국회가 스스로 해결하기 어렵다. 중이 제 머리 깎을 수 없는 원리와 같다. 그 선거법으로 당선된 국회의원들이 그 선거법을 제대로 고치기 어렵다. 한국을 봐도 마찬가지다. 지역주의와 대량 사표를 유발하는, 그토록 말 많았던 망국적 선거법이 의연히 건재하고 있다. 놀랐던 것은 과거 노무현 정부 탄핵 정국 이후 여당인 열린우리당이 과반수 의석을 차지했을 때조차도 선거법은 고쳐지지 않았다는 사실이다. 당시 제대로 된 문제제기조차 없었다. 선거에서 이긴 이상, 자신을 국회로 보내준 그 선거법의 수혜자인 여당이 그리고 여야 막론 국회의원 개개인 모두가 그 선거법을 발본색원할 수도 없고, 할 리도 없다.

개헌 역시 마찬가지다. 혁명 또는 혁명에 준하는 극히 비상한 상황이 아니면 국회에서 제대로 된 개헌이 이루어지기 어렵다. 우리가 세계 역사에서 보는 이런 방식의 '혁명적 개헌'이란 기존 국회를 타도하거나 해산시킨 후, 혁명적으로 수립한 제헌의회에서 새로운 헌법을 채택하는 것을 말한다.

그러나 시민의회라는 제도적 통로를 통해, 혁명적인 또는 준혁명적인 변화를 지극히 평화적인 방식으로, 더 나아가 가장 공정하고 공개적이며 이성적인 방식으로 이루어 낼 수 있다. 내가 애초에 고심해 보았던 시민의회의 궁극적 기능이 그러한 것이었고, 실제 시행되었던 외국의 사례들을 보면서 그것이 현실에서 가능함을 알았다.

그러나 지금껏 그 생각은 아직 우리나라에서는 '가능하다'에 머물러 있었다. 과연 이 나라 이 땅에서 그것이 실제로 가능할 것인가? 현실이 될 수 있는가? 불과 한 달 전만 해도 난 알 수 없었다. 그저 깜깜하고 차가운 땅속에서 간신히 숨 쉬고 있는 한 알의 씨앗과 같은 것이었다. 그러나 그 한 달 동안 난 알게 되었다. 그것은 가능하다. 2016년 10월 26일 (나는 이날을 1979년에 이은 '제2의 10.26'이라 부른다) 이후 불과 한 달 열흘간, 모든 잠재성이 현실성으로 바뀌었다.

2. '유일한 실재'

이 놀라운 사태 변화의 핵심, 이 변화를 낳은 '실재'의 힘은 오직 하나다. 급격한 변화의 여러 현상에 헷갈려 이 점을 놓쳐서는 안 된다. 현재 여러 사태 변화의 유일한 근거, 근원적 힘, 여기에 주목해야 한다. 집중해야 한다. 그래야 여러 복잡한 부차적 사태 변화에 속지 않는다.

그것은 이제 누구나 알고 있듯, 그토록 거대하면서도 그토록 평화로웠던, 지금까지의 세계 역사에서 볼 수 없었던, 진실로 특이한 '주권적 국민'의 출현이다. 이 거대한 몸체는 오직 한 곳에 집중했다. 국가의 핵심 문제, 국가권력의 문제, 주권 문제다. 대통령의 권력 행사, 여기에 주목하고 집중했다.

지금껏 수없이 강조돼 온 대한민국 헌법 1조 2항 "대한민국의 주권은 국민에게 있고, 모든 권력은 국민으로부터 나온다"는 언명은 사실 지극히 추상적이다. 선언일 뿐이다. 지금까지는 고작 대통령 뽑고(투표하고)… 국회의원 뽑고(투표하고)에 국한된, 그걸로 끝나는 권력이었다. 그것이 어떻게 자신을 표현하는가, 그것이 어떻게 자신을 형상화하는가에 대해서는 아무 말도 없다. 그러나 동시에 바로 그렇기 때문에 동시에 무소불위의 위력을 가지는 언명이기도 하다. 그 무소불위, 천수불의 의미를 이제 현실로 보여야 한다. 구현해야 한다.

지난 한 달 십여 일, 우리가 여실히 목도하고 동시에 그 일부가 되어 함께 했던 것은 일몰의 어두운 지평선에 허리를 펴고 일어서는 거인의 모습, 그 측량할 수 없는 몸뚱어리였다. 지구를 딛고 우주를 받치는 것만 같았던, 그 거대한 허리를 서서히 그러나 아무도 저항할 수 없을 것 같은 위력으로 쭉 펴고야 말았던, 바로 그 몸체였다. 우리는 400년 전의 한 사람, 겁 많았던 영국인 토머스 홉스가 상상했던 그 바다 괴물, 리바이어던으로서의 국가 주권의 담당자, 절대적 권력자, 독재자로서의 왕권, 주권이 아니라, 그 세포를 이루는 모든 국민이 생생하게 살아 우뚝 선 주체가 되는, 권력자가 되는, 전혀 새로운 형태의 주권의 출현을 우리 눈으로 생생히 보았다. 한 방울의 피도 없었다.

지난 세계사를 돌아보자. 우리가 학교에서 배운 홉스의 《리바이어던》에 나타난 국가 주권의 역사는 실은 피와 정복의 역사, 폭력과 지배의 역사였다. 그러나 지난 한 달여 이 땅에서 우리가 온몸으로 배운 새로운 주권의 역사는 깨어 있는 평화의 놀라운 위력의 역사였다. 이 대비는 현저하다.

지난 한 달여 이 땅에서 일어난 모든 변화의 중심, 실로 '유일한 실재'는 바로 이것이다. 여기에 집중해야 한다. 이 힘을 믿고 가야 한다. 국회 탄핵 가결도 헌재 인용도, 그 이후의 일정도 마찬가지다. 국회 탄핵만 해도 그렇다. 탄핵 가결이든 부정이든 상관없었다. 가결, 그것도 압도적 가결이 되어 국회가 살았지만, 만일 부결되었다면 국회는 그 순간 날아갔을 것이다. 그리고 날아간 그 국회의 자리에 그 가짜 국회가 아닌 진짜 국회, 전혀 새로운 국회를 세웠을 것이다. 지금 이 순간 헌법재판소 역시 똑같다. 기각시키면 이번에는 헌재가 날아간다. 헌재의 헌법적 정당성이 공중 분해된다. 황교안 대행 체제 역시 마찬가지다. 지금 현란한 플레이를 펼치고 싶은 모든 정치인들, 정파들, 정치세력들도 꼭 마찬가지다. 이 유일한 실재에 충실하지 않으면 모두가 사라진다.

엄동설한이 왔다고 내심 기뻐하는 이들, 그래서 촛불은 꺼질 것이라고 생각하는 이들, 두려워해야 한다. 여야 마찬가지다. 이미 일상은 당신들이 생각했던 세계가 아니다. 지극히 특별한 순간이다. 오직 하나의, 유일한 실재에 충실해야 한다. 그래야 살 것이다. 그 유일한 실재가, 우리 헌법 1조 2항의 그 추상적인 존재가, 현실의 몸체가 되도록 하는, 그 길에 나서는 개인, 세력, 집단만이 살아남을 것이다.

이러한 순간에야말로 추상적인 말은 필요 없다. 감상과 감흥도 일순이다. 그 유일한 실재를 현실화하는 구체적인 경로와 방법이 중요하다. 그 유일한 실재, 국민적 주권의지가 현실로 될, 현실의 몸뚱어리, 뜻만 아니라 몸통과 손발과 힘을 가진 현실의 실체가 될, 반드시 그렇게 만들어야 할, 그 경로와 방법이 무엇일까? 모두 이것 하나만 생각하고, 여기에 충실해야 한다.

3. '사회개혁기구'와 시민의회

그 경로와 방법 역시 그 '유일한 실재'가 결정할 일이다. 그렇게 될 것이다. 그것을 나는 모른다. 다만 보잘것없는 우둔한 머리로 지금 생각해 보는 것은 다음과 같다. 우선 '사회개혁기구'를 범정파적으로 출범시켜야 한다. 유력한 야권 대선 주자들이 손을 잡고 앞장서 주면 좋겠다. 실제로 한 야권 유력 후보가 실제로 제안했던 것이기도 하다. 다만 크게, 자신 있게 말하지 못하고 작게, 자신 없게 말한 것으로 보인다. 그렇지 않다. 이 안은 그의 조그만 입안의 것만이 아니고, 이 나라 모두의 것이 되어야 한다.

신망받는 시민사회 지도자들이 먼저 정치 지도자들에게 권고하고 동참해 주어야 할 일이기도 하다. 이번 탄핵에 '가(可)' 표를 던진 소위 '비박'의 양심 있는 국회의원들이라면, 그들의 리더들이라면 왜 그 일에 빠질 일이겠는가. 다가오는 대선은 앞서 말한 '유일한 실재'인 수백만 촛불 민의로 현전(現前)한 '국민적 주권의지'의 선택에 의해 결판난다. 그 의지 앞에 가장 깨끗하고 충직한 심장을 열어 보이는 자가 선택될 것이다.

'87년 개헌'이란 결국 개헌특위 여야 8인 간사의 '밀실 타협'의 결과였다. 이번엔 그럴 수 없다. 주권적 국민의 의지는 우선 범정파적 '사회개혁기구'에서 첫 번째 그 모습을 드러낼 것이다. 의지에 몸체를 주는 기도(祈禱), 공덕(功德)의 제1 단계다. 새 나라 '아젠다 설정(Agenda setting)'이라 해도 좋다. 범정파의 논의를 통해 헌법상의, 또는 하위 법률상의 시급한 주요 개혁 항목들이 정리될 것이다. 내가 생각하는 셋 또는 넷의 굵직한 축이 있지만, 여기에 그런 것을 늘어놓는 것은 의미가 없다. 그것은 어디까지나 그 기구 내에서 정리될 문제이다.

'사회개혁기구'에서 제기된 아젠다들은 각 항목마다 둘 또는 셋 정도의 입장들로 정돈될 것으로 예상할 수 있다. 범정파+시민사회의 의견이 다채롭게 제기될 것이기 때문이다. 예들 들어, 대통령제 4년 중임이냐, 내각제냐, 아니면 프랑스식 이원제냐 식의 선택지다. 또는 선거제도에 관해서는 우선 대통령 결선투표제 문제의 가부가 있겠고, 어쩌면 그보다 중요할 국회 선거법에 관해서는 현행 소선거 다수득표제냐, 독일형 연동비례대표제냐, 아니면 또 다른 대안적 제도냐(예를 들어, Single transferable vote와 같이 많은 정치학자들이 이상적인 선거제도로 생각하는 경우들)와 같은 선택지가 주어진다. 참고로 또 다른 예를 들자면 시민의회를 헌법적 기관으로 둘 것이냐, 아니면 법률적 제도로 둘 것이냐와 같은 선택지도 있다.

마지막 남은 문제는 이렇게 나열된, 각 주요 사항마다 복수로 제출된 그 아젠다들을 어떻게 최종 결정하여, 그것을 현실로, 법안으로, 제도로 구현할 것인가의 문제다. 방법이 중요하다. 현실화시킬 구체적인 방법의 문제다. 기존 의회제도는 이 마지막 단계에서 늘 주저앉았다.

우리 국회도 마찬가지다. 내부, 각 당, 그리고 각자의 이해관계 때문에 말만 무성할 뿐 결국 결정할 수가 없다. 개헌적 사항이 반드시 포함될 이 결정은 개헌선의 3분의 2 다수를 반드시 요청한다. 과연 현재의 국회 내 이합집산, 동상이몽으로 보아 그 수준의 합의를 이루어 낼 수 있겠는가. 불가능하다.

반드시 통과해야 하지만, 현재 국회의 내적 특성상 해결하지 못할 이런 상황을 타개할, 현재로는 유일하게 실현 가능한 경로, 방법이 시민의회다. '사회개혁기구'에서 정돈한 아젠다의 심의(deliberation)를 국회가 소집한 시민의회에 부쳐라. 이미 여러 사례를 통해 공통적으로 확인된 시민의회 심의 과정의 두드러진 강점은, 초기에는 여러 의제가 경쟁하다, 중반에는 둘로, 종국에는 하나로 초다수가 모아진다는 점이다. 또한 시민의회의 논의 과정은 공정하고, 공개적이며, 이성적이다. 이미 입증되어 있다. 그렇게 설계되어 있다. 국민이 믿고 동의할 수 있다. 이렇게 모아진 합의는 국회의 심의·결정에 부쳐질 것이다. 개헌에 관한 사항은 3분의 2의 합의가 필요하다. 그렇게 모아진 합의를 국회는 (국민이, 여론이 동의할) 부수적 보완을 할 수 있겠지만, 부결할 수는 없을 것이다. 개헌에 관련되는 사항은 모아서 개헌안이 될 것이고, 이는 최종적으로 국민투표에 부쳐진다.

이 시나리오는 대선과 상충하지 않는다. 오히려 대선을 정말 대선답게 만들 것이다. 국민이 후보를 바라보는 대선이 아니라, 대선 후보가 국민을 바라보는 대선이 될 것이기 때문이다. 이 프로세스가 대선 투표 이전에 완료될지, 그리하여 차기 대선이 새 헌법에 따라 치러질지, 아니면 대선 이후까지 진행될지는 미지수다. 어느 경우든 상관없다.

어떤 경우든 대선은 현 상황에서 오직 유일한 실재, 즉 국민적 주권의지의 강력한 몸체 속에서 치러질 것이기 때문이다.

다른백년, 2016. 12. 14.

✦

1987년 6월 29일의 기억

1987년 6월 28일 밤. 난 지인들과 새벽까지 갑론을박하였다. 공단 지역의 젊은 노동운동가들이었다.

"직선제 받을 것 같은데? 그다음을 생각해야 하지 않겠어?"

"아냐 절대 못 받아. 받을 수가 없어. 이렇게 끝까지 가는 거야. 이 체제가 다 허물어질 때까지."

늦게 눈을 붙이고 일어나 보니 이미 〈6.29 선언〉이 발표된 후였다.

"야 직선제 받았잖아. 거봐 내 말이 맞았잖아!"

"에이 뭘 그래. 이제 된 거야. 우리가 이긴 거야."

우리는 그 〈6.29 선언〉 이후 그해 12월의 대선 결과를 알고 있다. 야권은 분열했고 노태우 후보가 당선되었다. 돌아보면, 28일 밤 갑론을박했던 양쪽 모두 직선제 수락 이후의 상황에 대한 준비가 없기는 마찬가지였다. 6월 항쟁을 이끌었던 국민운동본부도 야권의 양 후보 지지를 놓고 분열했다. 그리고 대선에서 야당의 패배와 함께 주저앉았다. 그리고 그 후 30년, 한 세대의 쳇바퀴를 돌아 다시 제자리, 원점에 섰다.

2016년 12월 9일, 바로 오늘, 국회 본회의에서 박근혜 대통령의 탄핵소추안이 가결되었다. 찬성 234표, 반대 56표, 기권 2표, 무효 7표. 30년 전 대통령 직선제가 그랬던 것처럼, 오늘의 대통령 탄핵 역시 압도적인 국민적 요구의 결과였다. 그렇다면 이제 우리는 무엇을 할 것인가? 30년 전처럼 각자 알아서 자신이 선호하는 대선 후보 뒤에 줄을 설 것인가?

과연 상황은 그때보다 유리한가? 당겨질 대선 구도는 87년과 유사한 3자 구도가 될 것으로 보인다. 현재 상황대로라면 그 3자 구도가 굳이 야권에 유리할 이유도 없다.

황교안 대행 체제는 큰 변수가 되지 못할 것이다. 내심 새누리 쪽에 유리하게 판을 깔아주고 싶겠지만 조금이라도 무리수가 나오면 야권은 당장 총리를 탄핵할 것이다. 그때 탄핵은 길게 끌 이유가 없다. 총리의 탄핵 요건은 단순 과반수다. 황교안 씨 역시, 자기가 박근혜도 아닌데, 굳이 탄핵당하는 불명예를 뒤집어쓰려고 하지 않을 것이다. 자기는 박근혜와 달리 미래가 있다고 생각할 것이니까.

문제는 탄핵으로 모아진 동력을 여야 각 정당들이 얼마나 잘 이어나갈 수 있겠느냐다. 너나 할 것 없이 서로 헐뜯기 싸움으로 귀결될 가능성이 크다. 지난 4.13 총선에서 각 정당들이 보여주었던 그 모습, 그 수준, 그 실력을 돌이켜 볼 일이다. 탄핵지지 234명을 만들어 낸 그토록 크고 높았던 국민적 에너지가 보자고 했던 것이 그런 식의 진흙탕 싸움은 아닐 것이다.

그토록 거대하면서도 평화로웠던 국민적 주권의지가 모여 차분하게 이어질 수 있는 제도적 장치가 마련되어야 한다. 그러한 안정적 제도적 장치를 통해 대선정국에 국민의 뜻을 지속적으로 표현해야 한다. 아니, 주입·강요해야 한다. 그렇게 말할 수 있는 국민의 뜻이라면 누구라도 이해하고 승복할 수 있는 가장 공정한 과정을 통한 것이라야 할 것이다. 또한 그 내용이 구체적이고 명확해야 할 것이다. 그럴 때라야 대선 경쟁의 수준과 질이 높아질 수 있다.

그런 역할을 할 수 있는 안정된 제도적 장치가 있다. 국회가 소집하는 시민의회다. 현재 아일랜드에서 개회 중인 '개헌을 위한 시민의회'가 그러하다. 이 순간 이 나라에도 그러한 움직임이 가시화되고 있다.

나는 2005년 시민의회가 소집되는 두 가지 방법을 제안한 바 있다. 환경재단 레이첼카슨홀에서 열린 '헌법 다시 보기' 연속 심포지엄에서였다. 한 가지 방법은 10만 명의 시민발의이고 또 하나는 국회를 통한 발의·소집이다. 초기 단계이기는 하지만 이 두 방법이 바로 이 순간 대한민국에서도 동시에 진행 중임을 확인할 수 있다.

먼저 밑으로부터 다양하고 광범한 시민의회, 시민평의회, 민회운동이 벌어지고 있다. 그 거대하고 평화로웠던 촛불 민의, 국민적 주권의지는 대통령 탄핵으로 끝내자는 것이 아니었다. 오히려 이제부터다. 어떤 나라, 어떤 대통령, 어떤 국회, 어떤 사법부, 어떤 검찰, 어떤 경제여야 하는지 본격적인 토론은 이제부터 시작이다. 그 뜻을 시민사회, 지역사회 밑으로부터 모아가려는 움직임이 시작되었다.

국회 안에서도 그런 움직임이 시작되었다. 지난 8일 더불어민주당

윤호중 정책위원장이 "촛불정신을 받아 〈시민의회법〉 등 시민3법을 추진하겠다"고 약속했다. 말로서만 그쳐서는 안 될 일이다. 대권후보들부터 먼저 시민의회 소집에 앞장서야 한다. 국민들은 그 모습을 보고 그가 진정으로 국민의 뜻을 받들려는 사람인 것을 알게 될 것이다.

국민이 대선 후보만 멍하게 쳐다보고 따라가는 대선이 되어서는 안 된다. 그러다가는 87년 대선의 재판이 될 수도 있다. 이번에는 국민이 요구하는 나라의 모습을 시민운동과 시민의회가 앞서 제시하고, 대선 후보들이 여기에 따라오는 대선이 되어야 한다. 그리하여 어느 후보가 모아진 국민의 뜻을 가장 높고 충실하게 받들 수 있을지를 보고 판단하면 된다.

아직 시민의회가 무엇인지 잘 모르는 분들, 익숙하지 않은 분들이 적지 않을 것이다. 우선 널리 알리는 작업도 필요하다. 시민의회의 입법취지, 구성방법, 운영방법, 국회 및 시민사회와의 관계에 대해서는 이미 충분히 연구되어 있다. 국내외 연구서가 이미 많다. 또 언론과 방송의 역할이 중요하다. 탄핵에 이르기까지 언론·방송이 상당히 기여한 점을 인정한다. 그러나 여기서 끝나는 것이 아니다. 국민이 원하는 제대로 된 나라를 세우는 길을 끝까지 같이 가주기 바란다.

우선 언론·방송은 지금 개회되어 진행 중인 아일랜드 시민의회를 심층 취재하여 널리 보도해 주기 바란다. 이 보도와 방송을 통해 많은 국민들이 시민의회를 단번에, 쉽게 이해할 수 있게 될 것이다. 이것이 그동안 언론과 방송이 박근혜 대통령의 왕조적 통치와 국정농단에 묵인·동조했던 심각한 죄과를 조금이나마 속죄하는 길이 될 것이다. 그리고 이를 통해 국민 속에서 다시 태어나는 언론·방송이 될 수 있을 것이다.

시민운동은 링 밖의 시민의회만이 아닌, 링 안의, 제도 안의, 법 안의 시민의회가 반드시 필요하다는 점을 인식해야 한다. 링 밖의 시민의회만이 순수한 것은 아니다. 이런 생각은 짧다. 좋은 제도가 좋은 시민을 만든다. 바르게 제도화된 법적 시민의회 역시 얼마든지 순수할 수 있다. 이미 많은 사례가 입증하고 있다. 더 나아가 법적으로 제도화된 시민의회는 제도 밖의 시민의회와는 비교할 수 없을 만큼 강한 힘과 영향력을 갖게 된다. 시민의회가 제대로 작동하기 위해서는 많은 재원과 지원이 필요하다. 그것은 당연히 국가가 제공해야 할 몫이다. 국회에서 조속히 〈시민의회법〉을 가결하여 시행해야 할 이유다.

다른백년, 2016. 12. 9.

✦

거대한 순례

2016년 12월 3일 저녁 광화문. 그것은 거대한 순례였다. 아니 세계 어느 순례가 이처럼 간절하면서도 정연하고 거대하면서도 평화로울 수 있을까. 수백만 인파가 조금이라도 서로 밀치지 않으려고 조심하고, 차량이 통제된 건널목에서도 빨간 불 앞에 군중이 조용히 멈춰 서며, 뒷골목 마트마다 생수 한 병 사기 위해 길게 늘어선 계산대 앞에서 누구 하나 짜증스러운 표정을 짓지 않았다. 이게 정말 내가 아는 평소의 서울 시민 맞나 싶었다. 기도하듯 어둠 속 가슴 앞에 잡은 촛불에 비친 수백만 시민의 표정은 한결같이 경건하고 아름다웠다. 그러면서도 단호했다.

이렇게 크고 높으며 맑은 주권의식, 주권의지를 난 지금껏 알지 못했다. 현실 속에서도 어느 나라의 지난 역사 속에서도 못 보았던 것이다. 여전히 생생히 기억하는 87년 6월에도 이 수준에 이르지 못했다.

기적처럼 찾아온 이 신성하고 높은 주권의식, 주권의지를 우리는 이제 소중히 가슴에 품어야 한다. 결코 다시 잃어버려서는 안 된다. 이 고결한 주권의식, 주권의지가 온전한 제 몸체를 갖고, 목소리를 갖고, 힘을 가질 수 있도록 이제 우리가 할 수 있는 모든 지혜를, 사랑을 다해야 하지 않겠는가.

정치 일정은 격랑 속으로 밀려 들어가고 있다. 오는 12월 6~7일에는 국정조사 청문회가 시작된다. 8대 기업 총수가 소환되어 박근혜-최순실과 관련된 제3자 뇌물죄 여부가 추궁될 것이다. 특검 준비도 착착 진행 중이다. 8일에는 탄핵안이 본회의에 보고될 것이고, 9일에는 탄핵 표결에 들어간다. 그 사이에도 일부 '비박'은 대통령에게 사퇴 일정을 명시해 달라고 아우성칠 것이다. 12월 4일 현재, 이들 동요하는 비박이 탄핵에 찬성할지 반대할지는 미지수다. 상관없다. 어쨌든 탄핵은 9일 표결에 들어간다. 가결되든 부결되든, 이 거대한 흐름은 이제 새로운 국면으로 접어든다.

탄핵 표결 이후 국면에서 핵심적인 것은 '거대하게 일어선 국민적 주권의지를 어떻게 이어갈 것인가'이다. '이어갈 뿐 아니라 어떻게 한 단계 더 높여갈 것인가'이다. 가결된다면 민의의 1차 승리다. 당연히 그 민의를 어떤 방법으로 더욱 구체화해 갈 것인가, 한 단계 더욱 높여 갈 것인가라는 문제가 제기되지 않을 수 없다.

부결된다면 새누리당만이 아니라 국회 전체가 쓰나미에 휩쓸릴 것이다. 야-여의 탄핵파들 자신부터가 이미 탄핵이 부결된다면 국회의원 총사퇴를 해야 할 것이라고 스스로 배수진을 치고 있다. 만일 그럼에도 부결되었을 때, 스스로 자기부정을 한 국회를 대신할 국민적 주권의지가 어떤 방식으로 형태를 갖추어야 할지가 당연히 제1문제로 떠오르지 않을 수 없다. 가결, 부결, 국면의 변화 방향은 어느 쪽이든 마찬가지인 것이다.

그러나 그럴 때일수록 국회의 역할은 오히려 더욱 중요해진다는 것을 강조하고 싶다. 현 국회는 4.13 민심이 만들어 낸 결과임을 잊지 말자. 특히 야3당과 새누리당 탈당파, 또는 잔류 비박 탄핵파는 이 점을 깊이 염두에 두어야 한다. 자신들을 국회로 보내준 의지가 4.13 총선의 민심이었다. 현재의 거대한 국민적 주권의지는 4.13 때 그 첫 움직임을 보였다. 그 태동이 없었다면 오늘날과 같은 사태 전개는 상상하기 어렵다. 여전히 깊은 어둠 속에 있었을 것이다. 틀림없이 더욱 깊었을.

국회와 정당에 대한 불신은 최근 미국 대선, 영국 브렉시트 사태에서도 보듯 한국만이 아닌 세계적인 현상이다. 돈-미디어-정치의 삼각결탁 기득권 체제에 대한 민의 불신, 더 나아가 민심과 무관한 '쇼윈도'로 전락한 대의정치, 선거게임 자체에 대한 불신까지 고조되고 있다. 한국 역시 마찬가지였다. 그러나 4.13 민의는 대한민국 국회와 정당에 다시 한 번 기회를 주었다. 야3당과 새누리 회개파는 자신에게 정치적 생명을 준 그 힘을 결코 잊지 말고, 그 은혜를 반드시 갚아야 한다.

탄핵 가결이든 부결이든, 12월 9일 이후 정국의 초점은 '차기 권력 문제', '어떠한 차기 권력이냐'를 둘러싼 논의로 이동하게 되어 있다. 거대한 국민적 주권의지가 일어선 이 순간, '차기 권력 문제'란 단순히 '누가 차기 대통령이 되느냐'라는 의문과는 비교할 수 없을 만큼 훨씬 크고 높은 것이다. 87년 민주화 이후 한 세대, 30년의 결과가 바로 박근혜 정부였다. 그 30년 동안 민주화의 열기가 어떻게 이렇게까지 참담한 독재와 국정농단으로 몽땅 회수되고 말았는지 똑똑히 보아야 한다.

올(2016년) 4.13 투표 직전까지의 암울했던 예측들을 떠올려 보라. 야당의 지리멸렬과 분열로 친박·진박, 새누리당이 개헌선 이상으로 압승할 것이라는 예측이 횡행했지 않았는가. 그 결과 새 국회에서 제2의 유신헌법 개헌이 여유 있게 이루어질 것이라는 예측이 얼마나 많았던가? 불과 반년 전의 일이다. 그 당시 야당은 그럴 정도로 무력했다. 국정원 선거 개입 건에도, 세월호 건에도, 사드 배치 건에도 야당은 이상하리만큼 힘이 없었다. 답답할 만큼 맞서 싸우는 모습을 보여주지 못했다. 매 사건마다 우스운 논리로 걸어오는 종북 프레임에 당당하게 맞서기는커녕 항상 비실비실 피할 곳만 찾아다녔다.

이런 사태는 박근혜 정부 때부터 시작된 일이 결코 아니다. 한번 돌아보시라. 87년 체제의 첫 정부, 노태우 정부 때부터 시작해, 김영삼 정부 때 오히려 강화되었고, 김대중, 노무현 정부 때도 결코 자유롭지 못했으며, 이후 이명박, 박근혜 정부 들어서는 거칠 것 없이 야비하게 노골화되어 왔던 현상들이다. 그리하여 야비한 막말 정치, 막말 세상이 되었다. 그리고 야당, 야당 정치인은 모두가 막말 앞에 맥을 못 쓰는 존재가 되었다. 우리는 이 순간, 그때 그 기억들을 결코 잊지 말고 똑똑히 되살려야 한다.

'차기 권력 문제'란 바로 그러한 해괴한 비정상들, 민주가 독재로 회수되는 그 반복구조가 완전히 타파되는 새로운 권력 구조를 어떻게 만드느냐의 문제다. 이러한 근본적인 문제에 대해서는 아무 생각도 안 하면서, 그저 다음 대선에서 내가 지지하는 후보가 대통령이 되면 모든 문제가 다 해결될 것이다? 대통령만 잘 뽑아놓으면 그러한 모든 문제는 저절로 다 해결된다? 이렇게 생각하는 분이 있다면 그것은 안일할 뿐 아니라 매우 위험한 생각이라고 말씀드리지 않을 수 없다. 사태의 엄중한 진실, 87 이후 지난 30년의 실제 역사의 교훈을 망각시키거나 은폐하기 때문이다.

이제 가결이든 부결이든 탄핵 정국이 새로운 단계로 전환되면 '차기 권력 문제'를 논의할 주인을 정확히 찾고 바로 세우는 일이 최우선 과제가 되어야 하고, 그렇게 되지 않을 수 없다. 그 주인은 당연히 지금 거대하게 일어서 있는 국민적 주권의식, 주권의지다. 이 국민적 주권의지에 '차기 권력 문제'를 차분하고 공정하게 논의할 수 있는 가장 적합한 자리를 만들어 주어야 한다. 무엇보다 야3당과 새누리당 회개파가 그 역할을 해주어야 하고, 충분히 그럴 수 있는 힘이 있다.

방법이 있다. 야3당, 그리고 더하여 새누리당 회개파가 국회에서 〈시민의회법〉을 발안하여 통과시키면 된다. 현재 〈시민의회법〉은 일반 입법 사항이 되기 때문에 단순 과반수 찬성으로 입법화된다. 일부 국회의원 간에도 시민의회에 대한 관심이 커지고 있는 것으로 안다. 바로 지금 순간에도 아일랜드에서 시민의회가 소집되어 개헌을 논의하고 있다. 시민의회(Citizens' Assembly)는 이미 충분히 검증된 제도다. 시민의회는 국회가 발의하여 소집되는 기구이니만큼 국회의 긴밀한 협력과 지지 위에서 진행된다. 시민의회 소집 기간 국회의 적극적인 협조와 지원은 시민의회의 성공을 위한 필수적 조건이다.

시민의회는 국회를 보완한다. 국회 내부에서 원만하게 합의하기 어려운 선거법이나 헌법상의 권력구조 개편문제에 대해 소집된 시민들의 합의를 가장 공정한 방법으로 모을 수 있는, 이미 확실하게 검증된 방법이다. 진정으로 공(公)적인 마인드를 가진, 헌법정신에 충실한 국회의원이라면 누구도 부인할 수 없는 헌법적, 법률적 정당성을 가지고 있다.

시민의회의 본체는 물론 무작위 선발된 시민의원단이다. 여기에 정당, 시민사회단체의 지도적 힘을 적절히 배합하는 형태가 바람직하다. 정당과 시민단체는 시민의회 앞에 자신이 생각하는 최선의 개헌 방향을 (시나리오 워크숍과 같은) 최선의 방식으로 제안하라. 시민의원들과 한 몸이 되어 같이 토론하라. 정제된 차분한 토론이 최선의 방법을 찾는다. 이는 시민의회의 기존 사례에서 하나같이 입증된 바다. 최초에는 여러 안이 병립, 경쟁하지만 논의가 진행될수록 둘로, 하나로 절대다수의 의견이 모아진다. 선의의 철학과 정치사상, 그리고 제도가 모아지는 희귀한 순간이다. 국민의 뜨거운 관심을 받을 이 모든 과정이 공중파에, 종편에 지상 중계될 것이다. 그렇게 모아진 합의를 국회는 받아서 심의, 의결해 주면 된다. 이로써 국민 속에서 국회는 한 단계 높은 형태로 다시 태어날 수 있을 것이다.

야3당과 새누리 회개파가 시민의회를 발안해 주기 바란다. 〈시민의회법〉 법안 마련은 국회와 학계, 시민사회의 몇 사람만 모여 머리를 맞대면 금방 할 수 있다. 이미 여러 나라에 참고할 〈시민의회법〉들이 여럿 존재한다. 웹상에서도 쉽게 찾을 수 있다. 기존 시행 과정에서의 시행착오와 그에 대한 해법도 이미 충분히 나와 있다.

우리 사정에 맞게 약간의 창조적 추가나 변형만 가하면 된다. 이미 여러 나라에서 다양한 유형의 시민의회가 소집되었고 개헌까지를 성공적으로 마무리한 사례도 있다. 세계사에 유례없는 거대하고 평화로운 주권적 국민의지가 매주 수백만씩 출현하고 있는 현재 대한민국의 상황을 볼 때, 지금까지 존재했던 어떤 시민의회보다 더 높은 수준의 시민의회가 이 땅에 탄생할 것을 예상해 본다.

이 나라에 또 하나 중요한 흐름이 이어지고 있다. 거대한 촛불 민의가 여러 지역으로, 도시로, 동네로, 구석구석 확산되고 있음에 주목한다. 이렇듯 방방곡곡으로 확산되는 민의는 시민운동 차원의 지역 민회(民會) 운동으로 이어질 수 있을 것이다. 그렇다면 국회가 소집하여 법의 지지와 국가의 후원을 받는 제도 안의 시민의회와 민의 자발성에 기초한 밑으로부터의 민회가 동시에 진행될 수 있다. 그렇다면 국회와 시민의회, 그리고 민회가 함께 가는 개헌 논의가 된다. '차기 권력 문제'에 대한 가장 바람직한 논의 방식이 아닐 수 없다.

다른백년, 2016. 12. 4.

✦

탄핵은 국회로,
개헌은 시민의회로

현재 기득권 여기저기에서 피워 올리고 있는 개헌론은 연막탄 기만술이다. 개헌 자체가 목표가 아니다. 우선 제1야당이 반대하는 한 그런 식의 개헌은 원천적으로, 산술적으로 불가능하다. 그걸 뻔히 알면서도 개헌을 운운하는 이유가 무엇일까? 연막이 자욱한 가운데 재빠르게 장소 이동, 신분 세탁을 하여 신주류, 신다수를 만들어 보겠다는 속셈이다. 소위 '신보수 정계개편론'이다.

2016년 11월 30일 박근혜 대통령의 3차 담화에도 '임기 단축을 위한 개헌'의 암시가 있다. 탄핵 시도를 물 먹이고 촛불 민심이야 어떻든 끝까지 버텨보겠다는 검은 심보에도 요상한 개헌론이 기만의 똬리를 틀고 있다. 그러나 박 대통령이야 이미 정치적으로 사망한 존재다. 기만적 개헌론의 선봉이 될 수 없다.

약은 구렁이는 물샐 틈을 잘도 찾는다. 그 구렁이 머리는 비박-친박을 왔다-갔다 하는 새누리 동요 세력이다. 이들이 흔히 끌어들일 대상으로 언급되는 인물들로는 안철수 씨, 손학규 씨, 더하기 포장지로 반기문 씨가 있다. 그렇게 얼기설기 이어 붙이면 제1야당을 압도하는 큰 덩어리가 된다고 꿈꾸는 것이다. 물론 '박근혜는 버리고'라는 전제 위에서다. 그러나 박근혜 씨는 야속하게도 끝까지 이들을 놓아주려고 하지 않는다.

이들 기만적 개헌파의 목표는 현행 헌법상의 대선이지, 개헌 자체가 아니다. 어차피 안 될 것을 잘 알기 때문이다. 그저 그렇게 모아서 대선에서 이기면 된다고, '게임오버'라고 생각할 뿐이다. 요행이든 무엇이든 여기에 걸 수밖에 없다고 생각한다.

이 얄팍한 수작에 야권은 그만 넘어가고 말 것인가. 그럴 리가 없다. 나는 정의당 노회찬 씨를 지지한다. 요즘 뜻밖의 박지원 씨의 노련한 활약에도 놀라고 있다. 더불어민주당의 무력한 행태에 많이 실망하지만, 그 정도로 어수룩하게 몽땅 당할 것이라고는 생각하고 싶지 않다.

침몰하는 여권의 연막 개헌론을 따라가자니 말이 안 되고, 무시하자니 그도 말이 안 된다. 개헌은, 제대로 된 총체적 개헌은, 국민의 여망이기도 하기 때문이다. 그래서 문재인 씨가 개헌 논의는 다음 정부로 미루자고 하는 말이 설득력을 못 갖는다. 그냥 무대책으로 들린다. 말이 무성하게 나오는데 그걸 다 없는 것으로 무시할 수 있는가. 그러다 보니 지금 여론조사에서 차기 대통령 부동의 제1주자로서 그저 버티기로 나간다는 항간의 사시(斜視)를 풀어주지 못한다. 정치적 이니셔티브를 계속 놓치고 있다. 그 부동이라고 해봐야 딱 붙은 20%다. 그렇게 '안전빵'으로 끝내자는 허약한 전략이 험난 무쌍할 전도에 결국 승리로 마감될지 누가 확신하겠는가. 지난 대선의 모든 허약함이 되풀이되는 것 같아 가슴이 섬뜩하다.

국회의원과 대통령이 퍽 다른 존재라는 것을 지난 2012년 대선에서 느꼈다. 대통령 후보는 오히려 결사적이다. 그런데 그와 다르게 느긋한 국회의원 계급이 존재한다. 이들에게는 지역구와 재선이 중요하지, 대선 결과는 부차적이다. 제 지역구만 지킨다면, 재선만 보장된다면, 정치적 이합집산은 캐비아처럼 즐기는 입안의 도락이다. 이들의 도락은 찬란하다. 최순실은 그런 문화 풍토에 활짝 피었던 요화일 뿐이다. 어느 국회의원 어느 고급관료가 그들의 은밀한 유혹을 거절했던가? 지금 국회, 여야는 자신의 힘으로 제대로 된 개헌을 할 수가 없음을 겸허하게 인정해야 한다. 산술적으로도 정신적으로도 그렇다.

지금 촛불 민심은 거대하고 특별하다. 2008년 광우병 촛불과도 다르고, 87년 6월의 열기와도 다르다. 2008년에는 좌절했고, 87년에는 속았다. 이젠 좌절하지도 속지도 않을 거대한 힘이다. 국가권력, 주권의 핵심 문제를 매일 뚫어보고 있다. 광화문 광장만이 아니다. 사이버 광장에서 수천만 수억 건의 교신 학습이 매일 이루어지고 있다. 어떤 대통령이어야 하는가, 어떤 국회여야 하는가, 어떤 나라여야 하는가, 매일 주시하고 공부하고 의견을 '공유'하고 있다. 나라를 새로 세우려는 에너지요, 입헌적·제헌적 민심이다. 제2의 건국을 요구하는 국민적 의지다.

이럴 때 주권자인 국민의 힘을 진실로 믿는 '진국'(민) 정치인, 국회의원들, 시민사회 지도자들이 필요하다. 제2 건국을 요구하는 거대한 국민적 의지에 몸체를 부여하는 일에 이들이 겸허하게 자기희생적으로 나서주어야 한다. 어떤 방법이 있을까? 이미 시민사회 일각에서는 밑으로부터의 광범한 민회운동이 제안되는가 하면, 놀랍게도 '혁명정부 수립하자'고 용감하게 나서는 청소년들도 있었다. '중고생연합'이다. 원론적으로 다 좋다. 그러나 현 상황에 선명한 효과를 가져다 줄 실효성과 현실성, 국회·정당과의 연계와 협력 등이 모두 고려돼야 한다. 진정한 대안이란 자신이 예상치 못했던, 의도하지 않았던 현실적 결과(unintended consequences)까지를 고려한 것이어야 한다. 이런 방식의 완성된 대안은 유사한 초기 실험이 여러 번 현실 속에서 시행되고 그 결과를 보고 개선되었을 때야 비로소 그 모습을 갖출 수 있다.

이 모두를 고려한, 그 결과, 옛적의 원론 수준에서 두세 단계쯤 진화된 형태의, 그 실효성과 현실성이 널리 검증된 확실한 방법이 하나 있다. '시민의회'가 그것이다. 시민의회는 이미 선례가 많다. 지금 이 순간에도 아일랜드에서는 헌법개정 시민의회가 개최 중이다.

현재 상황에서 시민의회는 국회가 소집해 주어야 한다. 우선 〈시민의회법〉을 가능한 빨리 발의, 가결하여 주어야 한다. 야3당이 마음만 먹으면 당장 가능한 일이다. 그리고 이 법을 실행하면 된다. 입법 취지는 간단하다. "국회는 국민의 의사를 수렴해야 할 국가의 중대한 사안에 관해 시민의회를 소집할 수 있다"라고 하면 된다. 이하 여러 구체적인 법률적 사항들은 이미 아일랜드 등에 시민의회 관련법이 존재하고 있으니 이를 참고하면 된다.

거대한 입헌적 에너지가 끓어오르고 있는 대한민국의 이 순간은 세계적으로 가장 선진적인 형태의 시민의회가 출현할 가능성이 높다. 그 누가 말했다는 '우주적 기운'이 바로 이곳에 모아지고 있다. 이번에는 진짜다. 평화로우면서도 거대하고 강력한 기운이다.

시민의회의 본체는 물론 무작위 선발된 시민의원단이다. 여기에 정당, 시민사회단체의 지도적 힘을 적절히 배합하는 형태가 바람직할 것이다. 개헌 논의는 시민의회에서 하면 된다. 차분하게, 가장 투명하고 공정하게 논의하고 검토할 것이다. 국회는 그 결과를 받아 심의 가결하면 된다.

기만적 개헌 논의를 원천 봉쇄할 가장 효과적인 방법은 시민의회 소집이다. 고양이에게 생선가게를 맡길 수 없다. 개헌 논의는 시민의회로 넘겨라. 그럴 때 연막용 개헌 논의는 사라지고 실효 있고 내실 있는 개헌 논의가 차분하게 이루어질 수 있다. 또 그래야 대통령 탄핵, 퇴진, 잔당 척결, 차기 대선 준비라고 하는 만만치 않은 정치 일정이 기만적 개헌론에 휘말리지 않고 한 길로 힘차게 나갈 수 있다. 또 하나의 큰 부수 효과를 예상해 볼 수 있다. 시민의회 소집에 대한 동의 확산 과정, 법률 입안, 통과 과정에서부터 자연스럽게 정당, 국회, 시민사회를 넓게 포괄하는 정치적 연대가 형성될 것인데, 그렇게 형성된 연대는 민주적 차기 정부의 태반이자 등뼈의 역할을 할 수 있지 않겠는가?

다른백년, 2016. 11. 30.

✦

하야 요구에 웬 개헌론? 시민의회가 답이다

2016년 11월 26일 토요일, 광화문에 나가보니 촛불이 100만, 200만 확산되는 가운데 박근혜 대통령 '하야' 구호가 이제 '하옥'이 되어 있다. 그런 가운데 궁지에 몰린 여당 쪽에서 정체 모를 '개헌론'이 피어오르고 있다. 국민은 어지럽다. 스멀스멀 피어오르는 요즘 개헌 논의는 하야와 하옥을 가리는 연막탄이요, 촛불의 생명을 끄려는 연탄가스 아닌가.

제대로 된 개헌이라면 좋다. 그러나 지금 이 순간 하야를 가리려는 개헌 논의는 속임수다. 연막을 거둬라. 하야는 하야고 개헌은 개헌이다. 둘을 구분하자. 방법이 있는가? 있다. 국회는 하야에 전념하라. 개헌은 시민의회에 맡겨라.

시민의회란 무엇인가? 처음 듣는 분들이 많을 것이다. 그러나 이미 역사와 경륜이 있다. 한국에서도 세계에서도 그렇다. 국회의원과 동수의 시민의회 의원을 지역과 연령을 고려한 층화무작위 샘플링(stratified random sampling)으로 뽑는 제도다. 이 시민의회에서 제대로 된 개헌 논의가 이루어질 수 있도록 국회가 최대한 협조하면 된다. 국회가 함께 해주면 더욱 좋다. 이것이 내가 선호하는 쪽이다.

시간은 최소 6개월 이상이 걸릴 것이다. 정당과 시민사회단체들은 자신들이 생각하는 최선의 개헌안을 시민의회 의원들 앞에 충분히 개진하라. 시민의회는 그 개진된 의견들을 놓고 가장 공정하고 사심 없는 토론을 통해 최선의 개헌안을 채택할 것이다. 시민의회는 국민의 자비심, 공정심, 애국심이 최대한 숙성되고 발양되는 장소다.

시민의회(Citizens' Assembly)는 이미 선례가 많다. 바로 이 시간(2016년 겨울)에도 아일랜드에서는 시민의회가 소집되어 개헌을 논의 중이다. 이곳에서는 2013년에도 시민의회에서 개헌안을 논의한 바 있다. 아이슬란드에서는 2012년 시민의회 방식으로 새 헌법을 기초한 바 있다. 국회의원 선거법 개정을 위한 시민의회 소집으로 영역을 넓히면 그 사례는 캐나다, 네덜란드, 호주 등으로 많아진다. 사례마다 홈페이지가 제공되고 있어 상세히 살펴볼 수 있다. 학자들과 관련 정치인, 활동가들은 하나같이 말하고 있다. 정파적 이해관계를 넘어서서 깊고 공정한 토론을 통해 국민적 합의에 도달하려고 한다면 시민의회가 가장 적합한 경로라고. 시민의회 의원은 무작위 선발되기 때문에 정당, 정파의 이해와 무관하다. 시민의회에서의 논의 과정은 정당, 정파 간의 힘 관계가 아니라, 가장 공정하고 개방된 토론을 통해 합리적으로 이루어진다. 따라서 모든 기존 사례가 보여주는 바와 같이, 시민의회의 초기 과정에서는 여러 견해가 병립하지만, 논의가 진행됨에 따라 점차 절대다수의 의견이 형성된다.

연막탄처럼 또는 연탄가스처럼 이상한 형태로 제기되고 있는 요즈음의 개헌론에 대해 촛불 민심이 의심을 거두지 못하는 이유는 분명하다. 개헌 논의를 오히려 진정한 개헌, 진정한 정치개혁을 방해하기 위한 물타기 수단으로 이용하고 있다고 보기 때문이다. 그동안 나라를 망쳐온 장본인들이 개헌을 빌미로 면죄부를 받아 슬며시 다시 국회의원이 되고, 다수당을 만들어 내각제 개헌을 통한 총리, 수상이 돼보려는 꿈을 꾸고 있지 않은가 의심하기 때문이다. 물론 이 순간 개헌을 언급하는 모든 사람들이 다 그렇지는 않을 것이다. 결국 촛불 민심은 제대로 된 개헌으로 결실을 맺어야 되는 것이라고 생각하여 개헌론을 제기하는 분들도 적지 않을 것이다. 만일 그렇다면, 그런 분들일수록 시민의회 소집에 앞장서 주실 것을 부탁한다. 정치인이면 국회에서, 시민은 광장에서 시민의회 소집을 요구해야 한다.

개헌 논의 자체가 문제인 것은 아니다. 제대로 하면 된다. 그러나 탄핵-하야-차기 대선과 개헌 논의, 이 양자는 분리해야 한다. 이 둘을 섞어버리면 둘 모두가 스텝이 꼬인다. 결국 연막탄 정국이 되어버린다. 양자를 분리하자. 앞부분은 야3당과 촛불 민심-시민운동이 연대하여 이끌어 가야 한다. 이와 동시에 야3당과 회심한 새누리당 해체파 여당 의원들은 최대한 신속하게 국회에서 시민의회 소집을 의결하여, 시민의회에서 본격적인 개헌 논의가 진행될 수 있도록 적극 협조해야 한다. 이것이 주권자인 국민이 주체가 되고, 국회와 시민사회가 협조하여 개헌을 이루는 방법이다.

대통령 탄핵-하야-차기 대선과 시민의회의 개헌 논의는 동시에 진행되어야 한다. 다행히 양자의 진행이 가장 순조롭게 이루어진다면 차기 대선을 시민의회에서 합의하고 국회가 동의한 새로운 헌법으로 치를 수도 있을 것이다. 혹 여기까지 이르지 못한다면 대선은 현행 헌법으로 치르되, 대선에서 각 당은 시민의회에 개진된 헌법안을 내걸고 국민의 선택을 기다리면 된다. 이렇듯 현행 헌법으로 선출된 마지막 정부(차기 정부)의 제1임무는 시민의회의 개헌 논의를 순조롭게 마무리지어 국민의, 국민을 위한, 국민에 의한 개헌을 완성하는 일이 될 것이다.

다른백년, 2016. 11. 29.

4부

한국에서 시민의회론이 태동하다

✦

4부의 글은 앞서 1, 2, 3부의 글과 호흡이 다르다. 1, 2, 3부의 글 대부분이 아주 급하게 흐르는 정세에 맞추어 빠르고 즉각적으로 쓴 현장적인 글이라면, 4부의 글은 대부분 차분하게 쓴 학술적 글이다. 따라서 출처도 대부분 1, 2, 3부와 다르게 학술 논문과 저서다. 1, 2, 3부의 글들이 이미 시민의회가 현실로 존재하는 제도임을 전제하면서 쓴 글이라면, 4부의 글은 시민의회가 아직 존재하고 있지 않다는 전제 아래 쓴 글이다(첫 번째 글 〈현실이 된 시민의회〉는 예외다). 따라서 없는 제도를 현실화시키기 위한 이론적·철학적 근거 마련에 주안점을 두고 있다. 학술 연구자라면 현재의 표준적인 시민의회론과는 상당히 다른 독자적인 방식으로 시민의회의 발상을 숙성시켰던 경로를 확인할 수 있을 것이다.

✦

현실이 된 시민의회

브리티시컬럼비아 시민의회 사례[4]

《미지의 민주주의: 신자유주의 이후의 사회를 구상하다》 초판 출간(2009) 후 '시민의회'에 대한 반응이 즉각적일 것이라고 예상하진 않았다. 아직 존재하지도 않는 제도에 대한 새로운 사고 방법을 제안한 것이었기 때문에, 충분한 이해를 위해서는 시간이 필요할 것이라고 생각했다. 그러나 일부지만 적극적인 반응을 확인할 수 있었다. 특히 시민사회, 시민운동의 실천 현장에서 그런 반응이 많았다. 그 발상을 자신들이 처한 현실의 여러 차원에서 다양하게 활용해 볼 수 있겠다는 의견들이었다. 모 정당이 시민의회 발상을 공천과정에 활용했다는 이야기도 들었다. 우리 삶의 현장과 정치사회의 지형이 다양한 차원에서 시민의회형의 새로운 의사결정 방식을 요청하고 있음을 확인할 수 있

4 《미지의 민주주의(증보판)》(아카넷, 2011), 10장 부분 발췌. 원래는 시민의회론에 대한 초기 비판에 대한 반론 형식의 글인데, 여기서는 설명 형식으로 풀었다.

었다.

출간 1년 만에 책 증보판 마무리를 하던 중(2010년 말), 시민의회의 징후나 경향 정도가 아닌 확실한 실재, 증거에 해당하는 사례를 접하게 되었다. 캐나다 서부의 한 주인 브리티시컬럼비아에서의 시민의회(BCCA, British Columbia Citizens' Assembly) 사례에 관한 오현철 교수의 사례 보고 논문을 통해서다. 난 이 글을 오 교수 기고 논문 학회지 심사를 통해 알게 되었다.

내가 제기한 시민의회의 구상과 아주 구체적인 점까지 놀라울 정도로 일치하는 사례다. 브리티시컬럼비아주에서의 시민의회는 2004년에 소집되었다고 한다. 2004년이면 내가 시민의회 구상에 관한 논문을 발표하기 시작했던 바로 그 해다. '시민의회(Citizens' Assembly)'라는 개념을 만들어서 이를 헌법기구화 해야 한다고 주장했던 것은 2005년이었다. 이때만 해도 나 혼자만의 생각인 줄 알았다. 꼭 같은 생각을 다른 어디에서 꼭 같이하고 있을 것이라고는 전혀 짐작하지 못했다.

그러니 2004~2005년 당시 나 혼자만의 생각이 아니라, 지구 다른 한편에서는 이미 현실이었던 셈이다. 미지(未知)요 미발(未發)이 아니라 이미 기지(旣知)였고 이발(已發)이었다. 제안했던 영문 이름까지 정확히 일치하는 데는 나도 놀라지 않을 수 없었다. 이로써 우리는 시민의회를 확실한 근거를 가지고 말할 수 있게 되었다. 뜻이란 동서가 통한다. 비슷한 상황에서 비슷한 생각을 한다. 시민의회의 아이디어 역시 마찬가지였다. 이에 그동안 제시했던 논거를 간략히 부언해 본다.

무작위로 표집된 시민의회의 의원 상태는 비유하자면 재판정에서의 배심원과 같다. 단순히 비유에 그치지 않는다. 공공정책이나 입법

사진 8 선거개혁 논의를 위해 회의에 참여하고 있는 브리티시컬럼비아 시민의회 위원들 (출처: Participedia)

문제에 대한 시민배심원(Citizen Jury)제도가 이미 존재한다. 누차 이야기한 것처럼, 시민의회는 시민배심원제도를 보강·확장한 것이다. 재판부가 배심원을 선정할 때 재판의 원고-피고와 '직접적이고 명백한 이해관계'가 있는 사람들을 제외하는 것은 너무나 자연스러운 일이다. 시민의회 의원 구성의 원리도 꼭 같다. 그래서 우리는 시민의회 "운영기구는 선발한 예비 의원 중 심의사안에 대해 직접적이고 명백한 이해관계가 있거나 현저한 지능 장애가 있는 경우 등에는 이를 기피할 수 있다"고 했다(《미지의 민주주의》 초판 304쪽, 증보판 329쪽). "직접적인 이해관계가 명백하게 얽혀 있는 사람"이라는 표현도 썼다(초판 282쪽, 증보판 307쪽). 우리 전통 언어를 살려 기피 대신 인피(引避)라는 용어를 써도 무방하겠다.

BCCA(브리티시컬럼비아 시민의회)의 사례에서 보는 것처럼 주의회 의원 선거법은 모든 유권자의 관심대상이다. 이들 유권자들을 모집단으로 층화무작위 표집과 최종 단계에서의 추첨을 통해 시민의회 의원이 구성되었다. 반면 전현직 주의원이나 정당의 주요 당직자들은 선거법 개정에 대해 '직접적이고 명백한 이해관계'를 가진 사람들이라 할 수 있다. 만일 이들이 무작위 표집 과정에서 BCCA 의원 예비 명부에 올랐다면 당연히 제외되었을 것이다. 그렇다고 이들의 의견이 BCCA에서 배제된 것은 아니다. 공청회 등을 통해 오히려 적극적으로 표현할 것을 요구받는다.

시민의회에는 강한 이해 당사자든(쟁점 제기자 또는 그룹), 약한 이해 당사자든(일반 의원) 모든 이해 당사자가 "그 결정 과정에 개입"한다. 이른바 '당사자 참여 원칙'이다. 지금까지 주로 선거-투표 원칙으로 사용되어 왔던 용어다. 현대 민주주의의 역사를 보면 그 초기에는 투표를 하기는 하는데, 흑인 문제를 결정하는 데 흑인이 빠지고, 여성 문제를 결정하는 데 여성이 빠지고, 빈곤층 문제를 결정하는 데 빈곤층이 빠지는 식이었다. 오늘날의 선거제도에서 이런 문제는 이미 해결됐다. 오늘 우리가 봉착한 문제는 투표권이 제한되어 있다는 것이 아니다. 선거에서의 참여가 껍데기 참여, 들러리 참여로 되어가고 있다는 데 있다. 여기가 우리가 뛰어넘어야 할 지점이다. 시민의회 발상은 바로 여기서 시작한다.

난 선거-대의제도를 부정하지 않는다. 오히려 적극적으로 그리고 지속적으로 개선해 가야 한다고 주장해 왔다. 그러기 위해서도 시민의회와 같은 새로운 제도가 필요하다. BCCA가 혁신적인 선거제도를 제안했던 것을 보라. 시민의회는 그러한 발상을 한 단계 심화시킨다. 민주주의를 선거와 대의제도에 국한하여 생각하지 않는다. 그 너머를 생각한다. 시민의회의 구성 원리는 선거-대의기관의 구성 원리와 근본적으로 다르다. 남을 대표로 뽑는 것이 아니라, 시민 누구나가 스스로 대표가 될 수 있다. 당사자를 의사결정의 객(客)으로, 구경꾼으로 남겨두지 않는다. 직접 주인이 되게 한다. 공공적 사안을 직접 토론하고 고민해서 자신의 견해를 직접 법안으로 제출하도록 하는 것이다. 당사자 참여원칙을 획기적으로 강화한다.

존 롤스는《정의론》에서 '무지의 베일'을 통해 너와 나의 이해관계를 괄호에 넣고 생각하자고 제안한다. 그렇게 어렵지 않은 말이다.《미지의 민주주의》에서는 이렇게 설명했다.

> 무지의 베일은 우리의 일상에서 반복되는 상식적 상황을 이론적으로 정돈해 본 것과 다르지 않다. … 자신이나 타인이 '공정한 판단'을 해야 하는 상황에 처했을 때, 우리는 자신이나 타인이 자신의 직접적 이해 관련을 괄호 안에 넣어야만 한다고 생각한다. 그렇게 하지 못할 때 (판단 주체가 타인일 경우) 비판하고, (판단 주체가 자신일 경우) 자책하게 된다. 따라서 무지의 베일은 엉뚱한 인위적 장치가 아니라 오히려 누구나 경험하는 지극히 자연스럽고 일상적인 상황을 이론화한 것일 뿐이다.[5]

5 《미지의 민주주의》[초판(2009) 273쪽, 증보판(2011) 298쪽].

직접적인 이해 관련에 괄호를 친다는 것은 자신 앞에 거울을 놓는 것이다. 자신의 이해관계를 들여다보면서 스스로에게 되묻는 것이다. 사라지기는커녕 거듭거듭 다시 들여다보는 것이다. 그래서 우리는 인간이 "이해관계의 주체인 동시에 그 주체를 괄호 칠 수 있는 주체"(초판 286쪽, 증보판 311쪽)라고 말한다. 또 "인간은 자기이해의 존재이기 때문에 늘 그 너머를 향하는 동력 역시 갖게 된다. … 자기이해가 없다면 그것을 넘어서고자 하는 동기도 없을 것이고 결국 윤리도 없을 것"이라고도 했다(초판 125쪽, 증보판 129쪽). 병립하고 겹쳐 있는 이 '겹 주체'가 인간의 실제 모습임을 책 전체를 통해 시종 강조했다.

롤스가 자신의 귀속(歸屬) 조건에 베일을 내린다고 말하는 것도 마찬가지로 풀이할 수 있다. 내가 어디서 어떻게 자라고 살아왔고 지금은 어떤 직업을 가지고 있는 중년 남자라는 귀속 조건(즉 특수성)에 무지의 베일을 내린다고 하자. 그것은 그 조건 때문에 내가 어떤 공적인 문제에 대한 판단을 내리는 데 공정성을 잃지 않도록, 그러한 조건이 나의 판단에 영향을 주지 않도록 괄호를 친다는 것이다.

어렵지 않은 말이다. 인간 개인의 '특수성, 정체성, 구체적인 생애사적 맥락, 삶의 조건과 상황, 전승된 의미체계'는 여전히 존재한다. 동시에 그러한 자기이해의 주체, 자신의 구체적 소여 조건, 생애사적 맥락과 의미체계를 끊임없이 스스로에게 되비친다. 성찰적 판단 과정에서 거듭 다시 만나는 것이다. 이는 타자의 조건, 맥락, 의미체계와 만나는 과정이기도 하다. 이러한 반성적 숙고를 통해 도달한 구체적 판단들은 결코 (어느 비판자가 말했던) '누구도 진정성을 갖고 받아들이지 못하는 공허한 규범'이 될 수 없다.

시민의회는 앞서 말한 '겹 주체' 즉, "이해관계의 주체인 동시에 그 주체를 괄호 칠 수 있는 주체"가 주인공이 된다. 바로 우리들, 우리 주변의 이웃들이다. 그 '겹 주체'들의 심의 과정은 다음과 같을 것이다.

> 사회 각계각층의 형편과 사정, 심의 결정이 이들 사회 제층(諸層)에 미칠 영향의 차이, 그 차이의 사회 전체적 의미 등을 충분히 고려할 것이다. 이 과정은 기본적으로 당사자들 간의 활발한 의견 교환을 통해 이루어진다. 물론 심의 목적을 위해 선정된 조력자들(해당 전문가들, 의사진행 관계자들)의 의견을 필요에 따라 구할 것이다. 이 과정에서 당사자들은 자신들이 심의의제에 대해 사전에 품은 애매한 인상이나 선호를 구체화하고, 조정하고, 변경해 갈 것이다. 선호 자체가 고정되어 있지 않고, 공공성과 정의에 부합한다고 생각하는 방향으로 심의 과정 속에서 움직여 나가는 것이다.[6]

심의사안에 따라 가장 구체적인 문제들이 가장 구체적인 자료와 의견들에 의거하여 다루어질 것이다. 이 모든 것이 대화와 토론 속에서 진행된다. BCCA의 간략한 소개로도 충분히 그림이 그려졌을 것이다. BCCA 이전의 유사 사례인 덴마크 시민과학회(Danish Board of Technology)의 홈페이지에 들어가면 시민의원으로 참여했던 시민들의 소감을 동영상으로 볼 수 있다. 다른 사람들이 같은 문제를 다양하게 생각하는 것에 놀랐고 그들과의 대화에서 많은 것을 배웠으며 여기서 가장

6 《미지의 민주주의》[초판(2009) 283쪽, 증보판(2011) 308쪽].

큰 보람을 느꼈다고 말한다. 이것이 바로 '무지의 베일'이 시민의회를 통해 현실화될 때 나타나는 실제 모습이다.

'무지의 베일'에 대한 롤스의 묘사에 결함이 없는 것은 아니다. '무지의 베일' 속의 당사자는 고립되어 있는 '연산(演算)적 주체'로 보일 수 있다. '무지의 베일'에 토론하고 합의해 가는 실제적 과정이 빠져 있는 것이 문제다. 발상 자체는 오히려 적극적으로 살려나가야 한다. 그래서 시민의회라는 실제 입법 공간을 창조함으로써 그 한계를 적극적으로 넘어서야 한다.

이 책에서 우리는 그밖에 여러 점들에 대해서도 롤스를 비판적으로 검토했다. 주로 그의 이론이 현상 유지에 머무르는 한계적 지점을 밝히고 그 이유를 분석하는 내용이었다. (하버마스에 대해서도 마찬가지 시각에서 일면 받아들이면서 일면 비판했다.) 그렇지만 요즘 세간에서 너무 쉽게 행해지는 롤스 비판에 우리는 대부분 동의하지 못한다. 요즈음은 롤스가 가치중립주의자라느니, 정치와 도덕을 분리시켰다느니 하는 비판이 유행하는 듯하다. 그래서 롤스의 논변은 가치와 도덕이 개입된 구체적 현실 문제에 아무런 개입도, 발언도 할 수 없다고 한다. 소위 공동체주의적, 공화주의적 비판이다. 그러나 롤스가 《정치적 자유주의》에서 1차대전 때 대통령 후보로서 반전 유세를 한 유진 데브스를 옹호하는 구절을 읽어보라. 《정의론》에서 펼친 시민불복종 옹호는 어떠한가. 그 모두가 강한 윤리적, 공동체적 울림을 준다. 이러한 공명은 보편적인 것이다. 공동체주의나 공화주의 쪽의 비판에 대한 답은 이미 대부분 롤스의 저작 안에 이미 더 사려 깊은 형태로 포함되어 있다고 생각한다. 롤스를 깊이 이해하지 못한 채 유행을 따라 하는 손쉽고 값싼 비판 앞에서라면 우리는 언제나 롤스의 편에 설 것이다.

이제 시민의회에 대한 논의는 좀 더 실제적인 것이 되었으면 하는 바람이다. 시민의회에도 여러 유형이 있다. BCCA와 같이 순수 정치적 의제를 다루는 유형이 있는가 하면, 덴마크 시민과학회의와 같이 주로 과학기술적 불확실성에 대응하는 유형이 있다. 덴마크 시민과학회의는 이미 20년 넘게 시행되었다. 전국 단위의 의제만이 아니라 국지적·지방적 문제에 대응하기 위한 합의회의 방식도 다양하게 개발했다. 그 밖에 여러 나라에서 시행된 시민협의 입법 사례들이 있다. 끝으로 다양한 조직 단위, 특히 정당, 노조 등 대형 대중조직에서 시민의회형의 의사결정을 하였던 사례들이 있다. 이러한 여러 시민의회 유형들의 법적 지위는 다양하지만 시민의 공정한 중지를 모아 교착 상황을 타개하고 새로운 국면을 열어갔다는 공통분모가 있다. 이렇듯 이미 상당히 누적되어 있는 실제 경험을 놓고 논의를 실제적으로 진전시켜 갔으면 한다. 우리는 여전히 다른 어느 곳이 아닌 바로 이곳 대한민국에서 가장 강하고 창조적인 유형의 시민의회가 나올 수 있다는 믿음을 가지고 있다.

2011

✦

2008년 촛불집회와 질적 민주주의[7]

1. 무지(無知)의 지(知)

2008년 광우병 촛불집회를 둘러싼 공방의 핵심은 '안다는 것(the known)'과 '모른다는 것(the unknown)' 사이의 대립에 있었다. 지극히 새로운 대립이다. 누구나가 알고 있듯이, 이제 국민 상당수가 어쩔 수 없이 어느 정도는 준전문가가 되어버린 문제, 즉 미국산 쇠고기의 광우병(Mad Cow Disease, 학명은 소해면상뇌증, BSE, Bovine Spongiform Encephalopathy) 위험 정도와 또 그로 인한 '인간광우병(변형 크로이츠펠트-야콥병, v-CJD, variant Creutzfeldt-Jakob Disease)' 위험 정도의 문제가 그것이다.

7 〈대한민국 건국 60주년 기념 한국 사회학회 특별 심포지엄 자료집〉, 《대한민국 민주주의 60년을 보는 시각》(2008)에서 부분 발췌. 《미지의 민주주의》(2011) 7장에 전문 수록됨.

과연 그 위험 정도가 어느 정도 알려져 있느냐. 과연 그 문제에 대해 우리는 정확히 알고 있는가. 정부는 충분히 알려져 있다, 따라서 통제 가능하다, 그래서 안전하다고 했다. 촛불집회 측은 충분히 알려져 있지 않다, 따라서 통제가 어렵다, 그래서 위험하다고 했다.

여전히 진행 중인 이번 촛불집회에 여러 가지 새로운 점이 있지만, 바로 이 점, 즉 일견 순수 과학 또는 과학사회학 문제로 보이는 지(知)와 무지(無知)의 문제가 첨예한 대중적 쟁점, 민주주의적 논의의 핵심으로 되었다는 점이야말로 가장 새롭고 의미심장하다고 생각한다.

통상 시정(市井)의 언어에서 민주주의란 민의의 표출인데, 여기서 '표출'이란 민(民)이 무엇인가를 알고 있다는 것을 전제로 한다. 알기 때문에 찬성도 하고 반대도 할 것이니 굳이 언급할 필요도 없는 당연한 말이라 할지 모른다. 그렇지만 촛불집회에서 드러난 민의란 특이한 것이었다. 문제를 둘러싼 양방의 격렬한 수사의 거품을 다 빼고 문제의 핵심을 보면, 촛불 민심의 본질과 힘은 '안다'가 아니라 '모른다'는 것에 있었다. 즉 광우병의 위험이 어느 정도인지 현재의 우리는 알 수 없다고 한 것이다. 굳이 무엇을 정확히 알고 있다고 한다면 '우리가 그 위험이 어느 정도인지를 정확히 모르고 있다는 것을 정확히 알고 있다'고 했던 것이 되겠다. 굳이 앎이라고 한다면, 앎은 앎이되, 무지에 대한 앎이었다.

'모른다'는 주장이 그처럼 큰 흡인력과 파장을 갖게 된 것은 놀라운 일이었다. '알아야 양반'이 한국 사회에서 유난히 강한 문화문법이기도 하지만, 안다는 것은 미덕이요 권력이고 반면 모른다는 것은 악덕이요 약점이라는 생각은 비단 한국 사람만의 것이 아닐 것이다. 어쨌거나 정부 측은 '알아야 양반'이라는 고전적 문법에 충실했다. 한국민은 과학 공부를 더 해야 한다는 주한 미국 대사의 발언도 그 연장선상에 있었다. 그러나 흥미로운 것은 정부 쪽에서 지식의 입장에 서서 과학적이고 통계적으로 문제를 충분히 알고 따라서 충분히 안전하고 문제없다고 할수록 불에 기름을 끼얹는 형상으로 촛불은 넓어져만 갔다는 사실이다. 이런 역설은 이 상황이 그 이전과는 무엇인가 질적으로 다른 점이 있다는 것을 말해준다.

물론 촛불 민심의 '무지의 입장'은 단순한 무지가 아니었다. 정부에서 한 가지 근거를 발표하면 촛불 쪽에서는 발표가 끝나기 무섭게 열 가지 반대 근거가 쏟아지는 '매우 유식한 무지'였다. 그 결과 정부와 정부의 편에 선 거대언론이 '안전'의 근거에 대한 지식을 발표하면 할수록, 그에 관한 반대 증거는 몇 곱으로 가속되어 증폭되었다.

촛불이 놀라울 정도로 빠르고 넓게 확산되어 가는 동안, 정부는 사실상 무대응으로 일관했다. 대통령이 초기에 두 차례 '사과'를 했지만, 전혀 내용 없는 수사에 불과했다. 결국 시간 벌기 외에는 무대책이었다. '눈 내릴 때 쓸지 마라'는 것이 현대 정주영 회장의 애용구였다 하는데, 그 애제자 격인 이명박 대통령도 여기에 충실한 듯했다. 그리하여 건립된 '명박산성'은 정부의 무대책-소통 거부를 극적으로 상징하며 국민적 조롱거리가 되고 말았다.

이제 돌이켜 볼 때, 국민의 압도적 다수가 재협상이 필요하다고 응답하고 있던 시점에 정부가 이를 한 번도 진지하게 고려하지 않았다는 사실이 오히려 미스터리다. 국제관계에서 절대 불가란 없다. 재협상이란 얼마든지 가능한 일이다. 촛불의 절정 시점에 정부가 '다 버리고 국민의 뜻에 따르겠다' 하며 극적으로 '재협상' 선언을 했다면, 촛불을 든 사람 중 최소한 7할은 뜨겁게 '감격'하여 현 정부에 대한 열렬한 지지층으로 돌아설 수도 있는 상황이었다. 그것이 촛불 대중의 실제 특징이었다. 이명박 대통령이 누구도 도전하기 어려운 한국 정치의 확고한 최대지주로 단숨에 올라설 수 있는 호기일 수도 있었다. 일종의 제2의 6.29를 연출하는 셈이 되었겠는데, 행인지 불행인지, 현 정부의 코어 그룹 안에서는 그 비슷한 발상조차 나오지 않았다. 정주영 회장으로부터 그러한 박력과 파격까지는 미처 배우지 못했던 것일까?

여기서 잊지 말아야 할 사실은 촛불 대열에는 박근혜, 이회창 지지자들도 상당수 가담했다는 사실이다. 보수 정치세력 속에서 족보 없는 '신참'에 속하는 이명박 대통령의 입지나 지분이란 사실은 그다지 확고한 것이 아니다. 대선에서 이명박 대통령의 기반이란 반노무현 정서로 뭉친 반사적인 '묻지마' 표였지, 이명박 자신에 대한 오래된 믿음은 아니었다. 그래서 '이명박 찍었다'는 사람들이 촛불집회장에는 유독 많았다. 어쨌거나 이러한 취약한 상황을 반전시킬 계기로라도 '재협상'을 고려할 만한 정치적 이유는 충분했던 것으로 보인다. 그럼에도 그런 발상조차 나오지 못했던 이유가 무엇일까? 그것이 오히려 궁금한 일이다.

집권 초기 첫 단추를 뜻대로 못 끼우면 모든 게 틀어진다는 전략적 판단도 물론 있었을 것이다. 그러나 우리가 보기에 더 중요한 이유는 정부 측에서 완강하게 품고 있던 나름의 '진실'과 '본심'이 있었기 때문이 아니었겠나 싶다. 정운천 농림수산식품부장관이 뭘 먹어도 위험은 다 있다, 왜 미국산 쇠고기만 문제냐고 정말로 흥분했던 데서도 그런 걸 읽을 수 있다. 이명박 정부의 진짜 본심이란 '위험은 있다, 그러나 더 큰 이익을 위해 그 위험을 먹자(감수하자)'라는 데 있었을 것이다(그러나 정부는 공식적으로는 이렇게 솔직히 말하지 않았다). 그 본심의 바닥에 더 내려가 보면 '먹다 죽은 귀신은 때깔도 좋다더라'는 배고픔의 시대의 격언이 있을 터이다. '조선 사람은 못 먹어서 문제가 아니었던가… 솔직히 언감생심 조선 사람이 미국 쇠고기 없어서 못 먹었지 언제부터 주는데 못 먹겠다 하나…', 이런 식의 보릿고개 시절의 철학이 바탕에 놓여 있었던 것 아닌가. 그런 생각이 현 정권 핵심의 본심에 있었기에 그들은 촛불집회를 애당초부터 '진실로' 이해할 수 없었던 것이 아닌가 싶다. 이 철학에서는 배고픔만이 진실(위험)이다. 못 먹어서가 아니라, 먹어서 생기는 위험이란 사치나 거짓이다. 그런 문제로 '말썽'을 부리는 자들이란 배고픔을 모르는 철부지들이거나, 진실함이란 전혀 없이 그저 이 기회를 정치적으로 이용해 정부를 흔들어 보려는 '좌우익(즉 박근혜-이회창 지지자 포함)' 기회주의자, 선동꾼들일 뿐이다.

그러나 안타깝게도 이러한 '배고픔 시대의 진심'이란 현시대의 생생한 흐름들과는 너무나도 동떨어진 것이었다. '마인드'의 문화격차가 너무나도 컸던 것이다. 2008년 한국의 촛불집회와 가장 닮은 사회운동을 들어보라면 90년대 후반 특히 서유럽을 휩쓸었던 GMOs (유전자 변형 유기체, Genetically Modified Organisms) 반대운동이라 할 것이다. GMOs 문제의 핵심 역시 GMOs를 섭취했을 때 인체에 미치는 영향을 정확히 '알 수 없다'는 데 있었다. 가장 선진화되고 정치문화가 세련되어 있다고 하는 서유럽에서 '못 먹어서 문제가 아니라 먹어서 문제'인 GMOs가 강렬한 대중적 이슈로 제기되었던 것을 유념해야 할 것이다.

이런 문화적 추세를 전혀 이해하지 못하는 정부가 '선진화'를 표방하고 있다는 사실은 슬픈 아이러니다.

촛불집회가 10대 소녀들에게서 비롯되었다는 것을 이 운동이 근본적으로 미숙하고 유치하다는 것을 말해주는 증거로 보려는 이들도 있었다. 이런 시각 역시 너무나 낡고 문제를 거꾸로 보고 있다. 주목해야 할 것은 표면의 파도가 아니라 깊이 흐르는 해류(시대의 흐름)이다. 유럽의 GMOs 반대운동도 기존의 전통적 사회운동 세력의 변방에 존재했던 평범한 일반 시민들이 주역이 되었다. 그러나 10대 소녀들이 문제제기자(whistleblower)로 처음 나섰다는 것은 서유럽도 도달하지 못했던 선진성이다. 10대 문화와 의식을 그저 몽땅 유치한 것만으로 보는 것 역시 너무나 단순하다. 그 속에는 새로운 시대정신이나 코드가 날카롭게 반영되어 있다. 이들이 전혀 새로운 것을 정치로 만들었다. 또는 정치를 전혀 새로운 것으로 만들었다.

10대 소녀들은 가정주부, 엄마들과 가장 가깝다. 돌이켜 보면 주부들이 느끼는 식단의 위험을 10대 소녀들이 가장 민감하게 받아들였던 것도, 10대 소녀에 이어 가정주부들이 대거 촛불집회에 가담했던 것도, 전혀 불가사의할 것 없는, 지극히 자연스러운 수순이었다. 신사회운동 이론이 강조해 온 생활정치(life politics)의 이념형이 고스란히 현실화된 순간이었다.

한국의 촛불집회가 유럽의 GMOs 운동보다 선진적인 것은 이 점만이 아니었다. 수많은 인터넷 카페들이 실질적인 조직 구심을 이루어 익명의 생면부지의 사람들을 묶어냈다는 것, 초첨단 IT 현장 중계 매체를 이용해 공권력의 폭력을 사전에 폭로, 차단하고 대중동원을 가속화시켰다는 점도 있다. 촛불과 문화축제를 결합해 초반에 공권력이 함부로 개입하기 어렵게 한 집회방식에도 창의적인 점이 있고, 공권력의 압박이 거세어진 상황에서도 놀라울 정도의 집단적 자제력을 발휘하면서 비폭력의 신명놀이 축제판을 유지해 나간 점도 대단하다. 수십만이 도심에 모여서 신명과 자제와 영리함을 결합한 이 대중은 새로운 군중이었다. 그것은 귀스타브 르봉이 묘사한 눈먼 군중이 아니라, 프랑수아 라블레가 묘사했던 신명난 군중, 축제 군중, 통 큰 기괴와 기상천외한 유머를 한 몸에 체현한 미래의 군중이었다.

이는 새로운 '진정성(authenticity)'의 출현이었다. 87년의 상징들이 두 번의 선거에서 가벼이 무너져 내렸던 2008년 초, 두 신예 사회학자(심보선·김홍중)는 87년 민주화 이후 문화변동의 총체적 특징을 '진정성의 상실', '스노비즘의 만연'으로 예리하게 정리한 바 있다. 그렇듯 참을 수 없는 존재(그리고 시대)의 가벼움을 명료히 인식하게 된 순간 곧바로 어떤 새로운 유형의 '진정성'이 그 가벼움으로부터 솟아올랐다는 것은 진정 놀라운 일이다. 그 '진정성'은 분명 과거와는 다른 어떤 것이었다. 스노비즘을 뚫고 올라온 진정성, 비장이나 엄숙과는 무관하되 오히려 그러한 경쾌함으로 사태의 진실을 꿰뚫고 또 그만큼 발 빠르게 행동에 나설 줄 아는 진정성, 더 나아가 자기해체·자기해학(自己諧謔) 속에서 새로운 내면을 구성할 줄 아는 새로운 유형의 진정성이었다. 이제 우리는 이 시대의 스노비즘과 함께, 새로운 유형의 진정성에 대해서도 더 연구해야 할 일이다.

2. 질적 민주주의

이제 민주주의의 품질(quality)이 문제다. 복합위험에 대한 시민들의 반응은 매우 민감하고 그로 인한 문제들은 이미 일상생활 깊숙이 파고 들어와 있다. 촛불집회가 극적으로 보여준 바와 같이, 이제는 일반 시민들이 이러한 문제들을 항상 모니터할 뿐 아니라, 행동으로 개입할 준비가 되어 있다. 노리스(Norris)가 실증적 연구를 통해서 밝힌 것처럼 최근 이러한 경향은 선진국일수록 더욱 현저해지고 있다.

민주주의의 영역에 거대한, 새로운 동력이 탄생한 것은 분명하지만, 그러한 새로운 동력이 어떠한 새로운 민주주의, 새로운 시민정치로 형상화될 것인지에 대해서 선명한 대답이 주어졌던 것은 아니다. 촛불집회 논의에서 '직접민주주의의 강화'가 언급되었지만 그 구체적인 형태가 무엇이 될지에 대해 설득력 있는 대안이 제시되었던 것은 아니다. 물론 일부 인터넷 논객들에 의해 촛불집회의 이슈와 기간을 무제한 확장하여, 무한정 직접행동을 전개하자는 의견이 제기된 바 있다. 촛불집회가 석 달 넘게 집중성을 유지했고, 이슈도 광우병을 넘어서 새 정부의 주요 정책 전반에 대한 검토로 확산되었던 것은 사실이다('1+5 의제'). 그러나 직접행동, 거리정치가 무한정 지속되리라고 보는 것은 비현실적이다. 그런 방식이 반드시 바람직하다고 볼 수도 없다. 매우 역동적인 새로운 에너지가 탄생한 것은 분명하다. 기존의 정당정치나 선거제도로는 이를 잘 담아낼 수 없다는 것도 분명해졌다. 문제는 흔히 거론되었던 '거리정치냐 정당정치냐'라는 배타적 선택이 아니다. 그 둘로는 부족하다는 게 문제다. 거리정치(운동정치)나 정당정치가 한발 올라서기 위해서라도 거기에 무언가 새로운 것이 더해져야 한다. 그 둘을 보완해 줄 새로운 틀과 방법을 찾아야 하는 것이다.

우리는 심의(審議) 민주주의(deliberative democracy)의 적극적 제도화 속에서 해결 방향을 찾을 수 있을 것이라고 생각한다. 최근 민주주의 이론 분야에서 부쩍 논의와 관심이 커지고 있는 분야가 심의 민주주의론이기도 하다. 특히 흥미로운 점은, 심의 민주주의론의 핵심에도 '미지성'과 '무지의 지'와 매우 유사한 이론적 문제가 있다는 사실이다. 물론 복합위험의 내면에 있는 미지성이 과학-기술적 미지성인 반면, 심의 민주주의론의 핵심에 있는 미지성은 정치-윤리적 미지성이라는 차이점은 있다. 그러나 양자의 근본 성격은 상통한다. 문제로서의 과학기술적 미지성을 해결하는 방법적 고리를, 정치윤리적 미지성에서 찾을 수 있다는 것을 결코 우연이라고만은 할 수 없을 것이다.

심의 민주주의론은 정치 행위자의 이해(interest)와 선호(preference)가 고정되어 있지 않고 공정한 심의 과정에서 변화할 수 있음(preference transformation)을 강조한다. 존 롤스의 '무지의 베일'은 이러한 발상을 이론적으로 가장 깊고 간명하게 표현한 것이라고 풀이해 볼 수 있다(Rawls 1971). 즉 자신의 이해와 선호를 미리 결정할 수 있는 모든 귀속(歸屬)적 소여(계급, 성, 교육, 직업, 출신지, 민족 등등)에 대해 '모른다'는 '무지'의 가정을 하자는 것이다. 그런 이론적 가정의 상황 속에서 롤스는 정의의 원칙을 도출해 낼 수 있다고 보았다. 즉 '무지'를 가장 공정한 판단을 위한 필수적 조건으로 삼았던 것이다. 롤스의 이 '무지'는 칸트의 '물자체'를 상기시키는 것으로, 잘 알려진 것처럼, 칸트의 '물자체'는 그의 윤리론의 축이다.

롤스의 발상을 촛불 의제와 연결시키면 어떻게 될까? 촛불 정국에서 정부만이 아니라 정당과 의회가 모두 무기력했던 가장 근본적인 원인은 문제의 성격이 기존의 정치적 의제들과 달랐다는 것, 즉 문제 자체가 기지적(旣知的)이 아니라 근본적으로 미지적(未知的)이었기 때문이었다는 데 있다. 이전의 새만금, 핵폐기장 문제에서도 상황은 마찬가지였다. 이러한 사안들은 대체로 전례가 없는 경우가 많고, 관련 지식이 고도 복잡 과학 영역에 속하며 따라서 은밀한 왜곡과 은폐의 가능성도 매우 높다. 전례가 없는 일이기 때문에 그 귀결에 대해 어느 쪽도 정확하게 예측 가능한 정보를 가질 수 없음에도 강력하게 추진을 주장하는 측은 대개 고도 위험 기술을 개발해 온 거대 이해 당사자이기 마련이다. 정부나 정당이 거대 이해 당사자의 영향에 노출되어 있다면 문제를 풀어가기란 더욱 곤란해진다.

이러한 곤란한 문제를 가능한 가장 공정하게 심의하기 위한 방법이 무엇일까? 롤스의 발상을 응용해 본다면, 무엇보다 우선 날카롭게 대립하고 있는 당사자들의 이해선호에 괄호를 쳐서 중립화해 낼 수 있어야 한다. 미지성의 문제에 관한 한 어느 편이 이미 옳다고 전제할 수 없다. 촛불집회 역시 이 점은 마찬가지였다. 그렇다면 여기서 전제되어야 할 것은 당사자들의 당파적인 '앎의 쟁론'이 아니라 오히려 반대로 문제의 핵심이 미지 상태에 있음을 깨끗이 인정하는 '무지의 고백'이 될 것이다. 어떻게 그것이 가능한가?

인간인 이상, 완전한 '무지의 베일'이란 불가능하다. 그것은 순수이론적 '가정'일 뿐이다. 그러나 가장 근사(近似)하게 현실화시킬 방법은 찾아볼 수 있다. 무작위 표집(random sampling)된 적정규모의 일반 시민들로 구성되는 사안별 시민심의기구(시민의회)가 그런 것이다. 이러한 제도는 이미 존재한다. 여러 '선진국'에서 입법화되어 시행되고 있는 다양한 형태의 합의회의들이 있고, 한국에도 이미 공공정책에 대한 시민배심원제도가 시행된 바 있다. 이미 여러 나라들에서 복합위험의 도전에 민주주의의 질적 측면을 강화하는 방식으로 대응해 왔던 것이다. 이제 남은 것은 이러한 방향의 시도를 더욱 확산시켜 일반화하고, 더 나아가 헌법적 기구로 배치할 방안에 대한 고려다.

복합위험 문제의 근본적 미지성을 인정하는 논의의 틀 자체가 '진리'를 담보해 주는 것은 아니다. 엄밀하게 말하여 이 문제에서 '진리'란 적합한 용어가 아니다. 여기서 결정의 기준은 진리와 비진리가 아니라 공공성의 부합 여부가 된다. 그 결정에서 중요한 점은 누구나 그 결과를 인정하고 승복할 수 있는 공정한 절차를 통했느냐에 있다. 그랬을 때야만, 그 결정에 대한 책임을 사회구성원 모두가 같이 질 수 있게 될 것이다.

현재의 선거-대의민주제는 이해선호의 기지성(旣知性)·고정성을 전제한다. 즉 모든 세력 또는 각개 유권자가 자신의 이해를 분명히 알고 있음을 전제한다. 사회의 계급적 층위가 분명히 존재하는 한 이해선호의 기지성은 정치에서 중심적인 역할을 할 것이 분명하다. 그러나 이제, 촛불집회가 말해주듯, 그 한계 역시 분명하다. 사안이 기지적일 경우 정부와 정당은 일정한 패턴을 가지고 움직일 수 있지만, 사안이 미지적일 경우는 그렇지 못하다. 기왕의 경험들로 볼 때, 미지적 사안은 현재의 의회정치 패턴에 결코 반가운 대상이 아니었다. 이상적인 의회를 머리에 그려본다 해도 미지적 사안은 여기서 제대로 다루어지기 어렵다. 그래서 우리가 '미지적'이라고 부른 주요 정책 사안들에 대해서는 (의회-정당정치가 완숙한 형태로 작동하고 있음에도) 무작위로 선출된 시민들 자신이 직접 심의하고 직접 판단을 내리도록 하는 사례들에 주목할 필요가 있다. 덴마크의 '시민의회'라고 할 수 있는 과학기술위원회(Danish Board of Technology) 같은 법적 기구가 그 일례다.

민주주의의 기본 원리는 밑으로부터(bottom-up)의 참여인데 그 참여의 폭과 방식에는 다양한 층위가 있다. 민주주의의 현실태는 그런 다양한 참여의 복합체다. 투표 역시 참여의 일환이다. 다만 그 가장 간접적인 형태의 참여다. 직접적인 참여의 고전적 범례는 물론 그리스의 민회(Ecclesia)와 같이 모든 적격 시민이 한자리에 모여 국가 최고권력 기구를 구성하는 것이다. 그러나 현대국가에서는 우선 단순하게 규모의 문제 때문에라도 이는 불가능하다. 그렇다고 현대사회에서 일체의 직접참여가 불가능한 것은 아니다. 촛불집회야말로 전형적인 직접참여다. 시민 각 개인이 공적 문제에 대해 자신의 의견을 직접적이고 공개적으로 표명했기 때문이다. 그 방식은 물론 매우 다양하다. 이러한 형태의 직접참여가 선진국일수록 더욱 증가하고 있다는 점은 앞서 밝힌 대로다. 이러한 방식의 직접 참여가 민주주의의 펀더멘털을 이룬다. 이 펀더멘털은 시민적-정치적 기본권의 공고함과 깊은 관련이 있다.

이 위에 다양한 결사체(associations)를 통한 참여가 있다. 결사체를 통해 광범한 층의 다중이 조직적이고 상시적으로 자신의 계층과 부문의 의견을 표현한다. 이때 주권자 각 개인의 의사는 결사체를 통해 강화되기도 하고 동시에 제약되기도 한다. 결사체의 규모가 커질수록 그 내부에서 과두제나 관료주의 문제가 발생할 가능성 역시 항상 존재한다. 반면 인터넷-온라인 결사체는 이러한 한계를 일정하게 돌파할 수 있는 새로운 가능성을 열어주고 있기도 하다.

앞서 말한 시민의회형의 시민 심의기구는 결사체를 통한 참여 위에 놓인다고 할 수 있다. 모든 시민이 그러한 합의회의에 심의의원으로 참여할 수 있지만 실제로 무작위 추출을 통해 실제 선발될 시민의원의 수는 매우 제한될 수밖에 없다. 그러나 그 수는 선거로 선출되는 각급 정치인들의 수보다는 훨씬 많다. 그러한 심의 단위는 중앙과 지방의 각 단위에서 사안에 따라 소집되고 해산되므로 한 번 선출되면 4~5년의 임기를 갖는 임기직보다 많은 수의 시민이 심의의원으로 참여하게 될 것이기 때문이다. 이러한 양 문제보다 본질적이고 중요한 점은 참여의 형식과 질이 근본적으로 다르다는 사실이다. 무작위 추출이라는 선출 방식은 어떤 특정한 이해를 대표, 대변한다는 기지적 정치의 틀 자체에 괄호를 치게 한다. 시민의원직은 임기도 조직도 없기 때문에 기성 기득권과 무관하고 새로운 기득권을 형성할 근거도 없다.

대의란 선거를 통해 시민의 일반적 대표성을 선출자에게 임기 동안 위임하여 주는, 가장 간접적인 참여 형태다. 따라서 참여의 폭이 가장 좁다. 프랑스 정치학자 베르나르 마냉이 설득력 있게 밝혀 보인 것처럼 선거와 대의제도란 민주주의의 귀족적·엘리트적 기구다. 참여, 결사, 심의라는 기반이 허약하다면 대의제도란 민주주의의 참칭자, 더 나아가 찬탈자로 변질될 수도 있는 것이다.

이를 정리하여 보면, 민주주의란 참여라는 기본 원리 위에 결사체, 심의, 그리고 대의라고 하는 층이 중첩되어 있는 복합적 실체라고 할

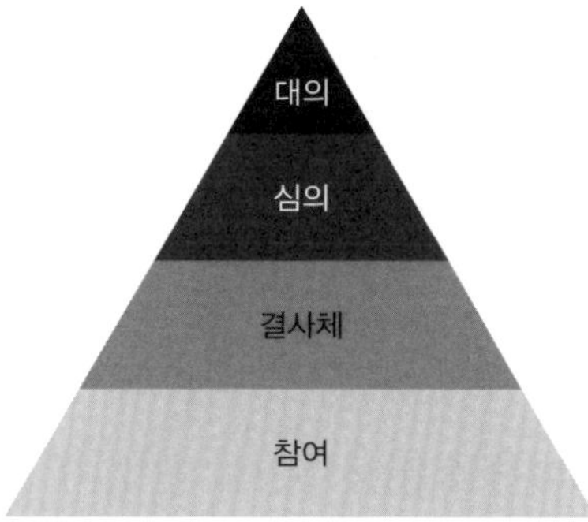

그림 4 민주주의의 네 층위

수 있다. 달리 말하여 민주주의는 참여 민주주의(participatory democracy), 결사체 민주주의(associational democracy), 심의 민주주의(deliberative democracy), 대의 민주주의(representative democracy)라는 네 개의 민주주의의 층위로 구성되어 있다. 그 안정된 구성형태를 도식하면 위와 같은 피라미드 형태가 될 것이다. 피라미드 형태로 하층이 넓고 상층이 좁은 것은, 그 각 부분의 참여 폭을 나타낸다고 보면 되겠다.

따라서 '직접민주주의의 강화'란 단순히 거리의 행동을 무제한, 무한정 연장하는 데 있지 않다. 촛불의 동력을 질적으로 상승시키는 다양한 수준의 진출 경로들을 창조적으로 개발해야 할 일이다. 시민사회가 문제를 예민하게 감지하여 경보를 울리는(sensor) 행동에 나서는 것은 매우 중요하다. 아울러 이러한 시민사회의 통찰을 다양한 수준의 결사체-네트워크로 묶어내고, 시민합의회의에서 갈무리해 내는 중층적 수렴구조가 필요하다. 선거-대의 시스템은 이러한 기반 위에서야 비로소 제대로 작동할 수 있게 될 것이다. 이러한 민주주의의 안정된 중층구조는 형식적 민주주의(formal democracy)와 실질적 민주주의(substantive democracy)의 양 측면이 각각 잘 발전되어 있고 그렇듯 잘 발전된 양자가 서로 균형, 상보(相補), 조화를 이루고 있는 상태를 말한다고 할 수 있다. 민주주의는 여러 층위를 가지고 있다. 어떤 특정 측위만을 불균형적으로 강조하다 보면 민주주의도 얼마든지 자의(恣意)의 수단, 독재의 무기로 변질될 수 있다. 민주주의의 네 층위의 균형 있는 발전이 그러한 민주주의의 타락을 방지한다.

한국 민주주의의 현 상태는 대의 제도의 여러 형식은 거의 완비되어 있는 반면 참여를 보장하는 기본권, 그리고 여러 부문과 계층에서 결사체로의 조직 정도는 아직 미비한 점이 많다. 심의 민주주의 제도는 매우 초보적 단계에 있다. 앞의 [그림 4]에 견주어 보면 상대적으로 상층에 비해 하층이 빈약한 불균형 상태다. '민주화'되었음에도 한국 민주주의가 아직 불안정한 것은 이러한 불균형 때문이다. 그런 의미에서 더 많은 민주주의, 특히 질적 민주주의의 발전이 필요하다. 이러한 의미에서 한국 민주주의가 완전한 형태의 [그림 4]에 도달한 것은 아니지만(어느 나라이든 그렇듯 완전한 상태에 도달했다고 말할 수 없을 것이다), [그림 4]는 한국 민주주의의 현 상황을 평가해 볼 간명하나 포괄적인 기준을 제공한다.

2008

✦

공공성과 시민의회[8]

1.

존 롤스는 위르겐 하버마스와 함께 공공성을 강조한 20세기 후반의 대표적인 사상가들이지만 이 두 거인들로부터 '시민의회'의 발상은 나오지 못했다. 거의 다 왔던 것 같은데, 마지막 '실천적 돌파'의 한고비를 넘지 못했다. 그러다 보니 결국 현재의 상태에 머무르고 말았다. 한계가 무엇이었을까? 이 문제를 주로 롤스를 중심으로 살펴본다.

롤스 공공성 이론의 핵심은 그의 유명한 정의론, 특히 정의의 원칙(공공성의 원칙)을 이끌어 내는 '무지의 베일'이라는 이론적 가정에 있다. 자신의 입장과 견해, 이해관계에 무지의 베일을 내리고 엄격한 추론을

8 〈원칙이자 과정으로서의 공공성—존 롤스 《정의론》을 넘어서〉, 《시민사회와 NGO》 5(1) 2007에서 부분 발췌. 앞의 몇 문장은 발췌문의 이해를 돕기 위해 부가했다. 《미지의 민주주의》(2011) 8장에 전문 수록됨.

진행할 때 정의의 원칙에 도달할 수 있다는 것이다. 롤스의 '무지의 베일' 이론의 약점을 내가 보기에 가장 예리하게 드러낸 이는 베르나르 마냉이다. 한국에서는 《선거는 민주적인가》라는 책으로 널리 알려진 프랑스 정치사상가다. 마냉은 일찍부터 롤스의 정의론이 장 자크 루소의 '일반의지(volonté génèral, general will)' 사상에서 깊은 영향을 받았음을 정확히 읽었다. 그런데 루소는 《사회계약론》이 일반의지란 "시민들 간의 의사소통을 철저히 차단"해야만 오히려 온전하게 드러날 수 있다는 묘한 주장을 했다. 루소는 또 다른 저작 《정치경제론》에서 다음과 같은 논설도 폈다.

> 오직 인민이 특정한 이해에 의해 오도되지 않는 조건에서만 그렇다. 일부 약아빠진(shrewd) 사람들이 영향력과 웅변술을 사용해서 그러한 특정한 이해를 일반의지로 바꿔치곤 하기 때문이다. 공공심의(public deliberation)란 일반의지(general will)와는 다를 것이다. 아테네 민주주의의 사례가 내 주장을 반증할 수는 없다. 아테네는 실제로는 민주주의가 아니라 학자들과 웅변가들에 의해 지배되고 있었던 압제적 귀족정(tyrannical aristocracy)에 불과했기 때문이다.

마냉이 보기에 루소의 일반의지의 주체인 개인들은 "그들이 공공의회(public assembly)에서 공통된 결정을 내릴 때, 그들이 무엇을 원하는지를 이미 사전에 알고 있다고 상정되어 있다. 그들은 그들의 의지를 미리 결정한 상태에 있다. 그래서 다른 사람들에 의해 시도되는 설득이 그들의 의지를 오염시키거나 억압할 수가 없게 된다." 마냉은 루소의 이런 발상이 롤스에게도 그대로 반복되고 그 결과 롤스의 정의론에서 시민들 간의 실제적인 심의 과정은 존재하지 않게 된 것으로 보고 있다. 매우 날카로운 지적이다. 실제로 롤스의 무지의 베일 속의 당사자들은 서로를 배제한 '상호 무관심한 상태'에서 판단을 내리고 있고, 여기에는 공적 심의 과정이 부재하다.

롤스가 무지의 베일 속의 당사자들에게 상호 무관심한 최적판단(optimal) 합리성만을 부여했던 것에는 분명 문제가 있다. 그러나 롤스의 이론체계에서 그 부분은 무지의 베일 발상에 내재한 이론적 핵심에 비하면 부차적인 것이었다. 롤스의 논의의 핵심은 공적 의사결정에서 장애요인이 될 귀속적 소여(즉 사적 이해의 근거)를 지우자는 데 있다. 이 문제의식은 정당하다. 이 점을 살리면서 동시에 심의 과정을 충실하게 갖춘 공공성과 정의의 논의틀을 이론적, 그리고 실천적으로 구상하는 것은 불가능한 일인가? 마냉은 "그렇다, 불가능하다"고 말한다. 그래서 마냉의 《선거는 민주적인가》의 논의 전반이 현실의 대의제도가 한계는 있지만 다른 대안이 있을 수 없으므로 결국은 현 상태 그대로 문제들을 안고 살아갈 수밖에 없다는 맥빠진 결론으로 흐르고 만다. 결과적으로 롤스가 넘어서려고 했던 슘페터적 다원주의의 틀 안에 머무르고 마는 것이다. 마냉의 논의는 전체적으로 보면 롤스로부터의 진보가 아닌 퇴보다.

2.

공공성은 원칙이자 동시에 과정이어야 한다. 이 명제를 순전히 형식논리적으로만 본다면 모순이다. 원칙은 불변이고, 과정은 상변하기 때문이다. 불변하면서 동시에 늘 변할 수는 없다. 그로 인한 모순적 긴장의 흔적이 롤스의 입론에도 나타난다. 결국 그는 원칙의 불변성이라는 축으로 쏠려버렸고 그 결과 그의 논의에서 과정이 상실되어 버렸다. 롤스에게서 불변하는 원칙이란 결국 경제학적 최적합리성으로 귀착되고 만다. 여기서 과정은 연산적(演算的) 자동성 속에서 해소되어 버린다. 정작 그의 논지에서 정말 중요했던 무지의 베일이 갖는 적극적인 의미와 위상이 여기서 혼란에 빠져버렸다. 마냉 등의 비판자들은 그러한 혼란 속에서 같이 헤맨다. 그러나 공공성 원칙의 핵심은 무지의 베일 속에 있다. 또 그 속에서만 정의로운 과정 역시 도출될 수 있는 것이다. 이 지점에서 우리는 가상의 세계를 벗어나 현실 세계 속으로 과감히 들어설 필요가 있다. 그런 실천적 상황 속에서 형식논리적 모순이란 사실은 형식논리적 허구에 불과했음이 밝혀질 것이다.

롤스가 말하는 무지의 베일을 현실에서 가장 실현 가능한 형태로 구현해 본다고 하자. 예를 들어 어떤 공공의제에 관한 심의를 시민 가운데서 무작위 표집(random sampling)한 집단에 위임한다고 생각해 보자. 표집 크기는 효율적인 논의가 가능한 수준으로 하면 된다. 여기서 해당 심의의제에 직접적인 이해관계가 명백한 사람 등은 제외하는데, 이로 인한 결원은 예비 표집을 두고 여기서 충원한다. 그리고 이 무작위 표집된 집단에 해당 심의의제에 관한 가능한 입장들을 가장 효과적으로 브리핑한다(시나리오 워크숍 등의 방법). 그리고 나서 이 위임집단이 가장 효과적으로 토론하고 의견을 수합할 수 있도록 의사진행 전문가들이 조력한다. 이러한 상황 속에서는 원칙과 과정이 형식논리적으로 모순되지 않는다.

우선 이 집단에 선발된 대표자들은 심의의제에 관해 직접적인 이해관련도 없고, 그러한 이해를 대변하지도 않는다. 선발 원리, 논의틀 자체가 그렇게 되어 있다. 따라서 롤스가 말하는 무지의 베일 상황을 완전하지는 않지만 현실적으로 근사하게 구현한다(무지의 베일 상황을 현실에서 완전하게 구현하는 것은 불가능하다. 현실 속의 인간이 자신의 이해를 완벽하게 지워버린다는 것은 있을 수 없기 때문이다. 그래서 롤스는 이것을 '가정적 상황'이라고 했다). 공공성과 정의의 문제에 있어서 불변의 원칙이란 그것이 특정 개인이나 집단의 이해에 고착된 것이어서는 또는 그것만을 목표로 하는 것이어서는 안 된다는 것이다. 바로 이 원칙이 무지의 베일 착상의 핵심이고, 그러한 발상은 위와 같은 무작위 표집 심의집단에 의해 현실로 구현될 수 있다. 아울러 이러한 공정한 심의의 조건 자체가 가능한 완전히 공정하고 정의로운 심의의 과정을 완전히 자유롭게 제도화할 수 있도록 해준다. 바람직한 선거법 개정안이 국회에서 상정조차 되지 못하는 것과 같은 상황이 발생할 이유가 없기 때문이다.

이 심의 과정의 당사자들은 롤스가 말하는 '상호무관심한 합리성'에 의해 판단하지 않는다. 이 점에서 롤스는 분명히 틀렸다. 반대로 가능한 가장 넓은 의미에서의 공중(公衆) 또는 보편적 청중(universal audience)을 상정하면서 판단의 가닥을 구성해 간다. 여기서 경제학적 최적성도 물론 필요한 판단 도구의 하나가 될 것이다. 그러나 판단 과정에서 보다 근본적이고 본질적인 것은 해당 사회 성원들이 정의롭고 공정한 것으로 받아들일 수 있는 방안에 대한 고려다. 따라서 사회 각계각층의 형편과 사정, 심의 결정이 이들 사회 제층(諸層)에 미칠 영향의 차이, 그 차이의 사회 전체적 의미 등이 충분히 고려될 것이다. 이 과정은 기본적으로 당사자들 간의 활발한 의견교환을 통해 이루어진다. 물론 심의 목적을 위해 선정된 조력자들(해당 전문가들, 의사진행 관계자들)의 의견을 필요에 따라 구할 것이다. 이 과정에서 당사자들은 자신들이 심의의제에 대해 사전에 가지고 있었던 어떤 애매한 인상이나 선호를 구체화하고, 조정하고, 변경해 갈 것이다. 선호 자체가 고정되어 있지 않고 공공성과 정의에 부합하다고 생각하는 방향으로 심의과정에서 움직여 나가는 것이다. 이것이 마냉이 말한 '과정으로서의 심의'의 실제 내용일 것인데, 이 속에서 공공성의 원칙과 과정은 전혀 모순 없이, 둘로 쪼개 놓은 옥(玉)을 다시 붙여보는 것(부합의 원래 뜻이 그렇다)처럼 정확히 맞아떨어진다.

이상 간략히 묘사해 본 조건과 상황이 칸트가 '이성의 공적사용'이라고 말했을 때 생각했던 것의 핵심일 것이라고 본다(아울러 롤스가 진정으로 말하고자 했던 것이라고 생각한다). 칸트는 이성의 공적사용이란 "그 말의 진정한 의미에서의 공중(public)"을 대상으로 행사되는 것이라고 했다.

나는 이러한 발상을 2005~2006년, '시민의회(Citizens' Assembly)'라는 헌법기구 구상으로 구체화해 본 바 있다. 몇 자리에서 이 제안을 설명한 적이 있는데 공통된 반응은 "좋습니다, 그런데 시간이 좀 걸리겠지요" 또는 "좋습니다, 그런데 우선은 헌법보다는 하위법령 차원에서 또는 정치문화와 관행 차원에서 먼저 그런 발상을 점차 시험해 나가야 할 것 같습니다, 그러고 나서 헌법기구화도 가능하지 않겠습니까"라는 것이었다. 그중에는 아주 진지하고 심각한 반응들도 적지 않았다. 그러한 반응들을 소중하게 생각한다. 그러나 아마 대부분(최소한 절반 이상의 사람들)의 경우는 아마도 "이론은 좋지만 너무 이상적이야, 현실과는 안 맞아"라고 생각하면서도 예의상 면전에서 그렇게 말하기 어려워서 그런 정도로 대답하지 않았을까 짐작한다. 무난한 상식 수준에서는 그렇게 보일 수도 있을 것이다.

그러나 그것이 올바른 것이라면 가장 이론적인 것이 가장 현실적인 것이다. 이것은 칸트의 생각이기도 한데, 이는 가장 현실적인 것이 가장 이상적인 것이라는 헤겔의 생각과는 정반대다. 헤겔은 눈앞의 현실 상태가 바로 이상의 구현이라고 했다. 그러나 칸트는 반대로 가장 바른 이론이야말로 가장 현실적이라고 한다. 나는 시민의회가 헌법기구로 가능한 최대한 빠른 시간 내에 제도화될 때 현실의 문제를 가장 힘있고 효율적으로 풀어갈 것이라고 생각한다. 우리 정치(공공문제 해결 시스템)의 근본 문제는 아주 중요한 공공결정 과정이 심각한 난맥상에 빠져 있고, 그나마 우왕좌왕 방황 끝에 내려진 결과에 대해 내심 아무도 승복하지 않고 있으며(심지어 '승자'조차), 더욱이 이러한 심각한 악폐가 계속 누적되고, 그것이 시정될 전망이 보이지 않는다는 점이다. 이런 문제가 누적되면 반드시 국가적 재앙으로 귀결된다. 이런 문제는 너무나 현실적이다.

시민의회와 같은 기구는 바로 이런 문제를 정면으로 떠안고 해결해 갈 것이다. 하위법 차원 또는 정치문화와 관행 차원의 심의 민주주의적 관행은 거꾸로 시민의회가 헌법기구화 되었을 때 비로소 제대로 자리 잡게 될 것이다. 한국의 정치 관행과 문화의 현 수준을 사실적으로 고려해 볼수록 더욱 그러하다는 답이 나온다. 이 문제에 대해 내가 그동안 글을 쓴 순서를 보면 먼저 정치문화 변화(2003년), 그다음 법률 차원(2004년), 그리고 최종적으로 헌법(2005년)을 생각했다. 물론 헌법 문제는 처음부터 생각하고 있었다. 그러나 현실적 강조점과 우선순위가 생각 끝에 그렇게 변화해 간 것이다. 내가 그려 본 시민의회만이 유일한 정답이라고 고집하는 것은 아니다. 목적이 분명하다면 길은 여러 가지 있을 수 있다.

이런 이야기를 하는 까닭은 우리가 무엇이 공공성이고 정의인지를 몰라서 그것을 실현하지 못하는 것이 아니라는 점을 강조하고 싶기 때문이다. 공공성이 무엇이냐 하는 것은 현상금이 걸린 미제(未濟)의 수학 문제처럼 어떤 초유의 천재가 나오지 않는 한 도대체 풀 수 없는 지독히 어려운 지적(知的) 문제가 아니다. 그것은 보통 수준의 사람이라면 누구나 막연하게나마 가슴으로부터 느끼고 알고 있는 것이다. 학자들에게 맡겨진 일이란 그런 것을 조금 더 명료하고 논리적으로 정리해 주는 것에 다름 아닐 것이다. 이 글에서 나 역시 개념적 문제의 뿌리를 파헤쳐야 하는 직업적 습성상 일반인에게는 다소 어렵게 느껴질 철학적 논변을 끌어와 좀 복잡하게 이야기할 수밖에 없었지만, 결국 말하고 싶었던 바는 공공성과 정의는 우리 아주 가까이 있다, 그 실현 방안도 결코 어렵지 않다는 것이었다.

그럼에도 그것이 까마득히 멀게만 느껴지는 이유가 무엇일까? 많은 사람들이 그런 것은 단지 이상이나 이론 속에서만 존재할 뿐이라고 생각하는 이유가 무엇일까? 대답은 간단하다. 우리 자신들 모두가, 예외 없이, 강력한 이해관계의 당사자요 주체들이기 때문이다. 그렇다 보니 "나만 공정해 봐야 손해만 본다, 세상이란 결국 그런 것이다"라고 생각하고 마는 것이다. 이러한 상황이 정의롭지 않다는 것도 모두 알고 있다. 그렇지만 어쩔 수 없다. "저들이 그렇게 하지 않는데, 나 먼저 그렇게 한다는 것은 바보짓이다"라고 생각한다. 맞는 말이다. 모두가 그렇게 생각한다. 공공문제를 모두가 이런 방식으로 생각하기 때문에 공공성과 정의가 어렵고 복잡하고 멀게만 느껴지는 것이다.

그러나 자신이 이해관계의 주체라는 인식은 동시에 그 이해관계를 괄호칠 수 있는 능력, 자기인식까지를 포함한다는 것을 놓쳐서는 안 된다. 합리적 선택론은 이 점을 놓치고 있다. 그런 까닭에 일견 현실적으로 보이는 입론이 지극히 비현실적인 결론에 빠진다. 모든 이해관계가 계량(計量)될 수 있다는 발상 자체가 첫 단추를 잘못 끼운 것이다. 완전 정보를 전제한 신고전파 경제학의 제1가설이자 합리적 선택론의 이론적 꽃이라고도 할 애로우-드브뢰 가설(Arrow-Debreu theorem)부터가 흔들리고 있다. 완전 정보라는 가설 자체가 불가능하고, 그런 전제 위에서 사실상 무한한 모든 (미래까지를 포함한) 이해관계를 모두 계량하고 그 위에서 정책적 중화점을 찾아낸다는 가설도 성립될 수 없다. 이해주체를 세밀하게 분화해 낼수록 주체 간의 분쟁은 증가하고 도대체 무엇이 옳고 그른 것인지 혼란에 빠질 수 있다는 점도 유의해야 한다.

공공성 문제는 바늘 끝 위에서 몇 명의 천사가 춤출 수 있느냐를 '정밀하게' 논구하는 스콜라적 논제가 아니다. 우리 자신의 변화를 요청하는 실천적 요구와 관련된 주제다. 따라서 이론이성보다는 실천이성에 관련되어 있다. 해법은 멀리 있지 않다. 함께 변화할 수 있는 공정한 조건을 마련하는 것이 중요하다. 이해관계의 주체인 우리는 동시에 그 주체를 괄호 칠 수 있는 주체이기도 하다. 공공성의 핵심은 여기에 있다. 거듭 말하지만, 공공성 논의에서 진정 어려운 부분은 공공성이라는 개념을 이론적으로 정확히 이해할 수 있느냐 하는 데 있지 않다. 강력한 이해관계의 당사자요 주체로서의 우리 자신을 괄호 칠 수 있느냐의 여부, 그리고 더욱 중요하게는 그럴 수 있게 하여주는 적절한 제도적 틀을 구체적인 수준에서, 다양한 상황 속에서, 모색하고 실현해 나갈 수 있느냐는 데 있다.

2007

✦

헌법과 시민의회[9]

1. 새로운 제안

새로운 헌법기관으로 '시민의회'를 제안한다. 이는 아직까지 세계 헌정사에 존재하지 않았던 제도다. 존재하지 않았던 새로운 헌법기관에 대한 논구란 필연적으로 미완이 될 수밖에 없는 작업이다. 그럼에도 그러한 제안을 하는 까닭은 한편으로는 우리 현실이 제기하고 있는 문제의 심각성, 다른 한편으로는 이러한 문제를 해결해 나갈 우리 사회 내부의 민주적 잠재력에 대한 희망과 신뢰, 그리고 끝으로 현실 정치 일정에서 늘 부침하는 '그들만을 위한' 개헌 논의에서 근본적인 논점 하나를 분명하게 제기해 둘 필요성 때문이다.

9 〈헌법과 시민의회〉, 《동향과 전망》 67(2006)에서 일부 발췌한 글임. 《미지의 민주주의》(2011) 9장에 전문 수록됨.

고도 현대사회에서는 기술·관료의 지배가 강화되지만 동시에 그 한계 역시 누적적으로 노출된다. '비판적 시민' 현상이 일반화·일상화된다. 이제 거의 모든 정책 사안에 대해 시민의 목소리가 제기된다. 주권자(국민, 시민)의 직접적 의지는 비등해지고, 그에 비례해서 기왕의 대의적 체제는 무력함을 노출한다. 정부의 공공정책 자체가 갈등의 원인 제공자가 되는 경우가 늘어간다. 행정상의 기술적 보완이 세련되어 가지만(각종 평가, 양형 기법의 발전, 각종 위원회 공청회의 도입, 관련 절차법의 분화 발전), 결국 법적 면죄부에 불과하다는 비판에 직면한다. 국회가 직접 다루기 까다로운 미묘한 사안들이 점증하고 있다. 의약분업이나 새만금과 같은 '골치 아픈 사안들'이 제기되었을 때 국회는 정략적인 립서비스 이상 한 일이 없다. 다음 선거에서의 재선을 목표로 할 수밖에 없는 대의제도의 구조적 속성은 각 정당과 의회 구성원들에게 문제 자체의 해결보다 표 계산을 노린 연기(演技) 정치에 골몰하게 만든다. 결국 해소되지 못한 문제들이 헌재와 대법원 심판으로 몰리고 그 결과 사법부에 과중한 정치적 부담이 가해지고 있다. 그러나 사법적 심판이란 갈등의 종국이요, 최종심급일 뿐이어서 갈등의 양을 평가하여 한쪽의 손을 들어주기는 하지만 문제를 근본적으로 해결하는 것과는 거리가 있다.

대의 민주주의 보완이란 민주주의의 안정된 실현을 목표로 하는 것인데, 이는 민주주의의 확장과 심화에 의해 가능하다. 대의 민주주의 즉, 선거에 의한 위임과 이를 위한 여러 제도적 장치는 그보다 더 근원적인 차원에 존재하는 민주주의의 보다 기본적인 원리들이 충분히 실현되고 있는 상황 속에서만 제 효과를 발휘할 수 있다. 민주주의란 네

가지 민주주의 원리들의 중층구조로 이루어져 있다. 대의 민주주의란 그러한 중층구조의 가장 상부에 존재하고 있는 일 층위에 불과한 것이다. 이 네 민주주의 중층구조가 취할 수 있는 가장 안정된 모형은 피라미드형이라 할 수 있다. (이 책 311쪽 [그림 4] 참고)

이는 한국 민주주의의 문제지점에 대한 큰 그림을 간명하게 제시해 줄 수 있다는 장점이 있다. 즉 민주화 이후에도 한국의 정치 상황이 불안정하게 요동치는 원인을 간명하게 짚어낼 수 있는 것이다. 문제의 핵심은 민주주의의 상하부 구조 또는 층위 사이의 불균형이다. 기반이 되는 두 층위(참여-결사체 민주주의)가 여전히 상대적으로 미발전되어 있으며, 여기에다 최상층의 대의제도가 원활하게 작동할 수 있도록 받쳐주어야 할, 인체로 비유하면 목에 해당하는 심의 민주주의의 관행과 제도가 특히 취약하다는 것이 민주주의의 전체 구조를 위태롭게 하고 있다. 결국 한국 민주주의가 봉착해 있는 상황 전체를 요약한다면, 민주주의의 과잉이 아닌 과소, 그리고 전체 층위 간의 불균형이 문제인 것이다.

나는 대의 민주주의 자체를 문제로 간주하지 않는다. 대의 민주주의는 현대 민주주의의 중요한 부분이며 그 자체로 충분히 발전되어야 한다. 다만 그를 받쳐주는 민주주의의 하부구조가 충실하게 동반 성장하지 못한다면 대의 민주주의의 여러 제도가 아무리 잘 구비된다 하더라도 민주주의의 전체적 작동은 원활하지 못하며 결국 위기에 빠질 수밖에 없다는 것이다. 이렇게 보면 오늘날 한국 사회의 보수적 여론 주도층이 '갑자기 너무 많은 민주주의가 유입되어 혼란이 발생하고 있다'라고 주장하는 것은 사태의 부분을 과장하여 문제의 전체상을 완전히 뒤집어 왜곡하고 있음을 쉽게 이해할 수 있다. 현재 한국 정치 상황의 불안정은 대의 민주주의를 떠받쳐 주어야 할 민주주의의 하부구조가 아직도 미발전된 상태에 머물러 있다는 데서 비롯한 것이기 때문이다. 민주주의의 과잉이 아니라 과소가 여전히 문제다.

현재 우리의 상황에서 문제의 맥점을 이루고 있는 곳, 또는 문제 해결의 핵심고리로 볼 수 있는 것은 제3층위인 심의 민주주의의 강화라고 본다. 이 층위가 가장 취약할 뿐 아니라, 전체 구조를 안정화하기 위해서는 심의 민주주의 층위를 강화하는 것이 가장 빠르고 강한 효과를 얻을 것으로 보인다. 심의 민주주의의 제도화가 현시점 또는 '민주주의 이후' 시대의 한국 민주주의의 불안정성의 극복을 위한 가장 효과적인 처방이 될 것이다. 이를 위한 가장 효과적인 방안이 시민의회의 도입이다.

시민의회의 구체적인 모습은 무엇인가? 구미 여러 나라에서 실험되어 왔던 다양한 합의회의, 시민정책배심원제도, 협의입법(negotiated rule-making), 공론조사, 시나리오 워크숍, 대안적 갈등 해결 제도(ADR: alternative dispute resolution systems), 협력적 의사결정 제도(CPS: collaborative problem solving) 등이 시민의회 발상의 원형을 제공한다. 이들 실험의 공통된 특징은 공공정책 결정 과정에서 적절히 선발된 일반 시민들이 잘 설계된 공정한 심의절차의 주체가 된다는 점이다. 실험의 결과들은 그러한 방식이 매우 효과적일 뿐 아니라 공공정책에 대한 신뢰와 정당성을 크게 제고해 줄 수 있음을 입증해 준다.

시민의회의 구체적인 상으로 보다 가까이 다가가기 위해 이 글에서는 이러한 여러 사례 중에서 덴마크의 의회 산하에 설치되어 있는 덴

사진 9 덴마크 기술위원회는 지금도 활동 중이다. 주변의 바다 문제를 해결하기 위하여 성별, 연령, 거주지, 교육, 관심사가 다양한 14명으로 구성된 기술위원회 해양환경분과 시민패널들이 전문가와 대화하는 모습(2021년) (출처: https://voreshav.dk/index.html)

마크 기술위원회(Danish Board of Technology)와 여기서 시행했던 합의회의(consensus conferences)의 사례에 주목해 보고자 한다. 앞에 언급한 여러 유형들이 민간 차원의 소규모 실험에 그치는 경우가 많았던 반면, 덴마크의 기술위원회(의역하면 '시민과학회의'라고 부를 수 있다)는 의회 산하의 전국적인 공식 기구로서 분명한 법적 위상을 가지고 있기 때문에 시민의회 구상에 좀 더 접근한 사례라고 볼 수 있다.

이 위원회는 1985년 출범하여 오늘에 이르기까지 덴마크의 환경, 주거, 의료 등 광범한 영역의 정책 방향 결정에 큰 영향력을 행사해 왔다. 덴마크는 의원내각제 국가이기 때문에 덴마크 기술위원회는 한국으로 말하면 정부와 국회에 공히 속해 있는 국가기구라고 할 수 있다.

1995년 개정된 〈덴마크 기술위원회법〉에 따르면 이 위원회의 조직은 위원장 및 10명의 위원(trustees)로 구성된 임기 3년(중임 가능)의 집행위원회(Board of Governors)와 최대 50명의 위원으로 구성된 마찬가지로 임기 3년(중임 가능)의 (직능)대표위원회(Board of Representatives)로 이루어져 있다. 집행위원회는 내각장관들에 의해 지명되고(의원 제외), 대표위원회는 덴마크에서 잘 발달되어 있는 다양한 분야의 대표적인 결사체들이 각 1명씩 지명(마찬가지로 의원 제외)하도록 되어 있다. 이들 위원회는 사안에 따라 시민패널을 구성하는데, 이 패널은 언론을 통해 공지되고 참여 자원자 중에서 나이, 성, 교육수준, 직업, 그리고 직업분포 등을 고려하여 선발한다.

기술위원회는 지방과 중앙의 다양한 차원에서 시민, 정부, 기업, 심의의제 관련 전문가들 간의 합의회의(consensus conference)와 시나리오 워크숍(scenario workshop)을 반복적이고 지속적으로 개최하였다. 시나리오 워크숍이란 "미래를 예견할 수 없는 상황에서 미래를 예견하고 그에 기반한 공동의 행동을 조직"하는 합의회의의 일종이다. 해당 분야의 전문가들이 예상 상황을 다수로 설정하고, 공정하게 구성된 시민패널에서 이 시나리오를 심의하는 것이다. 합의회의 진행은 (1) 운영위원회 구성 (2) 시민패널 선발 (3) 예비모임 진행 (4) 본회의 개최의 순으로 진행된다. 이 과정 전반은 언론의 집중적인 주목을 받았다. 먼저 기술위원회에 위임되는 큰 의제가 의회에서 논의되고, 운영위원회의 의제 조정 및 기타 작업이 언론에 보도되었다. 이후 예비 모임과 본회의의 결과에 대해서는 더욱 상세한 보도가 이루어졌다. 텔레비전은 매 합의회의(시민패널)를 실황으로 중계했다. 이 합의회의의 결정 사항은

의회에 전달되고 언론에 공개된다.

이 제도의 틀 자체가 이해 당사자들이 합의를 향한 (아울러 선호변경을 통한) 공공선택이 이루어질 수 있도록 설계되었다. 현재까지도 성공적으로 운영되고 있는 이 사례는 시민의회가 벤치마크할 점들이 많지만, 시민의회 구상으로 발전시키기 위해서는 몇 가지 중요한 변형이 이루어져야 한다. 먼저 시민 합의회의가 명실상부한 제도의 중심으로 설정되어야 한다는 점이 가장 핵심적이다. 덴마크 기술위원회의 제도적 중심은 집행위원회-대표위원회이고, 여기서 시민패널은 원리상 중요하지만 제도적으로는 부차적 역할을 하고 있다. 먼저 시민패널에는 심의의제를 결정할 권한이 주어져 있지 않다. 다만 집행위원회에서 결정한 의제를 검토-토론할 뿐이다. 또 합의회의의 구성인원이 소수여서 (10~15인 정도), 통계적으로 유의미한 대표성을 갖지 못한다.

시민의회에서도 덴마크 기술위원회의 집행위원회(Board of Governors)와 같은 상설 기구는 필요하다. 아울러 운영위원회(steering committee)와 같이 의제심의를 섬세하게 조정해 줄 운영장치, 그리고 합의회의의 원활한 진행을 위한 세심한 기법과 경험은 기왕의 사례들을 잘 연구해서 더욱 발전시킬 점들이 많다. 그러나 시민회의는 소집 권한을 유권자 전체가 갖고 있으며, 그 결정 사항은 그 자체로 법적 지위를 가질 것이라는 점에서 덴마크 기술위원회나 기타의 여러 유사한 실험들과 근본적으로 다르다.

시민의회의 시민의원단은 유권자 인구의 통계적 대표성을 유의미하게 담보해 줄 수 있을 규모로 무작위 선발(random sampling)되어야 할 것이다. 이 구성 원리는 시민의회 논의의 가능한 최선의 공정성을 담보해 줄 것이다. 원리상 구체적인 이익단체나 정당, 사회단체와의 조직적 연관이나 의무·책임과 무관하게 무작위 선발된 상당한 규모의 시민집단이 이상적으로 설계된 공정한 심의절차를 통해 공공의제를 심의할 것이기 때문이다. 즉 심의 과정이 그 자체로 완결적일 수 있기 때문이다. 이 점이 이해집단이나 정당 간의 협상 과정과 시민의회의 심의 과정을 근본적으로 구별한다.

공적의제에 관한 논의에서는 사변이성보다는 실천이성의 힘이 훨씬 중요하다. 실제 어떤 공공정책이나 의제에 관한 논의가 교착상태에 빠지곤 하는 것은 그 문제 자체를 파악하는 사변적 이성의 힘이 부족해서가 아니라, 그 문제에 얽힌 이해관계의 대립으로 인해 공공성의 기준이 제대로 설 수 없기 때문인 경우가 대부분이다. 어떤 주장도 철저한 이해관계나 당파성으로 받아들여지고, 또 그러해야만 현실적인 힘을 획득하며, 그렇듯 획득하고 집결한 힘의 논리로 다수를 획득하는 것을 목표로 하기 때문이다. 이러한 상황에서 이상적인 수준에 접근하는 공정한 심의란 사실상 불가능하다. 여기서 실천이성의 힘은 인간 모두에게 평등하게 주어진 것이라고 하였던 칸트의 통찰이 중요하다. 앞서 시민 참여 합의회의의 실험이 성공을 거두어 왔던 근본적인 이유가 여기에 있다. 시민의회란 이렇듯 공공의제에 관해 실천이성이 현실적으로 가장 충실하게 구현될 수 있는 조건을 헌법적 제도로 구현한 것이다.

시민의회에서 표현되는 주요 공공의제에 대한 시민 심의권은 기본권 중 정치적 기본권, 참정권의 일환이다. 현재 각종 〈행정절차법〉에 명시된 공청회 등은 이런 권리를 표현하고 있다고 할 수 있다. 그러나 현행 공청회 등에서 시민은 사실상 법의 입안과 결정 밖에서 관객의 역할 이상을 하지 못한다. 그조차 지극히 형식화되어 있다. 심의의 근본 조건을 전혀 충족시키지 못하는 것이다. 반면 시민의회의 시민의원은 그 자신 입법자로서 사안 심의의 완전한 주체가 된다. 위에서 예시한 여러 실험들에서 무작위 선출된 시민들은 사안 심의에서 놀라운 공정성을 보여주었음을 다시 한번 강조한다.

현존하는 헌법 중에는 스위스 헌법의 국민발의제가 여기서 제안하는 시민의회와 유사한 취지를 담고 있다. 이 제도 역시 참고할 만한 우수한 제도이지만, 스위스의 국가 및 주(canton)의 규모가 우리와 다르다는 점, 심의 과정에 대한 제도적 장치에 보완할 여지가 있다는 점 등을 고려해야 할 것으로 보인다. 스위스 국민발의제는 국민발의와 국민투표를 결합시키고 있는데, 여기서 제안하는 시민의회는 스위스 국민발의제와 국민투표제의 긍정적 취지를 살리면서, 그 방식의 예상되는 단점이나 악용 가능성을 예방할 수 있다.

2. 시민의회는 어떻게 작동하는가

헌법기구로서 시민의회의 구체적인 작동 방식은 법적인 차원에서 세밀하게 검토되어야 할 것이다. 우선 큰 밑그림을 거칠게나마 그려본다는 취지에서 그 대체를 설명하자면 다음과 같다. 아래의 설명은 전국 시민의회에 대한 것인데, 지방 단위 시민의회의 경우는 전국의 경우에 준하여 유추할 수 있으므로 생략한다.

시민의회는 국민생활에 중장기적으로 심대한 영향을 미치는 공공정책을 심의한다. 시민의회는 국민, 대통령, 국회가 소집할 수 있다(예컨대 유권자의 20분의 1 또는 국회 과반수의 발의 또는 대통령의 발의). 시민의회의 심의사항은 국민적 갈등 소지가 매우 높을 것으로 예상되는 입안단계의 법안, 국회에서 교착상태에 이른 법안, 그리고 입법 시행되고 있으나 국민적 반발이 심한 법안 등이 될 것이다. 시민의회의 결정은 국회의 과반수 동의를 거쳐 입법화된다. 국회는 시민의회의 결정에 대해 가부 표결을 할 뿐, 여기에 수정 보완 등 일체의 변경을 가할 수 없다. 이 입법에 대한 대통령 거부권이나 헌법재판소의 위헌심판은 다른 법률과 같다. 시민의회는 사안에 따라 소집되고 사안에 대한 심의 결정이 완료되면 해산한다. 시민의회 상정 안건이 법적 절차에 따라 확정되면 시민의회 운영기구는 전체 유권자 중에서 적정 수의 시민심의의원을 무작위 선발한다.

회기 기간 시민의원에게는 해당 시기 한국의 평균임금을 산정 지급한다. 시민의원의 직무는 권리이자 의무이기도 하다. 시민의원직의 수행이 불가능한 불가피한 상황을 운영기구에 소청할 수 있고, 운영기구는 이를 심사한다. 운영기구는 선발된 예비의원 중 심의사안에 대한 직접적이고 명백한 이해관련이 있거나, 현저한 지능장애가 있는 경우 등에는 이를 기피할 수 있다. 심사 결과 인정된 경우가 아님에도 시민의원의 직무를 수행하지 않을 시는 적정한 벌칙(벌금이나 다른 권리의 일시적 유예 등)이 따른다. 예비의원은 의원 정수의 2~3배수로 선발하고, 여러 이유로 생긴 결원은 이 중에서 보충한다. 여러 상세한 규정은 법률로 정하되, 오랜 전통을 가지고 있는 미국 배심원법의 사례를 참고

할 만하다.

각 회기 시민의원은 예비회의, 본회의를 통해 상정 의제를 검토, 심의, 결정한다. 시민의원단은 20여 명 단위의 분회(分會)로 조직된다. 각 분회는 매 전체회의의 상정 안건을 미리 검토하고, 전체회의 이후 논의 사항을 재검토한다.

시민의회의 소집과 운영의 공정한 진행조직은 시민의회 운영기구의 소관이다(앞서 덴마크 사례의 집행위원회-대표위원회에 준하는 것임). 시민의회 운영기구의 구성, 그리고 운영 원리에 대한 법적 규정은 시민의회 본회의 자체만큼이나 중요한 문제다. 매기 시민의회 의원의 임기가 당회 1기에 그치는 반면, 시민의회 운영기구는 일정한 임기를 가진 상설기구일 것이고, 시민의회의 원활한 작동은 이러한 상설 운영기구가 얼마나 잘 구성되고 작동할 것인가에 크게 의존할 것이기 때문이다. 이 운영기구의 구성은 정부와 국회의 주요기관에 의한 임명직과 선출직을 적절히 배합하는 것이 바람직할 것이다. 운영기구는 시민의회의 안건이 적법한 절차에 따라 제기되면 시민의원단을 소집·구성함과 아울러 시민의원단에게 해당 의제에 대한 정확한 심의자료를 제공할 전문위원회를 구성한다. 또한 시민의회의 예비회의, 본회의 및 분회(分會)의 원활한 진행을 조력할 의사진행 전문가, 그리고 시민의회의 논의 결정 사항을 적절한 법적 내용으로 표현하는 것을 조력할 전문 법률가 등의 전문적인 조력 인원 역시 필요하다. 이들 전문위원들의 상당수는 상임직이 될 것이다. 이러한 운영기구들은 충분하고 공정한 심의를 위한 시민의원단의 모든 요구를 충실하게 이행하여야 할 의무가 있다. 시민의회는 상정된 의제의 구체적인 내용을 심의 과정에서 변형·추가할 수 있다. 심의사안에 대한 결정은 시민의회(시민의원단회의)의 심의와 초다수 의결(5분의 3 또는 3분의 2)에 의해 이루어진다. 위 사항에 대한 구체적인 내용은 법으로 정한다.

시민의회가 헌법에 명시되고 관련 법률로 뒷받침되었다고 가정해 보자. 예를 들어 의약분업, 새만금, 행정중심복합도시 등 국가적 갈등을 유발했던 문제들이 보다 높은 합의, 보다 적은 비용, 보다 빠른 시간에 보다 바람직한 해법을 찾을 수 있었을 것이다. 갈등은 갈 때까지 가면 회복되기 어렵다. 원래 이견이 유발되었던 문제 자체보다 갈등의 과정에서 쌓이고 증폭된 불신과 거부감이 더 큰 문제가 될 수밖에 없기 때문이다. 이 세 사안은 결과적으로 어떻게든 결말에 이른 것으로 생각되고 있지만, 승복이 따르는 합의에 의한 것이었다고는 아무도 믿지 않고 있다. 승복되지 않은 정책의 누적은 국가적 재앙이 될 수 있다. 이는 어느 정당이 집권하는가와 무관한 구조적 문제다. 지방 차원에서도 공공정책을 둘러싼 반발과 충돌이 빈발하고 있다. 선거에 의해 선출된 자치단체장과 지방의회만으로는 이러한 문제들에 충분히 대처하기 어렵다는 것이 기왕의 누적된 경험 속에서 확인되는 사실이다. 도와 시 단위 정도에 법적으로 제도화된 시민의회가 존재한다면 갈등이 과도히 진행되어 그 앙금이 돌이킬 수 없는 상태에 이르기 전에 승복이 따르는 합의를 도출할 수 있다.

2006

✦

한국에서 '시민의회' 개념의 최초 제안

현행 헌정체제의 보완방안 — 제2입법부 (가칭) '시민의회'의 도입[10]

사회주의 동구권이 붕괴하면서 현재 지구상의 헌정체제는 자유민주주의로 사실상 단일화되었다. 동구권만이 아니다. 아시아, 아프리카, 남아메리카, 남구라파를 관통했던 지구적 민주화 과정이 대략 80년대 후반~90년대 초중반을 고비로 매듭지어졌는데, 이 모든 과정의 귀결이 자유민주적 헌정체제의 확립으로 정리되었다. 대통령 직선제, 대통령 권한 축소와 사법권 강화(헌재)를 핵심으로 하는 한국의 87년 개헌은 이 흐름 속의 중요한 일부였다.

그러나 거대한 대립(자본주의 대 사회주의, 독재 대 민주)이 종식된 새로운 시대는 결코 행복하기만 한 '역사의 종말'이 아니었다. 냉전 이후(post-cold war)의 전지구적 상황은 다양한 형태의 새로운 문제와 위기를 제

10 이 글은 2005년 10월 25일 '함께하는 시민행동'의 〈헌법 다시 보기〉 기획 제7차 회의(환경재단 레이첼카슨홀)에서 발표되었다.

기하고 있다. 이 발표에서는 다만 한국의 상황에 국한하기로 한다. 시민사회가 활성화되는 만큼, 기(旣) 헌정체제의 약점이 노출되고 있다. 빈번해지고 대규모화하는 갈등을 기 헌정 시스템이 적절하게 소화해내지 못하는 사태가 이어지고 있다.

시민사회의 활성화가 일시적일 것도, 그 자체로 부정적인 것도 아니라고 한다면, 해결의 실마리는 기 헌정체제의 한계를 살펴보고 그 보완책을 마련하는 데서 찾아야 할 것이다. 이 발표에서는 그 보완책으로 기본권으로 주요 공공의제에 대한 시민심의권과 그를 위한 제도적 기구로서 시민심의기구(가칭 '시민의회')를 헌법에 담아낼 것을 제안한다. 민주주의 이론의 시각에서 보면 이 제안은 대의 민주주의 제도의 보완이라고 할 수 있다. 이 글은 그 제안의 핵심과 그 제안이 나오는 실제적 필요와 이론적 배경을 요약하고(1), 이어 이 제안의 헌법이론상의 위상을 검토하고(2), 끝으로 예상되는 반론 중 가장 중요한 것으로 생각되는 두 가지 점에 대해 고찰한다(3).

1.

고도 현대사회에서는 기술·관료의 지배가 강화되지만 동시에 그 한계 역시 누적적으로 노출된다. '비판적 시민' 현상이 일반화·일상화된다. 이제 거의 모든 정책 사안에 대해 시민의 목소리가 제기된다. 주권자(국민, 시민)의 직접적 의지는 비등해지고, 그에 비례해서 기왕의 대의적 체제는 무력함을 노출한다. 행정상의 기술적 보완이 세련되어 가지만(각종 평가, 양형 기법의 발전, 각종 위원회 공청회의 도입, 관련 절차법의 분화 발전), 결국 법적 면죄부에 불과하다는 비판에 직면한다. 국회가 직접 다루기 까다로운 미묘한 사안들이 점증하고 있다('골치 아픈 사안들'에 대해서는 정략적인 립서비스에 그칠 뿐이다). 해소되지 못한 문제들이 사법심판으로 몰리지만(사법부에 과중한 정치적 부담이 부과되고 있다), 사법심판은 문제를 근본적으로 해결하지 못한다.

두 요법이 있을 것이다. 첫째, 국회와 국회의원의 정책 기능을 대폭 강화하는 것이다. 둘째, 대의 민주주의를 체제적으로 보완하는 방안이다. 이 두 요법은 병행되어야 할 것이다. 첫째 요법은 선례들이 있지만, 두 번째 요법은 새로운 발상을 요구한다.

대의 민주주의 보완이란, 민주주의의 확대·심화, 또는 민주주의의 안정된 실현을 목표로 한다. 민주주의는 피라미드와 같은 중층구조로 이루어져 있다. 맨 아래층에 참여 민주주의, 그다음에 결사체 민주주의, 다음 심의 민주주의, 맨 위가 대의 민주주의다. 피라미드처럼 아래가 튼튼해야 안정된다. 현재 한국의 상황은 최상층의 대의 민주주의는 비대하고, 두 번째 층은 위태로울 만큼 가늘고, 셋째 층과 넷째 층은 급속히 성장했지만 아직 취약한 형국이다. 물론 이는 상대적이다. 이 시점에서 중요한 것은 현상의 문제 흐름의 대국(大局)에 대한 정확한 판단이다. 한국의 현 상태는 민주주의가 갑자기 많아져서 갈등이 격화되고 있는 것이 아니라, 오히려 아직 부족해서 그러하다. (이 책 311쪽 [그림 4] 참고)

관건은 심의 민주주의 층의 강화에 있다. 이 부분의 취약이 전체 틀을 흔드는 약한 고리가 되고 있다. 심의(deliberation)[11]의 핵심은 자기이해(self-interest)를 넘어서 합의에 도달하는 데 있다. 원래 심의는 오랜 민주적 전통, 정치문화, 시민적 덕성(civic virtue)에 근거한다고 말한다.

이제 그 덕성을 백년대계(교육)로 기르자는 이야기가 많다. 좋은 말이지만, 여기에 그친다면, 이는 제도와 관습의 관계의 일면만을 본 것이다. 관습에서 제도가 자라지만, 제도 운영을 통해 관습이 자라는 것도 엄연한 사실이다. 최근 20~30년의 경험은 한국에 참여문화, 참여전통, 참여관습이 없거나 적다고 말하기 어렵게 한다. 이젠 제도화할 때다.

어떻게 제도화할 것인가? 여러 방안이 존재할 수 있겠다(최근 많은 아이디어들이 제기되고 있으며, 일정한 정책적 실험의 결과들도 평가되고 있다). 여기서는 헌법에 주요 공공의제에 대한 시민심의권 조(條) 그리고(또는) 시민심의기구(가칭 '시민의회') 항(項)을 추가하는 것을 제안한다. (예컨대, "모든 국민은 국가안위와 국민생활에 중대한 영향을 미치는 국가정책과 공공의제에 대해 심의할 권리를 갖는다." "시민심의기구는 국가안위와 국민생활에 중대한 영향을 미치는 국가정책과 공공의제를 심의한다. 그 구성과 절차는 법률로 정한다.")

이 제안은 얽힌 문제를 풀어갈 실마리다. 이 제안의 취지가 넓게 확산된다면 거버넌스 전반의 탄력성을 제고(提高)할 여러 입법 장치들 역시 연쇄적으로 고려될 수 있을 것이다.

그렇다면 시민심의기구의 구체적 상은 무엇인가? 먼저 검토를 제안한 바 있었던 유사한 사례를 들어본다[김상준(2004), 이 책의 다음 글].

> 덴마크의 의회 산하에 설치되어 있는 덴마크 기술위원회(Danish

11 deliberation은 그동안 심의, 숙의, 토의 등으로 번역되어 왔다. 여기서 심의를 택한 이유는, 이를 법적으로 제도화하여야 한다는 취지 때문인데, 우리 법 용어에서 그에 준하는 말은 심의이다.

Board of Technology)가 1980년대 후반부터 1993년에 걸쳐 덴마크의 환경정책, 주거정책의 기조를 합의 결정한 사례를 들 수 있다. 덴마크 정부 형태는 의원내각제로서 의회 산하에 설치된 이 위원회는 한국으로 치면 청와대, 총리실, 국회에 공히 귀속되어 있는 중요한 공적 기관이라 할 수 있다. 이 위원회는 1992년의 리우회의를 준비하는 과정에서 '지속가능한 주택과 미래의 삶'을 주제로 하는 프로젝트를 기획했다. 기술위원회는 지방과 중앙의 다양한 차원에서 시민, 정부, 기업, 과학기술 전문가들 간의 합의회의(consensus conference)와 시나리오 워크숍(scenario workshop)을 반복적이고 지속적으로 개최하였다. 합의회의 진행은 (1) 조정위원회(steering committee) 구성 (2) 시민패널 선발 (3) 예비 모임 진행 (4) 본회의 개최의 순으로 진행된다. 이 과정 전반은 언론에 상세하게 보도된다. 먼저 기술위원회에 위임되는 큰 의제가 의회에서 논의되고, 조정위원회의 의제 조정 및 기타 작업이 언론에 보도되며, 시민패널도 언론의 광고를 통한 지원자를 통해 공정하게 이루어진다. 이후 예비 모임과 본회의의 결과에 대해서는 더욱 상세한 보도가 이루어진다. 티브이는 매 회의를 실황으로 중계한다. 시나리오 워크숍이란 "미래를 예견할 수 없는 상황에서 미래를 예견하고 그에 기반한 공동의 행동을 조직"하는 합의회의의 일종이다. 해당 분야의 전문가들이 예상 상황을 다수로 설정하고, 공정하게 구성된 시민패널에서 이 시나리오를 심의한다. 이러한 방식은 시민사회에 자발적 결사체가 충분히 잘 발달되어 있는 조건 위에서, 정부-시장-시민사회의 참여적, 심의적 합의에 대한 사회적 요구가 높을 때, 즉 사회의 시스템적 성찰성이 높을 때 가능하다.

이 제도의 틀 자체가 이해 당사자들이 합의를 향한 (아울러 선호변경을 통한) 공공선택이 이루어질 수 있도록 설계되었다. 민주주의 이론과 관련해서 말하면, 이 제도는 기왕의 대의 민주주의를 참여적-결사체적-심의적 민주주의로 보완·강화한 것이다. 이러한 합의체는 그 구성이 선거가 아닌 자발적 등록과 추첨(일정한 자격요건과 무작위 추출)에 의해 이루어진다는 점에서 고대 희랍 추첨제의 민주적 취지를 되살린 것이기도 하다. 대의 민주주의란 시민적 자발적 결사체들이 매우 많고 활동이 활발하며, 공정한 토론과 합의를 존중하는 정치문화가 시민들 속에 넓고 깊게 자리 잡고 있을 때 잘 작동할 수 있다.

이러한 형태의 기구에 적절한 헌법적 지위를 부여하자는 것이다. 시민심의기구(시민의회)는 사안에 따라 적법한 절차에 따라 소집되는데, 시민심의의원은 위 사례처럼 자원집단에서 무작위 추출(random sampling)로 선발한다. 시민심의기구는 대의제의 보완이지, 대체가 아니다.

주요 공공의제에 대한 심의권은 기본권 중 정치적 기본권, 참정권의 일환이다. 현재 각종 〈행정절차법〉에 명시된 공청회 등은 이런 권리를 표현하고 있다고 할 수 있다. 그러나 현행 공청회 등은 심의의 조건을 전혀 충족시켜 주지 못하고 있다.

현존하는 헌법의 예에서는 스위스 헌법의 국민발의제가 여기서 제안하는 공공정책에 대한 심의권과 가장 유사한 취지를 가지고 있다. 이 제도는 참고할 만한 우수한 제도이지만, 국가 및 주(canton)의 규모가 우리와 다르다는 점, 심의 과정에 대한 제도적 장치에 보완의 여지가 있다는 점 등을 고려해야 할 것이다. 스위스 국민발의제는 국민발의와 국민투표를 결합하고 있는데, 시민의회는 스위스 국민발의제의 긍정적 취지를 살리면서, 그 방식의 예상되는 단점이나 악용 가능성을 예방할 수 있다.

구체적인 법률적 성문화는 아주 세심한 검토를 요한다. 최근 미국의 리브(Leib)의 제안은 검토할 만한 것인데, 우리의 경우 한국적 맥락을 충분히 고려해야 할 것이다. 그는 추첨에 의한 '제4부(the fourth branch of government)'의 구성을 제안하고 있다. 우리가 보기에 시민심의의원은 상임직이 아니고(사안에 따라 구성된다), 그 성격에 있어 입법부와 유사한 역할을 한다. 단원제인 우리 헌법 구조에서는 시민의회를 통해 일종의 양원제로 가는 것이 아니겠는가 생각한다. 시민의회가 전국뿐만 아니라 주요 행정단위(도, 시, 군)에도 설치될 것이라고 생각한다면, 해당 단위의 기존 지방의회 역시 양원제적 체제로 될 것이다. 그렇다면 시민의회의 지위는 전국 및 지방 차원의 입법 기능을 보완하는 제2입법부의 역할을 한다고 볼 수 있다.

2.

서두에서 언급했던, 냉전 이후 표준화되고 있는 자유민주주의(또는 입헌민주주의) 체제의 핵심은 그것이 기본권의 체계라고 하는 점에 있다. 따라서 이 글의 제안을 헌법이론적 차원에서 검토할 때 핵심적인 점은 시민심의권과 다른 기본권 간의 양형문제라고 생각된다. 여기서는 존 롤스(John Rawls)의 논의에 준하여 검토할 것이다. 그의 입장은 입헌민주주의 원리에 관해서 현시점에서 가장 널리 그 타당성을 인정받고 있는 입장으로 생각하기 때문이다.

롤스의 정의론에 비추어 여기서 제안하는 주요 공공의제에 대한 시민심의권은 정의의 제1원칙인 평등한 자유의 원칙에서 포괄되는 기본권에 속한다. 즉 헌법적 판단에서 모름지기 가장 으뜸에 두어야 할 원칙에 속한다. 헌법 이론상 기본권에 대한 몇 가지 분류기준이 있는데, 시민심의권은 정치적 기본권 또는 참정권 이름으로 분류되는 기본권과 어느 정도 중복된다고 말할 수 있다(현행 우리 헌법에서 참정권은 선거권, 공무담임권, 국민표결권을 말한다). 시민심의권과 시민의회는 기왕의 선거권, 공무담임권, 국민표결권으로는 포괄할 수 없는 새로운 권리와 제도의 영역에 속한다(이 기본권들의 확장이다). 시민의회의 의원직은 한시적이나마 공무일 것이고, 시민의회에서의 심의 결정은 국민표결권의 행사가 된다. 그러나 기존 헌법에서 지칭하는 공무담임, 국민표결과는 다른 내용을 담고 있다.

이러한 범주에 있는 시민심의권의 헌법적 지위에 대해 우리가 롤스의 논거를 빌려 생각해 볼 수 있도록 하는 대목은 주로《정의론》36~37절로 보인다. 여기서 롤스는 정치적 정의(평등한 자유)와 참여의 원칙에 관해 논의하고 있다. 이제 문맥을 좀 상세히 따라가 본다. 롤스는 '헌법에 의해 규정된 정치적 절차에 적용될 경우 평등한 자유의 원칙은 평등한 참여의 원칙'이라고 한다. 그리고 그러한 (평등한) 자유의 제한은 더 큰 자유의 보장을 위해서만 가능하다고 하면서, '평등한 정치적 자유의 한계에 있어서 중요한 변경은 헌법이 다수결에 따르는 정도에 따라 달라진다'고 하였다. 그래서 '헌법이 어떤 일정한 유형의 결정기준으로서 보다 큰 다수를 요구함으로써, 혹은 입법부 등의 권한을 제한하는 권리조항을 둠으로써 다수자의 활동 범위나 권한을 제한할 경우에는 언제나 평등한 정치적 자유가 보다 협소한 것이 된다'고 한다. 그러한 헌법적 제도의 예(즉 '참여의 원칙의 범위를 제한하는 것'의 예)로써 그는 '양원제, 견제와 균형이 혼합된 권력분립, 사법 검열을 갖춘 기본권의 장전(bicameral legislature, separation of powers mixed with checks and balances, a bill of rights with judicial review[국역서의 번역이 정확치 않아 영문 추가함])' 등을 들고 있다. 그리고 그러한 제한이 전체로서의 평등한 자유(equal liberties), 즉 더 큰 자유 일반의 보장에 기여할 수 있다고 본다. (I)

동시에 그는 평등한 정치적 자유의 공정한 가치(fair values of equal political liberties)가 모든 사람에게 보장되기 위한 어떤 보완조치가 필요함을 인식하고 있다. 그가 묘사하는 (대의적) 입헌정부가 갖는 한계의 핵심은 바로 이 '정치적 자유의 공정한 가치를 보장하는 데 실패해 왔다'는 데 있다. 이러한 문제의 현황에 날카로운 묘사를 스스로 전개하기도 한다. 그러나 롤스는 '이러한 문제들은 정치 사회학에 속하는 것'이라면서 자신의 논의는 정의론이지 정치체제론이 아니라고 하여 이 문제를 덮어둔다. (II)

전반적으로 이 부분의 롤스의 논의는 미진하고 불명료한 부분이 있다는 느낌이다. 다른 부분에서 보이는 명료함과 자신감이 덜하다. 이는 그가 현존 대의 정부제도(와 사상)의 역사적 지평(17~20세기의 구미사회) 안에서 사고하고 있다는 한계를 뚜렷하게 보여주는 대목이기도 하다. 물론 그 현상에 대한 그의 문제의식은 날카롭다. 그러나 그러한 문제의 현상을 극복할 수 있게 하는 대안의 모색은 미약하다.

여기서 제안하는 공공정책에 대한 시민심의권과 기구란, (I) 부분의 논의의 취지를 기본적으로 인정하면서 (II) 부분의 문제의식을 해결하는 제도적 방안을 모색하는 것의 일환이라고 볼 수 있다. 시민의회는 입법부 등의 권한의 일정한 제한이면서 동시에 그 결정에서 상당히 큰 다수를 요구하는(원리상으로는 만장일치, 전원합의이지만 실제 성문화에서는 초다수가 될 것이다) 제도다. 즉 현상적으로 국민의 국정 참여의 확장이지만, 근본적으로는 국민의 평등한 자유권 전체의 확장을 위해 '참여 원칙의 범위'를 일정하게 제한하는 측면 역시 가지고 있다. 입법부 등 기왕의 참여적 기구의 권한을 일정하게 분점·제약하고 그 결과 권한 간의 분립과 상호 견제, 상호 경쟁이 발생할 것이며(separation of power with checks and balances) 또 매우 높은 수준의 다수의 결정(super majority)을 요구함으로써 단순 다수결주의에도 제약을 가하고 있기 때문이다. 또한 국민 전체에 대비해 보면 매우 소수의 심의의원을 임의추출하여 심의하게 함으로써 모든 국민이 직접적으로 입법자가 된다고 하는 직접민주주의 원리에도 일정한 제약을 가하고 있다.

달리 요약하면, 시민의회란 단순히 국민참여 이상(理想)의 최대화, 다시 말하면, 참여 자체의 최대화를 목표로 하는 것이 아니다. 이 제안이 상정하고 있는 이상이 있다면, 그것은 평등한 자유(liberties)의 가능한 최대화에 대한 지향이다. 이는 롤스가 말하는 정의의 제1원칙에 완전히 부합한다.

3.

끝으로 예상되는 반대 논거 중 가장 중요하다고 생각되는 두 가지를 검토해 본다. 첫째는 다른 헌법기관(특히 입법부)과의 권한 충돌 문제다. 둘째는 임의추출로 구성된 시민의회의 정당성(구체적으로 인적 자질과 결정 내용의 질에 대한)에 대한 의문이다.

먼저 입법부와 시민의회는 공존할 수 있다. 앞서 예시한 덴마크 기술위원회의 경우, 의회가 그러한 심의회의의 필요를 절감하고 주도적으로 이 제도를 디자인했다는 사실은 시사적이다. 정당체제에 기반한 현 의회제도가 효과적이고 올바르게 다루기 어려운 미묘한 사안들이 증가하고 있다. 시민의회에 관한 법률은 국회 역시 시민의회에 법안을 상정할 수 있도록 할 것이며, 국회는 이러한 장치를 오히려 적극적으로 활용할 수 있다. 반대로 시민의회의 결정은 국회와 대통령에 의해 거부권이 행사될 수 있다(국회의 동의와 대통령의 제의요청 없음에 의해 시행된다). 사법부는 위헌심판할 수 있다. 시민의회는 국회뿐 아니라 정부와 사법부의 과중한 부담을 덜어줄 수 있다. 아울러 시민의회는 국회와 정부의 입법 기능에 생산적인 자극을 줄 것이다.

다음, 무작위 추출 문제다. 먼저 무작위 추출 즉, 추첨 방식은 롤스가 말하는 정치적 자유의 공정한 가치의 취지에 부합한다. 민주주의의 잊혀진 핵심이다. 롤스 자신은 추첨의 문제에 대해 전혀 논의하지 않고 있는데, 이 역시 그가 위치한 역사적 사고 지평의 한계를 보여주는 대목이다.

끝으로 무작위 추출과 관련한 주체와 결정의 질의 문제다. 일정한 정치적 불평등이 보다 작은 자유를 가진 사람들에게 이익이 될 수 있다는 논거는 롤스도 검토한 바 있다. 롤스는 이를 밀(J. S. Mill)의 가부장적 온정주의(paternalism)를 빌려 논의하고 있다. 요즈음 항간에서 종종 운위되는 소위 포퓰리즘의 위험요소에 대한 최선의 논거일 것이다. 충분한 자격을 갖추지 못한 다중은, 그 스스로의 (궁극적) 이해에 반하는 결정에 휩쓸리기 쉽다는 것이다. 이는 첫째, 윤리적 판단력[선(善)관과 정의관] 소지의 인간보편성에 대한 도덕철학의 공유된 이해, 둘째, 잘 고안된 시민의회의 심의장치로 대응할 수 있는 문제다. 아울러 고도 현대성이 작동하는 후기(탈)산업사회의 특징을 비추어 볼 때, 기왕의 포퓰리즘에 대한 우려의 논거(전체주의 비판)는 이미 낡은 것임을 부가하고 싶다. 이제는 시민사회의 활력을 충분히 담아낼 수 있는 새로운 시스템이 필요한 때다.

2005

✦

성찰적 합의체제[12]

새만금 개발(1998년), 의약분업 문제(2000년), 위도 핵폐기장 문제(2003년), 이라크 파병 문제(2003년) 그리고 가까이는 올(2004년) 대통령 탄핵 문제 등의 경과는 현재 우리 사회에서 헌법기관의 대표성과 헌법기관 간의 관계, 정책결정 과정과 피드백, 이익단체 간 갈등, 경제민주화에 관련한 제반 영역에서 많은 문제가 잠재되어 있을 뿐 아니라, 이들 문제가 충격적이고 돌발적인 방식으로 노정되고 있음을 말해준다. 잠재되어 있는 문제들은 일상적 시기에는 표현의 어떤 통로도 갖지 못하고 있다가 일단 문제가 제기되면 예기치 못한 방식과 통로를 통해 한꺼번에 분출되고, 이렇듯 분출된 흐름들은 상황의 압력 아래

12 이 글은 〈성찰적 합의체제와 국가-시장-시민사회 관계의 재구성: R+PAD 거버넌스 모델〉, 《NGO연구》 2(2): 5~58(2004)의 일부이다. 《미지의 민주주의》(2011) 6장에 수록됨.

잠정적으로 무마되거나 고형화되지만, 그 귀결에 대해서는 문제의 당사자 어느 쪽도 진심으로 승복하지 못하는 상태가 되풀이되고 있다. 이러한 문제들의 발생, 진행, 귀결을 회고해 볼 때, 사회 운영의 양대 축이라 할 효율과 정의 모두가 심각하게 위협받고 있는 상황이라고 말하지 않을 수 없다.

정부의 각종 정책과 시장 정의 문제에 대한 시민적 관심과 참여가 확대되는 추세는 비단 우리 사회에 국한되지 않는다. 오히려 선진적인 국가들일수록 이러한 추세는 더욱 두드러진다. 차이가 존재한다면 이러한 추세를 어떻게 잘 제도화하여 성숙하고 세련된 방식으로 국가-시장-시민사회의 관계를 재구성해 가고 있느냐에 있을 뿐이다. 국가-시장-시민사회 관계의 바람직한 상이란, 시민사회 내에 자발적인 시민 결사체가 깊이 뿌리내린 조건 위에서 국가, 시장, 시민사회의 주체들이 사회의 주요 당면 문제들에 대해 민주적으로 토론하고 협의하여 공정한 합의에 이르는 규범이 관습화된 사회라고 요약할 수 있다.

사회 전반의 시스템이 고도의 전문성에 의해 가동되는 고도 기술 사회의 도래는 비전문가인 일반 시민을 수동적으로 만들 것이라는 과거의 예측은 더 이상 맞아떨어지지 않고 있다. 오히려 그 반대의 현상이 두드러지고 있다. 개발독재 시기의 관행대로 생각하자면 지역 사회의 갯벌이나 야산, 하천의 개발 문제가 국민적 관심사로 부각되고 관련 지역 주민들이 격렬하게 항의하는 현상은 상상하기 어렵다. 그러나 정책이 과학적 전문성과 더욱 긴밀하게 결합할수록 이러한 시민적 피드백의 강도도 높아지고 있다. 그 첫째 이유는 정책이 고도의 과학성과 결합할수록 그 정책 결과의 예상치 못했던 외부효과 역시 커지기 때문이다. 더욱 근본적인 문제는 그 예상치 못했던 외부효과에 대한 정확한 측정 자체가 많은 논란의 대상이 된다는 점이다.

핵폐기물이나 유전자 조작 식품에 대한 사회적 논란은 그 일례일 뿐이다. 이러한 문제에 대해 전문가 내부에서도 날카로운 이견이 발생한다. 둘째는 정보화의 결과 일반 시민들이 위와 같은 문제점들에 대해 상당한 수준의 전문적 지식을 획득할 수 있게 되었다는 점이다. 특히 요즈음과 같이 인터넷이 고도로 발달한 상태에서는 비전문가인 일반 시민들도 약간의 집중적인 노력을 통해서 어떤 특정한 문제에 대해서 준전문적인 수준의 지식과 정보에 접근할 수 있다. 따라서 우선 정책의 외부효과의 확산에 따른 잠재적 이해 당사자가 확장되고, 여기에 전문가 및 준전문가 그룹이 이러한 정책의 외부효과에 대한 적극적인 문제제기자로 등장한다. 그 결과 매개 정책에 대한 광범하고 다양한 의견이 표출된다. 결국 고도 현대성의 진행 결과 수동적인 시민이 아닌, '비판적 시민(critical citizens)'이 대거 출현한다.

사회학자들은 이러한 현상을 '성찰성(reflexivity)의 증대'라 표현한다. 원래 reflex란 신경반사를 의미하지만, 동시에 의식적인 성찰 과정까지를 포함하는 용어다. 따라서 성찰성이라는 개념은 시스템적 피드백과 의식적인 성찰작용 양자를 포괄한다. 고도 현대성은 이러한 의미에서의 성찰성을 강화한다. 현대 이전의 사회에서는 이러한 성찰성의 작용이 상대적으로 제한되어 있다. 왜냐하면 이러한 사회에서는 모든 일이 전통이나 관례에 따라 이루어지는 것이 보통이기 때문이다. 따라서 기왕의 관례나 전통에 대한 변경도 그 변화가 의식적으로 감지되기 어려울 만큼 아주 오랜 시간에 걸쳐 이루어진다. 그래서 이러한 단계에서는 어떤 불변의 자연성의 원리에 따라 사회와 인간의 운명이 움직여진다고 생각한다. 반면 현대사회는 자연성 대신 인위성이 사회 운영의 원리를 차지한다. 후기 산업사회에 이르면 과학이 일상에 적용되는 속도와 폭이 커지고 그 결과 변화는 가속화된다. 이렇듯 인위성이 강화되고 변화의 속도가 빨라지면, 그러한 현상에 대한 시스템적, 의식적 대응의 폭도 심화된다. 앞서 말한 것처럼, 인위성에 대한 지식이 증가하고 외부효과에 대한 경계도 커지기 때문이다. 그 결과 매개 결정에 대한 피드백의 밀도와 속도가 증가한다.

결국 성찰성이란 모든 사회현상에 대한 지식이 그 사회현상의 진행에 작용하여 그 진로를 변화시켜 나간다는 것을 의미한다. 즉 '사회현상—사회현상에 대한 지식—그 지식의 개입을 통해 변화된 새로운 사회현상'이라는 순환 작용이 확대 재생산되는 것을 말한다. 예를 들어 갯벌 개발이라는 사회현상은 갯벌의 환경적, 경제적 가치와 이를 고려한 개발 모형이라는, 사회현상에 대한 심화된 지식을 산출하고, 이렇게 산출된 지식이 최초의 갯벌 개발이라는 사회현상을 새로운 형태로 변형시켜 나간다.

정책결정을 국가가 독점하던 기왕의 관행에서 보자면, 이러한 현상은 정책결정을 사실상 불가능하게 하는 무한한, 따라서 비결정적이고 결국은 비생산적인, 논의의 연쇄로 보일지도 모른다. 이러한 시각에 대한 판단이나 평가를 떠나서 모든 사람들이 먼저 주목해야 할 문제는 위에서 언급한 여러 현상이 일회적이고 경과적인 것이 아니고, 고도 현대성의 구조적인, 따라서 장기적인 속성이라는 데 있다. 따라서 이러한 구조적 요인을 외면하고, 그러한 성찰성의 연쇄 순환 외부에서 결정을 주입하는 방식은 일시적 모면책이 될 수 있을지언정(그 일시적 모면이 얼마나 지탱될 것인지도 의문이지만) 결코 항구적인 대안이 될 수 없다. 해결책은 성찰성 연쇄 순환의 내부에서 찾아야 한다.

이익집단 간의 좁혀지지 않는 갈등구조뿐 아니라 고도 현대성이 산출하는 의도하지 않은 결과들에 대처하기 위한 방안은 국가권위 모델과 이익협상 모델의 단점을 극복하고 장점을 보완하는 모델로 된다. 즉 기존의 대의적(R, representative) 민주주의의 기본틀에 참여적(P, participatory), 결사체적(A, associational), 그리고 심의적(D, deliberative) 민주주의적 요소를 보강하여 새로운 국가-시장-시민사회 관계를 구성하는 것으로 요약된다. 이를 대의제(R)를 PAD로 보강하는 R+PAD 시스템, 줄여서 '성찰적 합의체제'라 부르기로 한다.

'R+PAD 거버넌스 모델'을 이해하기 위해서는 기존의 R, P, A, D에 대한 적극적 해석을 전제로 한다. 먼저 대의적(R) 방식은 고대 아테네나 중세 이탈리아 도시국가와 같은 규모를 훨씬 넘어서는 대규모 국민국가에서의 민주주의의 현실적 구현 방식으로서 불가피하다. 민주주의의 시각에서 대의제란 근본적으로 참여의 제한이다. 따라서 제한된 민주주의다. 이러한 규모와 시간의 효율 문제를 넘어서서 대의적 방식은 관련 분야에 있어서 보다 풍부한 경험을 쌓고 일정한 자격을 갖춘(experienced and qualified) 대의자에게 관련 문제에 대한 숙의(심의)와 결정을 위임한다는 점에서 긍정적 측면을 갖는다. 그러나 대의제가 앞서 국가권위 모델의 특징으로 규정했던 배타적 비공유적 성격을 강하게 갖게 된다면, 이 제도가 갖는 심의적 장점조차 흔들리게 된다. 대의기관의 공정성과 전문성은 배타적 집단이해나 관행에 의해 심각하게 침해될 것이기 때문이다.

대의제 모델에서 참여란 양적이다. 즉 참여의 과정과 질에 대한 고려보다는 참여의 양, 결과가 핵심이다. 양적 참여는 표결 결과, 득표수로 표현된다. 이 양적 참여(quantitative participation)의 의의와 한계는 슘페터가 고전적으로 정식화한 바와 같다. 즉 참여는 투표 행위에 그치고 정치 엘리트는 정책결정을 놓고 경쟁한다(Schumpeter, 1947). 즉 정책결정자(엘리트)와 정책결정자 선출자(투표인)가 뚜렷이 구분된다. 이 점은 이익협상 모델에서도 기본적으로 극복되지 않는다. 이익협상에서는 이익 간 협상(bargaining of interests)이 민주주의의 핵심 기제가 되므로, 결정 과정의 민주적 절차와 심의 과정보다는 협상 과정의 합리성과 (형식적) 대표성이 중시되기 때문이다. 결국 이익협상 모델에서도 참여는 양적인 것에 사실상 국한된다.

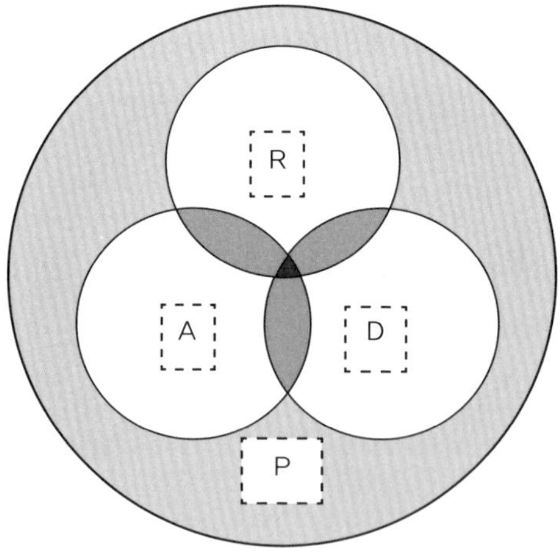

그림 5 민주주의의 참여적(P), 대의적(R), 결사체적(A), 심의적(D) 측면의 관계

R+PAD 모델이란 위 홉스적, 이익협상적 모델이 갖는 양적 참여의 한계를 질적 참여(qualitative participation)로 보완하는 것이라 요약할 수 있다. 그러한 결사체적, 심의적 민주주의란 바로 질적 참여의 방식을 말한다. 이상에서 말한 민주주의의 참여적, 대의적, 결사체적, 심의적 요소 간의 관계를 도식하면 [그림 5]와 같다.

대의적, 결사체적, 심의적 요소가 중복적이라는 것은 이상의 설명에서도 어느 정도 분명해졌을 것이다. 어떤 대의적 제도도 그 대의 기관을 선출하기 위한 일정한 결사체가 전제되는 것이고, 또 대의기관의 선출 과정에서, 그리고 대의기관의 정책결정 과정에서 일정하게 심의적 기능이 작동되는 것을 전제로 한다.

이 모델은 기왕의 대의제 모델(R)에서 질적 참여의 요소(P)를 강화하여 결사체적, 심의적 민주주의의 측면(A+D)을 추가한 것이기 때문이다. 이를 다른 방식으로 표현하면, 대의제 모델은 PAD적 요소에 의해 보완될 때만 현대사회에서 정당성과 효율성을 확보할 수 있다고 요약할 수 있다. 대의제 모델을 질적 참여로 보완하는 데 참여적, 결사체적 요소는 의사결정의 폭 즉, 형식적 측면을, 심의적 요소는 의사결정의 방법 즉, 내용적 측면을 이룬다.

2004

✦

시민사회는 공공성의 주요 담지자[13]

1. 시민사회 공공성

시민사회의 공공성은 헌법적 수준의 정의(正義)의 기준으로 보아야 한다. 이러한 차원에서 보면 시민사회는 국가와 시장의 공공성의 감시자이자 지레 장치(leverage)다. 여기서 '국가 공공성'은 국민 대표성과 소수자 권리의 보장, '시장 공공성'은 시장 거래와 계약의 투명성과 책임성을 그 핵심 내용으로 한다. 시민사회가 국가와 시장 공공성의 감시자이자 지레 장치의 역할을 한다는 것은, 시민사회가 공공성이라는 공통매체(common token)를 보유하고 있으며 이 공통매체가 국가와 시장의 영역에서 바르고 공정하게 유통되고 있는지를 감시하며, 필요

13 이 글은 〈시민사회 그리고 NGO · NPO의 개념: 공공성을 중심으로〉, 《NGO연구》 1권 1호(2003)의 일부이다. 《미지의 민주주의》(2011) 4장에 수록됨.

한 때와 장소에 그 공통매체가 적량 공급될 수 있도록 지레 역할을 한다는 의미이다.

공공성에 따른 시민사회단체 분류

따라서 시민사회와 NGO·NPO의 준거 기준과 규범적 핵심, 즉 'NGO·NPO를 NGO·NPO답게' 하는 가장 기본적인 속성 역시 공공성으로 보아야 한다. 어떤 사물을 분류하는 가장 기본적인 분류 기준은 그 사물을 규정하는 가장 기본적인 속성의 분류다. 따라서 NGO·NPO의 가장 기본적인 분류 기준은 공공성의 유형분류(typology)가 된다. 이 글은 공공성의 유형분류 기준으로 '직능적/사회적' 그리고 '국가적/초국가적'이라는 두 축을 제안한다. 이를 도식하면 아래 표와 같다.

먼저 이 표가 경제학 일반 또는 합리적 선택이론이나 공공선택이론에서 일반적으로 사용하는 공공선(public goods) 또는 공익(public interest) 대신 공공성(publicness, Öffentlichkeit)이라는 용어를 쓰는 이유를 밝혀둔다. 하버마스와 롤스는 모두 공공성과 정의의 영역에서는 이익

	직능적 공공성 (vocational publicness)	사회적 공공성 (social publicness)
국가적 공공성 (national publicness)	1	2
초국가적 공공성 (transnational publicness)	3	4

그림 6 시민사회 공공성 분류에 따른 NGO·NPO의 유형 (그림의 1, 2, 3, 4의 순서를 보다 이해하기 쉽게 바꾸었다)

(interests) 또는 재화(goods) 추구의 합리성을 넘어서는 공공적 합당성이 중요하다고 본다. 그리고 이 공공적 합당성이란 충돌하는 이해관계의 조정(bargaining) 이상의 차원에서 전제된 시민적 가치 또는 합의를 기반으로 한다. 이런 점에서 하버마스와 롤스의 관점은 이해조정적, 이익집단적 다원주의와 다르다. 달리 표현하면, goods나 interests라는 개념은 롤스가 말하는 합리적인 것은 포함하지만 합당한 것을 포괄할 수 없다. 여기에 public을 부가하여 public good이나 public interest라는 용어를 사용한다 해도 개념적으로 보면 이 용어는 기본적으로 이해 당사자들 간의 이해조정(bargaining of interests) 차원을 넘어설 수 없다. 공공성이라는 개념은 이러한 함정을 피하면서 롤스가 말하는 합리적인 것과 합당한 것의 포괄을 충분히 표현해 준다.

직능적-국가적 공공성(유형-1)에서부터 구체적인 예를 들어 설명하는 것이 앞의 [그림 6]을 가장 쉽게 이해할 수 있는 방법일 것이다. 이 유형에는 각종 직능단체와 직업단체가 포괄된다. 지난 2000년, 의약분업 시행을 계기로 한 대한의사협회의 파업과 진료 거부는 직능단체의 공공성 문제를 사회의 전면에 부각시켰다. 이때 적지 않은 시민단체가 대한의사협회를 협소한 직업 이해에 빠져 있다고 비판하였는데, 이러한 비판의 올바른 방향은 대한의사협회가 협소한 직업 이기주의 집단 또는 사익 집단일 뿐이라고 단정 또는 매도하기보다는, 대한의사협회의 자기목적이 사익을 넘어서는 공공성을 표방하고 있다는 점을 지적하고, 여기에 부합하는 행동을 요청하는 것이었어야 할 것이다.

인도주의실천의사협의회(인의협)나 민주사회를위한변호사모임(민변)은 NGO지만 대한의협이나 대한변호사협회(변협)는 아니라는 생각은 NGO라는 개념에 대한 사회과학적 객관성의 요청을 담보하지 못한다. 단지 과학적 개념의 엄정성을 떠나 실천적으로도 타당하지 않다. 직능단체 전반을 NGO로 간주한다는 것은 직능단체가 모두 이념형적인 직능적 공공성을 자동적으로 구현하고 있다는 이야기가 결코 아니다. 많은 직능단체들이 그러한 공공성에 반하는 모습을 보여주는 것이 오히려 지배적인 현실에 가까울 것이다. 직능단체들이 표방하는 '자칭 이타적 이상(self-stated altruistic ideal)'과 직업 독점적 지대추구를 위한 '정치적 프로파간다'라는 현실 사이의 괴리에 대한 냉철한 인식은 물론 중요하다. 그러나 그러한 현실을 변화시켜 가는 보다 힘 있는 방법은 직업 이기주의에 경도되고 있는 단위에 내재한 공동체적 지향과 책임성(공공성)을 확인하고 북돋아 주는 것이지, 그 집단을 도덕적으로 매도하는 것은 아닐 것이다. 2000년 소위 '의사대란'의 폭발적 사태 진전에서 확인한 것은 특정 직업집단에 대한 도덕적 매도는 오히려 반사적 결집의 집합적 열정만을 불러일으킬 뿐이라는 사실이다. 실제로 대한의사협회의 약관과 의사윤리선언은 이 직능단체의 공공성을 분명히 천명하고 있다.

노동조합 역시 직능단체다. 최근에는 노동조합 역시 단지 이익집단일 뿐이라고 매도하는 경향이 존재하지만, 2002년 발전노조 파업에서 보듯이 노조의 주장은 구체적인 사안들의 처리 방향의 공공성 여부에 대한 사회적 토론을 유발한다. 이는 노조의 입장도 공공성의 기준을 동시에 고려하지 않을 수 없다는 것을 의미한다. 각종 기업연합회도 직능단체다. 전국경제인연합회(전경련)도 [그림 6]의 영역-1에 속하는 직능단체다. 전경련 역시 기업윤리에 관한 강령이 있다. 이렇게 보면

이 범주에는 각종 변호사 협회, 과학자 협회, 예술인 협회, 각종 전공자 학회, 언론인 협회 등이 광범하게 망라된다.

직능적 공공성과 국가 공공성, 시장 공공성과 관계는 어떤 것인가? 앞서 시민사회 공공성은 국가 공공성, 시장 공공성의 감시자이자 지레 장치가 되어야 한다고 하였다. 먼저 직능단체는 시장과 깊이 결부되어 있다. 직능적 공공성은 자신이 대변하는 직능의 이익이 투명성, 책임성, 공정성이라는 시장 공공성을 견지하고 강화할 수 있도록 한다. 또한 직능적 공공성은 직능에 관련된 법규와 행정지침·관행이 국민 대표성을 잘 반영하고 있는지 소수자의 권리를 보장하고 있는지 감시한다.

다음으로 유형-2의 사회적-국가적 공공성과 관련된 NGO·NPO의 영역을 살펴보자. 크게 보아 두 개의 하위 범주로 나눌 수 있는데, 첫째는 사회 전반의 일반적인 문제와 사안들에 대한 공공성에 관심을 갖는 각종 시민단체와 정당, 종교단체이고, 둘째는 구체적이고 개별적인 영역과 대상을 가지고 있는 사회복지, 사회서비스, 자원봉사 단체들이다.

사회적 공공성 역시 국가 공공성, 시장 공공성과 깊은 관련을 맺고 있는데, 직능적 공공성과의 차이점이라면 사회적 공공성은 특정 직능과 결부되지 않은 일반적인 사회적 판단 위에서 국가 공공성과 시장 공공성의 감시자이자 지레 장치의 역할을 한다는 것이다.

여기서 첫 번째 하위 범주에 속하는 단체들이 왜 사회적 공공성과 관련되는가에 대한 별도의 추가적 설명은 필요하지 않을 것이다. 그러나 두 번째 하위 범주, 즉 구체적이고 개별적인 대상에 대한 사회서비스가 왜 사회적 공공성과 관련되는지는 약간의 부가 설명이 필요할 것이다. 예를 들어, 사회의 특정한 소수 그룹인 장애인에 대한 사회서비스의 제공이 왜 일반적인 사회적 공공성과 관련되는가? 이는 롤스가 정의의 2원칙으로 제시한 차등의 원칙, 즉 차등은 모든 사람에게 합당하다고 생각될 수 있는 선에서 이루어져야 한다는 것과 관련된다. 즉 자기 자신의 특수한 조건과 이해관계를 모르고 있다고 가정하는 '무지의 베일' 속에서 합리적이고 합당한 판단을 내리는 가상의 공동체의 성원이라면(즉 정의의 기준을 도출할 공공성이 작동되는 상황이라면), 사회가 장애인의 사회적 기회의 평등을 위해 다양한 사회적 서비스가 제공되는 데 합의할 것이기 때문이다.

만일 '무지의 베일'이 작용하지 않는 현실 상황 속에서 자신 또는 자신의 가족이나 가까운 친구가 장애인이 아닌 사람들 중에서는 장애인들을 위한 사회시설, 복지혜택, 교육 및 취업의 동등한 기회를 부여하는 것의 사회적 의의에 대해 무감각할 수 있다. 그러나 '무지의 베일'은 이렇듯 자기 자신은 장애인이 아니라는 특정한 귀속적 특징을 지워버린다. 대신, 본인의 의지와 무관한 장애가 어떻게 평등한 사회적 기회를 근본적으로 박탈하거나 포기하게 만드는지를 일반적인 조건에서 고려하게 한다. 이러한 판단 속에서 예를 들어 학습 수월성에 따른 기회의 차등은 합당한 것으로 허용되지만, 자연적 장애로 인해 극복될 수 없는 차등을 방치하는 것은 정당화되지 못한다. 이 '무지의 베일' 속에서는 장애로 인한 기회 불균등을 장애인들이 운명적으로 감수해야 하는 상황이 부정의하고 불합리하다는 판단이 공유된다. 그 결과 장애인에 대한 다양한 사회적 서비스와 공정한 기회의 제공이 사회의 공통된 이익과 정의에 부합한다는 합의에 도달할 수 있다. 사회적 공공성이란 포괄적 사안만이 아닌 구체적이고 개별적인 사안을 통해서도 표출될 수 있다.

여기서 유형-1(직능성 범주)과 유형-2(사회성 범주)는 일정하게 중첩되어 있음을 알 수 있다. 예를 들어 의사협회가 농어촌 주민에 대한 무료진료에 나서거나 변호사협회가 가난한 사람들을 위한 무료변론을 조직하는 경우가 그렇다. 사회적 약자의 자기구제도 양 범주가 중첩되는 경우가 많다. 예컨대 실업자 조합의 실업수당 확보를 위해 활동하거나 중소기업 노조가 최저임금 확보를 위해 활동하는 경우는 사회적 공공성에 부합한다.

유형-3, 4는 유형-1, 2를 개별국가의 시민사회로부터 지구 시민사회로 확장하여 설명할 수 있다. 앞서 사회적/직능적 공공성이 그 원리와 정신에서 중첩되는 점이 있음을 살펴보았다. 이는 지구적/일국적 공공성에도 마찬가지로 적용된다. 공공성의 취지에 충실하다면 지구적 관점과 일국적 관점에는 많은 일치점이 생기기 마련이다. 타국의 자원과 영토, 그리고 자국의 패권 확장을 위한 전쟁을 반대한다는 원칙은 지구적 정의의 관점에 부합한다. 그러나 같은 목적의 전쟁이 '우리나라'의 특정한 이익과 특별히 부합하기 때문에 '우리나라'의 경우에는 적용될 수 없다고 한다면, 이러한 태도는 지구적 정의의 기준을 위배할 뿐 아니라 일국적 공공성의 기준에도 부합할 수 없다. 이러한 편의주의적 태도는 궁극적으로 일국 차원의 사회정의 실현을 크게 저해할 것이기 때문이다.

여기서 세계시민의 일원으로서 생각하고 행동할 때 각 개인은 자신의 이성을 진정으로 공적으로 사용하게 될 것이라고 했던 칸트의 언명을 상기할 필요가 있다. 한 특정 국가의 공무원이나 군인으로서 특정 개인은 국가의 법규와 명령에 복종해야만 한다. 칸트는 그것은 당연한 의무지만, 만일 국가의 정책이 정의에 크게 위배되는 경우—심히 잘못된 정책이나 불의의 전쟁에 개입한 경우—에는 양심을 가진 한 사람의 개인으로서 그 주장을 공론장에 제기할 수 있다고 하였다. 칸트가 말하기를, 이 경우 그는 '완전한 시민정체' 또는 '세계시민사회'의 일원으로 사고하고 행동하는 것이라고 하였다. 이러한 칸트의 사유방식 속에서 완전한 시민정체와 세계시민사회는 별개가 아니라 하나다.

이상의 논의를 통해 공공성이란 '이성의 공적사용'이라는 근본적인 지점에서 사회적/직능적 차원에서든, 일국적/지구적 차원에서든 서로 상통하고 있음을 알 수 있다.

2. 공존의 열정이 필요하다

우리는 NGO·NPO를 '시민사회 내의 일체의 자발적 시민 결사체(voluntary civil association)'라 정의한다. 이런 시각에서 보면 NGO를 진보적 정치지향의 시민단체로 한정한다거나 NPO를 비정파적 봉사단체만으로 국한하는 것은 원래의 개념에 부합하지 않는다. NGO·NPO는 진보적/보수적, 정치적/비정치적, 종교적/비종교적인 조직들을 망라한다. 이러한 망라성(網羅性)이야말로 NGO·NPO와 시민사회의 본질적 특성의 하나다.

NGO·NPO의 활동터인 시민사회는 국가, 시장과 긴밀하게 연결되어 있다. 시민사회는 국가와 시장의 공공성에 대한 감시자이자 지레 장치이며, 사회 저변으로부터 시민적 신뢰의 자생적 샘을 굴착하고 퍼올리는 공공성의 생산자이기도 하다. 공공성은 시민사회의 핵심적 규범 원리이다. 광범하고 다양한 NGO·NPO의 영역은 직능적/사회적, 국가적/초국가적이라는 공공성의 유형에 따라 가장 압축적으로 유형 분류될 수 있다. 이러한 공공성의 유형에 따른 NGO·NPO 분류는 해당 단체들의 규범적 지향(자기성찰과 자기규제도 포함된다)을 제시할 뿐만 아니라, 원칙 있는 연대의 기준도 제시하여 준다. 공공성은 NGO·NPO 활동의 침로를 제시하는 나침반이기도 한 것이다.

이론은, 특히 경험과학으로서의 사회이론은, 현실의 문제지점이 어디인지, 무엇인지를 먼저 정확히 파악하는 데서 출발해야 한다. 이 점을 유념하지 않으면 이론은 화려한 공론(空論), 몇몇 지식인 그룹 사이의 '찻잔 속의 폭풍' 이상이 될 수 없다. 70, 80년대 험난했던 한국 민주화 과정의 선두에 섰고, 이어 90년대 이후 민중운동을 포괄하는 광범위한 시민적 연대망을 구축했던 세력이 미래에 대해 가져야 할 문제의식은 무엇이어야 하는가? 사회운동의 역사성에 뿌리내리고 있으면서 그 사회 전체의 미래를 책임 있게 고려할 수 있는 세력만이 의미 있는 역사적 주체로 남는다. 이러한 관점에서 지금 우리에게 필요한 것은 다만 '진보진영'에게만이 아니라 사회 전체 앞에 미래의 나아갈 길을 제시하고 그를 위한 동력을 설득을 통해 모아갈 수 있는 폭넓은 시야와 지도력이다.

공공성은 결코 일시적인 전략-전술적 덕성이 아니다. 이 글은 19세기와 20세기를 지배했던 이념대립의 구도가 이제는 완전히 그 의미를 상실했다는 전제 위에 서 있다. 그 두 세기간 인류가 치러야 했던 고통스러운 경험에 대한 가장 진지하고 솔직한 재검토야말로 이 시점에 우리에게 가장 소중한 정치적 자산일 것이다. 공공성이라는 개념은 모든 대립의 소멸이나 모든 형태의 정치적 열정에 대한 냉소를 전제하지 않는다. 사회적 갈등은 사회 문제의 센서(sensor) 기능을 하며, 일정한 정치적 대립과 이에 수반한 정치적 열정은 정치사회의 질을 고양시킨다. 문제는 막다른 절벽으로 몰아가는 대립과 열정이다. 이 시점에서 필요한 대립이라면 바로 이렇듯 막다른 절벽으로 몰아가는 맹목에 대한 뚜렷한 대립이어야 할 것이고, 이 시대에 필요한 열정이라면 그렇듯 오직 자신의 주의 주장에만 사로잡힌 열정에 맞불을 놓을 수 있는, 세계로, 타자로 열린 공존의 열정, 대화의 열정, 설복의 열정일 것이다.

2003

나가는 글

시민의회로 가는 길은 이제 확고한 반석 위에 섰다. 세계적으로 많은 나라에서 시민의회가 이미 활발하게 작동 중이고, 세계 학계에서 시민의회에 대한 논의도 왕성해지고 있다. 이제는 나라 간에 시민의회를 하느냐 마느냐의 경쟁이 아니라, 얼마나 좋은 시민의회, 훌륭한 시민의회를 만드느냐가 경쟁이다. 나는 경쟁주의는 좋아하지 않지만, 이것은 참으로 좋은 경쟁이다. 이제는 한국이 세계에서 가장 훌륭하고 활발한 시민의회 보유국이 되는 것이 목표다. 그로써 한국은 민주주의 최고 선진국이 될 것이다. 세계 최고 수준의 시민의회가 한국에 정착하게 되면, 시민의회와 민주주의에 대한 학술적 수준도 한국이 세계 최고 수준에 이를 것이다. 그런 날이 멀지 않으리라고 본다.

이럴 때 한국 고유의 시민의회, 그리고 한국 고유의 민주주의가 더욱 중요해진다. 어떤 영역이든 그런 고유성이 분명해야 진정으로 세계적인 수준에 이른다고 할 수 있다. 일찍이 괴테가 강조했던 생각이다. 이 책에서는 일단 한국에서의 시민의회론은 갓 민주화를 이루어 낸 지극히 어려운 정치적 조건에서 힘들게 진행되어 왔음을 분명히 했다. 한국의 시민의회론은 호시탐탐 독재 회귀를 노리는 반민주적 냉전 세력과의 날카로운 투쟁 속에서 태어나고 성장했다. 이렇듯 독재 회귀성이 늘 강하게 잔존하고 있는 척박한 조건 속에서 민주주의를 정착시키는 데 시민의회론이 중요한 역할을 해야만 했다. 이 점이 서구 시민의회론과 한국 시민의회론의 커다란 체질적 차이라고 생각한다. 한국 시민의회론은 그 태생과 성장 과정에서부터 서구 사회보다 전투적이고 투쟁적이었다. 그럴 수밖에 없었다. 또한 그렇기 때문에 한국 민주주의에서의 위치와 지분이 그만큼 크다고 할 수 있다. 한국에서의 민주주의의 정착과 한국 시민의회론은 뗄 수 없는 관계가 되었다. 물론 역사적, 문화적으로 한국 민주주의 자체의 고유성과 특징이 무엇인가에 관해서는 이 책에서 다 다루지 못한 또 다른 추가적 접근과 연구가 필요하다. 그러나 그러한 특성은 이미 분명히 한국 민주주의와 시민의회 운동 속에 분명히 존재하고 있다. 이에 관해서는 또 다른 연구를 기약한다.

이제 돌아보니 2000년대 초반부터 오늘날까지 내가 '시민의회로 가는 길'을 멈추지 않고 계속 걸어올 수 있었던 것은 고마운 개인적 인연들이 있었기에 가능했음을 깨닫게 된다. 나는 청년 시절 학생운동-노동운동 출신으로 내 또래보다 10년쯤 늦게 학문의 길에 들어섰다. 2000년 가을 미국에서 늦깎이로 귀국한 나를 2001년 새로 설립된 경희대 NGO대학원(현재의 공공대학원)으로 초청해 준 분이 당시 NGO대학원장이셨던 조인원 교수님이셨다. 늘 감사드린다.

나는 시민사회의 적극적이고 창조적인 역할을 강조하는 NGO대학원의 교수였기 때문에 일반 시민의 공론적 역할이 핵심인 시민의회의 아이디어를 발전시킬 수 있었다. 초기에 그 발상이 학계에서 별다른 반응을 얻지 못했을 때, 나는 NGO대학원 학생들과 논의하면서 꾸준히 흔들림 없이 그 발상을 발전시킬 수 있었다. 다수의 학생들이 시민사회단체의 뛰어난 현장 활동가들이자 리더들이었기 때문에 이들과의 대화는 내게 큰 도움이 되었다. 초기에 학계의 공인을 받지 못했던 시민의회 아이디어를 활용하여 논문을 썼던 김소연, 오현순 박사 등에게도 고마운 마음이다. 이들의 논문은 이제 한국 시민의회 연구의 초기 논문으로 자주 인용되고 있다. 이들 NGO대학원의 학생들 덕분에 난 초기부터 시민의회 발상을 혼자가 아니라 함께 발전시킬 수 있었다. 눈이 오나 비가 오나 나와 함께 교실에서 시민의회 아이디어를 논의했던 모든 학생들에게 고마운 마음을 전한다.

한국에서 시민의회 발상이 대중적인 차원에서 폭발적으로 확산될 수 있었던 것은 이래경 선배와의 인연 덕분이다. 2015년 어느 날, 이 선배는 시민의회를 논한 나의 책 《미지의 민주주의》를 읽고 나를 찾았다. 처음 만나는 분이었지만, 학자들이 외면하던 책을 정독하고 그 핵심 내용을 수용한 이 선배에게 감동하여 그때 이후 시민사회 단체를 함께 만들고 같이 활동해 왔다. 이 선배와 사단법인 다른백년을 만들어 온오프 시스템을 완비하고 나자 공교롭게도 2016년의 촛불이 시작되었다. '탄핵은 국회에서 하고, 개헌은 시민의회에서 하자'라는 주제의 칼럼을 11월 하순부터 다른백년 홈페이지에 올리기 시작했다. 당시 수백만씩 모이던 촛불 민심이 그 칼럼들을 지인들 간에 바삐 퍼나르며 시민의회 아이디어는 폭발적으로 확산되었다. 이슈가 숨이 가쁘게 이어질 때는 한 주에 세 개의 칼럼도 썼다. 이 책 3부에 그때 썼던 글들을 모았다. 경영자 출신의 시민운동 지도자인 이래경 선배와의 만남이 없었다면 그런 기적과도 같은 일은 일어나기 어려웠을 것이다. 이후 지금까지 이 선배님과 나는 시민의회를 한국 사회에 확고하게 정착시키는 일을 함께하고 있다. 이래경 선배님, 그리고 최근 뜻을 같이해 주셨던 곽노현 선배님, 이원영 선생님께도 감사드린다.

그 외 시민의회 논의가 외로웠던 시절부터 오늘날 시민의회 전국포럼이라는 조직을 함께하는 데 이르기까지 나와 뜻을 함께해 준 많은 분이 있다. 일일이 거명하지 못하지만, 그 모두와의 귀한 인연을 감사하게 생각한다. 끝으로 같은 학문적 뜻을 추구해 온 오현철, 이지문, 김의영, 정정화, 서현수, 김주형 교수, 윤왕희, 진성영 박사 등에게 우정의 인사를 전한다. 특히 이제 한창 연구생산력이 높은 후배 학자들에게 거는 기대가 크다.

시민의회로 가는 길

초판 1쇄 인쇄 2025년 6월 20일
초판 1쇄 발행 2025년 6월 27일

지은이 김상준
펴낸이 김진상
책임 편집 최윤영
디자인 최성경

펴낸곳 경희대학교 출판문화원
주소 서울시 동대문구 경희대로 26
전화 02-961-0106~8
팩스 02-961-0291
설립 1960년 9월 16일 제5-8호
등록 1977년 11월 8일 제6-5호

홈페이지 www.khupress.com
전자우편 press@khu.ac.kr

ISBN 978-89-8222-800-1 (03340)

* 책 내용 관련 문의: 저자 (sangjun@khu.ac.kr)